ZU DIESEM BUCH: Auf dem nach wie vor boomenden Psychotherapie-Markt spielen vor allem die überwiegend körper- und atemorientierten Therapieformen des New-Age eine Rolle: Rebirthing, Reinkarnationstherapie und Transpersonale Psychologie sind offenbar besonders beliebt bei denen, die auf der Suche nach Bewußtseinserweiterung sind. Die Therapie verspricht ihnen eine Intensivierung ihres Lebensgefühls, mehr Platz für Emotionen und die Heilung der Trennung von Verstand und Gefühl, Kopf und Bauch.

Doch diese Therapien sind nicht unumstritten. Insbesondere die Atemtechniken, die mit gesundheitlichen Risiken verbunden sein können, aber auch der Bezug auf esoterische Elemente wie den Karma-Glauben haben viele der neuen Therapieformen in Verruf gebracht. In diesem Buch kommen sowohl Befürworter als auch Kritiker der sogenannten New-Age-Therapien zu Wort.

«Entstanden ist ein Buch der Kontroverse, ein Buch der Differenzen und Differenzierungen, das dank der beharrlichen Fragen des Autors auf beiden Seiten die besten Argumente mobilisiert.» *(Psyche)*

DER AUTOR: Holdger Platta, geboren 1944, ist Autor und Wissenschaftsjournalist. Hinweise auf weitere Veröffentlichungen finden sich im Literaturverzeichnis ab S. 217.

Holdger Platta

NEW-AGE-THERAPIEN

Rebirthing, Reinkarnation, Transpersonale Psychologie: pro und contra

rororo

Rowohlt

Veröffentlicht im Rowohlt Taschenbuch Verlag
GmbH, Reinbek bei Hamburg, Juni 1997

Umschlaggestaltung Susanne Heeder
(Foto Tony Stone IMAGES/Claudia Kunin)
Satz Sabon und Frutiger (Linotronic 500)
Gesamtherstellung Clausen & Bosse, Leck
Printed in Germany
1490-ISBN 3 499 60233 4

INHALT

Magische Größenfantasien gegen den technologischen Allmachtswahn?

Zur Problematik von New-Age-Therapien

Wer ein Buch über neue Therapieformen in die Hand nimmt, hätte wohl Anspruch auf Information von zumindest *drei* Personengruppen: von den Erfindern und Betreibern dieser neuen Behandlungsverfahren, von ihren neutralen Erforschern oder auch Kritikern und – von den Patienten selbst. Deswegen gleich zu Beginn: Stimmen aus dem Kreis der «Betroffenen» fehlen in diesem Band. Der Grund: zufriedene Absolventen dieser neuen «Interventionstechniken» fanden sich nicht; und Patienten, die vom Scheitern ihrer Therapien hätten berichten können, fanden sich nicht bereit dazu. Sie bekundeten ihre Angst vor solchen Gesprächen, entweder aus Furcht vor der «Szene», der diese Behandlungsverfahren zugezählt werden, oder aus Furcht vor dem Wiedererleben ihrer Therapiegeschichte. Es scheint, was von traumatischen Erfahrungen befreien sollte, ist für viele selber zur traumatischen Erfahrung geworden. Das ist bemerkenswert bei einer Bewegung, die «Liebe», «Sanftheit», «Freundlichkeit» auf ihre Fahnen geschrieben hat, und bemerkenswert bei einer Gruppe von «Therapeuten», die so überzeugt von ihren Erfolgen spricht. Statt dessen wird nun in diesem Band, von seiten der Kritiker, hie und da *über* diese Patientenerlebnisse gesprochen. Sie legen die Vermutung nahe, daß meine Recherchen auf diesem Gebiet nicht als zufällig abgetan werden können.

Wer ist nun in diesem Band, der vor allem Gespräche wiedergibt, vertreten? Und: Wie kam es zu der hier vorgelegten Interviewauswahl? – Zuallererst ist wohl die Schwierigkeit zu erwähnen, überhaupt festlegen zu wollen, was der sogenannten New-Age-Bewegung als Therapieform zugerechnet werden kann. Nun, ich wollte eine möglichst faire Darstellung des «New Age» und seiner Behandlungsstrategien. Also entschloß ich mich, nur solche «Therapie-Schulen» vorzustellen, die man nicht von vornherein als Unsinn abtun kann, die zumindest Ansätze zu einer theoretischen Entfaltung ihrer Hauptannahmen bieten und auch empirische Begründungen. Und ich suchte nach Gesprächspartnern mit praktischer *und* intellektueller Kompetenz, die zur Erläuterung ihrer Positionen in der Lage sind. Ich denke, diese positive Voraussetzung trifft für alle Gesprächspartner in diesem Band zu. Und da die Beiträger aus dem Bereich der neuen «Therapien» offenbar spürten, daß sie nicht von ihrem Interviewer «aufs Kreuz gelegt werden sollten» (eine verbreitete Angst in diesen Kreisen), gab es *nach* den Gesprächen auch keine Absagen mehr, als es um die Frage der Veröffentlichung ging.

Fast alle der hier wiedergegebenen Gespräche gehen auf die Vorarbeiten für eine Rundfunksendung zurück; sie fanden vom September 1990 bis August 1991 statt und wurden von mir für den Abdruck redaktionell überarbeitet: Wiederholungen waren zu tilgen, fehlerhafte Stegreifformulierungen zu korrigieren, Unklarheiten aufzuhellen. Von einer Ausnahme abgesehen, verlief diese Arbeit problemlos, so daß man bilanzieren kann: Es werden nur zurückhaltend berichtigte Gesprächsprotokolle vorgelegt, ebenso authentisch wie von beiden Seiten autorisiert. Kurz: So, wie es hier steht, wollten die Gesprächspartner sich verstanden wissen, so hatte auch ich sie verstanden, so sind sie wohl auch zu verstehen.

Bemerkenswert ist, daß jeder Beiträger die Zustimmung zur Publikation seiner Auskünfte gab in dem Bewußtsein, daß hier keine «Propagandaschrift» vorgelegt würde, sondern ein Buch, das eine Kontroverse dokumentiert, einen Disput, der sonst oft nur in getrennten Veröffentlichungen ausgetragen wird – wenn überhaupt. Jeder wußte hier vom Widerspruch der anderen Seite – und war einverstanden damit. Ich sah meine Aufgabe darin, den Betreibern der neuen Behandlungsformen Gelegenheit zu geben, zu den Haupteinwänden ihrer Kritiker Stellung zu nehmen, und den Kritikern die Möglichkeit zu bieten, sich mit den Hauptargumenten der Betreiber bekannt zu machen. So spielte ich, wenn man so will, in wechselnder Position die Rolle des «Advocatus Diaboli» – entsprechend, so glaube ich, meiner eigenen Offenheit gegenüber den Themen dieses Buchs. Und so wünschte ich mir, daß dies nicht nur ein Band der Differenzen geworden ist, sondern auch der Differenzierungen.

Zum Beispiel, um eine These aufzugreifen, die man immer wieder von seiten der Kritiker hört: ein Buch der Differenzierung gegenüber dem Verdikt, daß die Vertreter dieser «Therapien» lediglich aus Geschäftemacherei ihr Handwerk betrieben, oft nur verstiegene Dummköpfe seien, ohne jegliche Ausbildung, ohne intellektuelle Kompetenz und emotionale Sensibilität für therapiebedürftige Menschen. Natürlich gibt es all diese Phänomene in der New-Age-Bewegung *auch* (Frage freilich: Wo nicht?). Aber Tatsache ist: Es sind in dieser Bewegung nicht nur Vollidioten, Geschäftemacher oder größenwahnsinnige Egozentriker am Werk; und ebenso unstrittig ist, daß mit dem Verweis auf moralische Defekte von Einzelpersonen, auf geistig-affektive Inkompetenz von Therapiebetreibern die Sache selber noch nicht «erledigt» ist. Nach meinem Eindruck dürfte keiner meiner Gesprächspartner auf der Betreiberseite solche Verurteilungen rechtfertigen, im Gegenteil. Ich traf durchweg auf warmherzig-intelligente Vertreter dieser neuen «Therapien», nicht selten mit ebenso «imponierender» Ausbildung, wie ihre Kritiker aufweisen können: Das bedeutet: Über die hier zu diskutierenden Fragen ist sachlich zu sprechen, nicht moralistisch, *ad rem* und nicht *ad personam*. Das heißt aber auch: Um so wichtiger ist der Unterschied zwischen subjektiver Integrität und objektivem Befund. Ich jedenfalls empfand die Ambivalenz als bemerkenswert, daß die nämlichen «New-Age-Therapeuten», die glaubhaft Offenheit reklamieren gegenüber neuen Ideen, sich alten Erkenntnissen gegenüber oft merkwürdig verschlossen zeigen. Im Zweifel tendiert noch fast jeder der «New-Age-Therapeuten» dazu, sich auf die Seite der Anti-Aufklärung zu stellen oder hinter für selbstverständlich gehaltene Standards der Wissenschaftlichkeit zurückzufallen, wenn es um die Verteidigung vermeintlich neuer Einsichten geht; und bemerkenswert fand ich, zweitens, den Widerspruch, daß persönlich glaubhafte Bescheidenheit von «New-Age-Therapeuten» sehr wohl mit dem Glauben an höchst unbescheidene Welt- und Therapieerklärungstheorien Hand in Hand zu gehen vermag. Eine

Ambivalenz, die mir nicht untypisch erscheint für die gesamte Bewegung des New Age.

Wie allgemein bekannt, geht dieser Begriff des «Neuen Zeitalters», aus den Vereinigten Staaten vor knapp zwei Jahrzehnten mit der Bewegung des «Wassermanns» zu uns herübergeschwappt, auf eine astrologische Zeitenrechnung von *Platon* zurück. Dieser Sternenrechnerei zufolge trat die Menschheit am 5. Februar 1962 aus der Ära der «Fische» in die des «Wassermanns» ein: Unmittelbare Verbindung zwischen dem Selbst und dem Kosmos, Überwindung von Grenzen jedweder Art, Aufhebung überkommener Gegensätze und so weiter sollen Kennzeichen dieses neuen Geschichtsabschnittes sein. Oder, wie es die Analytiker der New-Age-Bewegung *Christof Schorsch* und *Ben Bohnke* registrierten: Angesagt seien nun Prinzipien wie «Feminismus» und «Organizismus», «Holismus» und «Spiritualismus», Prinzipien, die den «Maskulinismus» und «Maschinismus», den zerlegenden «Rationalismus» und «Materialismus» des alten «Krisenparadigmas» überwinden sollen. Wir stehen an einem Wendepunkt der Geschichte, so diese grundlegend astrologiegläubige Weltsicht, an einem Katastrophenpunkt, aber das Grauen der alten Epoche verspricht dem Morgengrauen einer neuen Ära zu weichen. Was mit anderen Worten bedeutet: In der New-Age-«Philosophie» gehen kritische Weltsicht zum einen, Aberglaube zum zweiten und Zukunftsoptimismus zum dritten eine charakteristische Verbindung ein. Nur ein kritisch zu beäugendes Amalgam? Oder wiederum ein Punkt, wo Differenzierung angesagt ist?

Auffällig ist: Keiner der in diesem Buch versammelten Kritiker der New-Age-Bewegung leugnet den katastrophenträchtigen Zustand der heutigen Welt; in der Bewertung der Verhältnisse auf unserem Erdball findet sich zwischen ihnen und den Vertretern des «Wassermanns» kaum ein Unterschied. Ob es um objektive Zustände geht wie Armut oder Hungertod, Umweltzerstörung oder Kriegsgefahren, Überkontrolliertheit des Alltags: Im *Befund* und im *Urteil* treffen sich noch fast alle in diesem Band. Aber in der *Analyse* der Gründe für diesen Zustand auf unserem Globus und in den *Schlußfolgerungen* daraus klaffen Abgründe zwischen den Parteien: Wo von der New-Age-Bewegung immer wieder dem «Alten Denken» alles Böse angelastet wird – und damit ist wirklich das «Denken» gemeint, die Aufklärungsgeschichte nämlich seit *Bacon* und *Descartes* –, da sehen die Kritiker dieser Bewegung vor allem in undurchschaut und unbearbeitet gebliebenen *emotionalen* Antrieben des Menschen den Grund: in Zerstörungswünschen etwa oder in Machtgier. Und wo die New-Ageler auf magische Erlösungsstrategien setzen, da setzen die Kritiker eben auf eine aufgeklärtere Aufklärung.

Die Strömung des «Wassermanns» ist, viele Beiträger in diesem Band betonen es, ein vielfarbig-schillerndes Phänomen: *Quasiwissenschaftliche, quasireligiöse* und *quasipolitische* Züge bestimmen ihr Bild. Nicht zuletzt jedoch stellt diese Welle auch eine *quasitherapeutische* Bewegung dar: Unzählig sind die entsprechenden Angebote unter diesem Firmenschild, unüberschaubar die Verbindungslinien zwischen den einzelnen «Schulen». Jede dritte Publikation, so die Analyse des bundesdeutschen Börsenvereins, kommt inzwischen aus diesem Bereich, Hunderte von Instituten, Tausende von Heilern bieten mittlerweile unter dieser Flagge ihre Dienste an. New Age ist, gerade in der Therapieszene, zu einer Massenerscheinung geworden. Und wenn man auch einräumen muß, daß es in Teilen der Bewegung «out» erscheint, die Bewegung noch «in» zu nennen, so hat man, wenn man genauer hinschaut, meist nur die Namen ausgetauscht, nicht aber die Inhalte, spricht nun von «Esoterik» oder «Transformation», von «Light Age» oder «Spiritualität» statt vom alten «New Age», dem man Unseriosität vorwirft. Der Versuch, die Spreu vom Weizen zu trennen? Oder nur vom Stroh?

Damit zur Auswahl dieses Bandes zurück. Mein Interesse war, ich betonte es schon, nicht, die Qualität einer Strömung abqualifizieren zu wollen an den offenbaren Idiotien dieser Bewegung. Deshalb also keine Auseinandersetzung mit «Kristalltherapie» oder «Fernheilung», «Channeling» oder Beseitigung von Rheuma durch Wünschelrutengängerei. Statt dessen «Rebirthing», «Reinkarnationstherapie» (in zwei Varianten) und «Holotrope Therapie» – weil dort diskutierbare Thesen vorgelegt worden sind, falsifizierbare oder verifizierbare Tatsachenbehauptungen, Methodenangaben mit einem gewissen Charakter an Systematik und, partiell zumindest, auch an Plausibilität.

Plausibilität? Bei Psychotherapien, die Rückkehr ins frühere Leben versprechen, Wiedergeburt, Begegnung mit Göttern oder Feen? – Nun, so überraschend es für manche klingen mag, in mehrerlei Hinsicht geht das vermeintlich neue Denken dieser Psychoverfahren auf alte Hypothesen zurück, auf Erkenntnisse, unvorsichtig gesagt, oder Grundannahmen, behutsamer ausgedrückt, die auch von alten Therapieverfahren geteilt werden. Ich zähle hier nur die wichtigsten Grundsätze auf:

Erstens: Allen hier vorgestellten Verfahrensweisen liegt eine *Traumatheorie* zugrunde (und diese Annahme teilt sie etwa mit Psychoanalyse, Tiefenpsychologie, Humanistischer Psychologie): Heutiges Leiden geht auf seelische Verletzung in früheren Zeiten zurück.

Zweitens: Alle hier vorgestellten «Psychotherapien» gehen von der Existenz eines *Unbewußten* aus – und plazieren dort die versteckt nachwirkenden Krankheitsursachen (wiederum eine Gemeinsamkeit mit «alten» Therapieformen).

Drittens: Alle Interventionstechniken setzen zur Befreiung des Patienten von seinen Symptomen auf den Weg des *Wiedererlebnisses* dieser pathogenen Ursprungssituationen – und auch das ist im Prinzip dasselbe, was in den anderen, allgemeiner anerkannten Therapieformen geschieht. Nichts Neues mithin?

Selbst im letzten, dem *vierten* Punkt scheinen noch die Übereinstimmungen vorherrschend zu sein: Denn wie die «alte» Medizin im Gefolge «alter» Psychotherapien die Zusammenhänge zwischen Körper und Psyche zu erkennen begann, erkennen auch die neuen Behandlungsverfahren dieses psychosomatische Grundtheorem an, ja, mehr noch, sie stellen ihre Technik oft gänzlich auf diese Verbindung zwischen Leib und Seele ab. Ob es Massage ist oder Hyperventilation, Hypnose oder (früher zumindest) Drogengebrauch: Körperveränderung setzt die Rückkehr zur traumatischen Ursprungssituation in Gang. Und noch jedes Körpersymptom geht in Wahrheit auf psychische Verletzung zurück. Was also ist anders an diesen Therapien? Worin sollen ihre Vorteile bestehen gegenüber dem alten therapeutischen Repertoire – denn sonst benötigten wir sie ja nicht?

Die Betreiber dieser neuen Psychotherapien scheinen, über alle sonstigen Gräben hinweg, in den folgenden Punkten einig zu sein:

- Ihre Verfahren wirken angeblich *schneller* als die «alten» Psychotherapien;
- sie wirken angeblich *intensiver* und *umfassender*;
- sie wirken angeblich mit *größerer Gewißheit* oder *Sicherheit*;
- sie sind angeblich *vielseitiger* anwendbar als die «alten» Therapien.

Das bedeutet: Nirgendwo sonst als in der Bescheidenheitsbewegung des New Age schreibt sich eine Therapiengruppe so viel Allgewalt zu. Denn wenn man alle Aussagen ihrer Erfinder und Buchautoren zusammenzählt, gibt es nichts, was diese «Therapien»-Trias nicht zu therapieren vermag: Das fängt bei der Beratung in grundlegenden Lebens- und Sinnfragen an, umfaßt alle Neurosen und hört bei der Psychose noch lange nicht auf; sie vermag vom Krebs zu befreien und von Aids, sie kann das Waldsterben stoppen und den Rüstungswettlauf. Und sogar die Begegnung mit Gott oder Geistern ermöglichen diese «Therapien» uns. Wahrhaft: Sie sind päpstlicher als der Papst – «Seelen-Heilkunde» und «Seelenheil-Kunde» zugleich.

Es ist einer der vielen Punkte, an denen die Kritik der Skeptiker ansetzt: die New-Age-typische Verquickung von Heilungs- und Heilsanspruch, von Psychotherapie und Religion. Doch auch die anderen Aussagen treffen natürlich auf Widerspruch: Dem *Schnelligkeitsversprechen* wird das Argument entgegengehalten, daß bei einer seelischen Störung meist nicht nur ein einziges Thema aufzuarbeiten ist; an einer Neurose hat oft ein ganzes Leben gearbeitet. Das *Intensitätsversprechen* wird mit der Erfahrung konfrontiert, daß gerade diese «Paulus»-Erlebnisse oft nur von kurzer Wirksamkeit sind.

Dem *Gewißheitsversprechen* hält man die Erfahrung entgegen, daß selbst bei noch so ausgeklügelter «Technik» die Unwägbarkeit einer Patient-Therapeuten-Beziehung von Bedeutung bleibt, Stichwort «Übertragungsgeschehen». Und das *Allseitigkeitsversprechen* dieser Therapien, für alle Leiden der Welt tauglich zu sein, muß sich vor allem eines vorhalten lassen: den völligen Mangel an Bewiesenheit. Denn: Schön wär's natürlich, aber ist es auch so?

Wir sind damit an einem ganz entscheidenden Punkt: Oft zeigen sich die Betreiber dieser neuen Verfahrensweisen an Überprüfung ihrer Arbeit gänzlich desinteressiert. Egal, ob ein *Thorwald Dethlefsen* nicht daran interessiert ist, seinen ersten «Reinkarnationsfall» in der Realität «gegenzuchecken», oder zahlreiche andere «Therapeuten» erst nach einiger Nachfragerei sich bequemen mögen, irgendwelche Wirksamkeitsziffern für ihre «Therapien» zu nennen (Schätzwerte bestenfalls, manche verweigern auch Aussagen darüber oder korrigieren die Zahlenangaben mehrfach): Die Abneigung gegenüber präziser Befragung und Selbstbefragung ist sehr allgemein. Und man bedient sich zur Abwehr solcher «Zumutung» gern eines doppelten Tricks:

- Entweder verwechselt man die Frage nach der *Wirklichkeit* bestimmter Therapieerfahrungen (= «Haben Ihre Patienten tatsächlich schon einmal gelebt?», «Kann man tatsächlich seine eigene Geburt wiedererleben, seine eigene Zeugung?», «Begegnet man tatsächlich in diesen von Ihnen erzeugten Ausnahmezuständen Gott oder einem Dämon?») beharrlich mit der Frage nach der *Wirksamkeit* dieser Behandlungsverfahren;
- oder man setzt die Frage nach der *Tatsächlichkeit* einer Therapieerfahrung und die Frage nach der *Erfolgsquote* der jeweiligen Therapie mit positivistischer Verbohrtheit gleich. Die New-Ageler geben gern als Abneigung gegen *die* alte, böse Wissenschaft aus, was in Wahrheit Desinteresse an der Wahrheit ist. Anders: Sie operieren mit dem New-Age-populären Negativimage von Wissenschaft – «Fliegenbeinzählerei», «Laboratoriumsborniertheit», «Unmenschlichkeit», «Kälte», «Destruktivität» –, um das schlichteste und selbstverständlichste Realitätsinteresse gleich mit zu erledigen.

Vermutlich ist es das, was viele Kritiker der New-Age-Bewegung so aufbringt, vor allem, wenn es, wie bei Therapien fast immer, um das Wohl und Wehe von Menschen geht, von oft sehr hilfebedürftigen Menschen. Denn egal, ob diese sogenannten Therapien «krankheits*erzeugend*» sind oder «nur krankheitsauslösend»: Mit «prämorbiden» Klienten muß jeder Psychotherapeut rechnen; für sie ist er ja gerade da. Deshalb bleibt es auch von so großer Wichtigkeit, seine eigene Arbeit immer wieder einer genauen Überprüfung zu unterziehen: Hilft es oder schadet es? Hilft es hier, aber schadet es da? Hilft es diesem Hilfsbedürftigen noch oder nicht mehr? – Um es schon hier zu resümieren: Mir wird in der New-Age-Bewegung viel zuviel geantwortet und viel zuwenig gefragt. Und wenn man es von außen tut, also Fragen an diese Antworten stellt, bleibt oft nur wenig von diesen Antworten übrig. Konkret:

Ganz unstrittig steht der Beweis für die Wirksamkeit dieser Therapien noch aus, für die Richtigkeit ihrer *spezifischen* Grundannahmen zumal (= Reinkarnation, Geburtswiedererlebnis, Gottesbewegung usw.); *zweitens:* Ein verbindlich ausdefinierter Indikationen- und Kontraindikationen-Katalog fehlt völlig; und *drittens:* Die Einbettung dieser Psychotechniken – mehr sind alle diese Verfahrensweisen meiner Meinung nach nicht – in ein psychotherapeutisches Gesamtkonzept läßt auch noch auf sich warten (ich denke: Selbst Hyperventilation, selbst «Dämonenbegegnung», selbst «Reinkarnation», die freilich nicht für real gehalten wird, können bei gutem therapeutischem Umgang von Nutzen sein). Kurz: Bis zum Beweis des Gegenteils muß wohl davon ausgegangen werden, daß bestenfalls *Suggestionserfolge* typisch für diese «Therapien» sind, Erfolge mit *Placebo-Charakter*, von kurzer Dauer, erkauft um die Gefahr der Symptomverschiebung oder den Erwerb okkulter Ideologien. Und im negativen Fall – dieses Buch zählt einige Fälle auf – dürfte die Anwendung dieser «Therapien» auch mit Schlimmerem verbunden sein: mit psychotischen Zusammenbrüchen und Suizidalität, mit psychosomatischer Dekompensation oder mit seelischem «Abbau». New-Age-Therapien – also keinerlei Hilfe, nur eine Gefahr?

Wenn mein Eindruck nicht täuscht, gibt es Lernprozesse durchaus auch in diesem Bereich – ein letztesmal Differenzierung mithin. Deutlich ist, daß zumindest einige Behandler Abstand suchen zu den Psi-Gewißheiten und den Überversprechungen in ihrer Zunft, deutlich auch, daß manche sich verabschiedet haben von dem allzu eindimensionalen Traumakonzept («Es gibt nur *ein* Trauma, und zwar …»). Des weiteren: Der Mangel an solider psychotherapeutischer Ausbildung, der bei vielen Heilern zu konstatieren ist, trifft längst nicht auf alle Therapeuten in dieser Szene zu. Und schließlich: Was die weltanschauliche Grundorientierung von «New-Age-Therapeuten» betrifft, die manchen Zeugnissen zufolge tatsächlich jene Grausamkeiten zeigt, von denen vor allem *Colin Goldner* in diesem Buch spricht, so halten die meisten meiner Gesprächspartner deutlichen Abstand davon. Lediglich die karmaorientierten Reinkarnationstherapien zeigen unverkennbar die Tendenz, dem Menschen, der leidet, auch noch die Schuld zu geben an seinem Leid. Solche Deutung macht das Opfer auch noch zum Opfer der Deutung. Und das ist zumindest ebenso schlimm wie die Beschuldigung, ein Patient habe gegenüber der Behandlung versagt, wenn in Wahrheit die Behandlung gegenüber dem Patienten versagt hat.

Freilich: Ist die seriöse Therapieszene immer frei davon? Auch da wird oft allzu vorschnell vom «therapieuntauglichen» Patienten gesprochen statt von «patientenuntauglichen» Therapeuten oder Therapien.

Die New-Age-Bewegung ist angetreten mit dem Ziel, den – vor allem technologischen – Allmachtsfantasien des Menschen ein Ende zu setzen: «Small ist beautiful» (*Emil Schumacher*) war der einschlägige Slogan dafür. Sie steht jedoch in Gefahr, diesen Allmachtsfantasien der alten Welt magische Allmachtsfantasien der neuen Welt entgegenzusetzen, um die eigene Ohnmachtserfahrung abzuwehren – nicht zuletzt in Gestalt ihrer «Therapien». Mir scheint: Solange die Strömung des «Wassermanns» von ihren Psi-Gewißheiten nicht läßt, von ihren psychotherapeutischen Überversprechungen, von ihrem Heilsanspruch, ist sie nur der Wiedergänger des alten Größenungeistes in veränderter Gestalt. Und ich befürchte, das oft in ihren Kreisen vorherrschende Klima dumpfer wechselseitiger Affirmation und überemotionalisierter gemeinsamer Abwehr gegenüber allem, was von außen an Fragen auf sie eindringt, wird an dieser mächtigen Selbstidealisierung kaum etwas ändern. Deswegen ist ein Buch der *Kontroverse* über diese

Themen womöglich so wichtig, ebenso die Frage, ob in den «New-Age-Therapien» vom «Ungeist» geheilt wird oder der «Ungeist» selber zu heilen versucht. Eine offene Frage, dem dieses Buch keine geschlossenen Antworten entgegenhalten will, sondern – offene Fragen.

1. TEIL

Die Psychotechniken des New Age

LEXIKALISCHES STICHWORT:

«Rebirthing»

Das «Rebirthing» (sinngemäß: «Wiedergeborenwerden») wurde Ende der sechziger, Anfang der siebziger Jahre von Leonard Orr und anderen an der Westküste der USA entwickelt. Orr, der bis 1968 als Verkäufer gearbeitet hatte und sich mit zahlreichen psychischen Problemen herumschlug, probierte «Rebirthing» seiner eigenen Angabe zufolge zum erstenmal 1962 aus, vermutlich in einer Badewanne mit heißem Wasser, den Kopf untergetaucht und mit einem Schnorchel im Mund. Als eigentliches «Geburtsjahr» der «Wiedergeburtstherapie» gilt freilich das Jahr 1968. So schreibt zum Beispiel die Orr-Schülerin Eve Jones zu diesem Jahr:

> «Orr ... wollte versuchen, wohlhabend zu werden, indem er genau das tat, wonach ihm war, nämlich seine Vollzeitbeschäftigung als Verkäufer einzuschränken und statt dessen eine halbe Woche im Monat zu Hause zu verbringen und Bücher über Metaphysik zu lesen. Er schaffte es tatsächlich, sein Einkommen zu verdreifachen.»

Und Elana, die erste «Rebirthing»-Schülerin, teilt aus diesem Zeitraum über Leonard Orr mit:

> «Stundenlang konnte er in der Badewanne liegen und dabei Dinge schreien wie ‹Das kannst du mir nicht antun, du Bastard› oder ‹Ich hasse dich, du Hure›. Wenn ich dann mal hineinging, um nachzusehen, was los war, blickte er mich von unter Wasser finster an... Manchmal stand er auch auf und hing kopfüber von einem Stuhl herab. Wenn ich ihn dann ansprach, murmelte er irgendwas Unverständliches über sein Geburtstrauma.» (Albery)

Den Namen «Rebirthing» erfand Leonard Orr 1974. Es war das gleiche Jahr, in dem er in San Francisco sein sogenanntes «Theta-Seminar» ins Leben rief. Ende der siebziger Jahre zog Orr dann nach Sierraville, Kalifornien, und richtete dort sein «Rebirth Training Centre» ein, die Hotel- und Therapie-Anlage «Campbell Hot Springs».

Allgemein wird das «Rebirthing» als Verbindung einer speziellen Atemmethode mit einer speziellen Methode der «Affirmation» definiert und als «kathartische Therapie» angesehen (im Gegensatz dazu Eve Jones: «Abreaktion, Katharsis ... werden von Rebirthern durchweg als etwas angesehen, das nichts einbringt ...»). Doch schon bei der Frage: Therapieverfahren – ja oder nein? herrscht unter «Rebirthern» Uneinigkeit. Als Therapie wird «Rebirthing» vom britischen «Rebirther» Nicholas Albery bezeichnet («Heilung für physische Krankheiten»), von der US-amerikanischen «Rebirtherin» Jones (eine «holistische Heilmethode»), vom Begründer Orr selbst («Heilmittel gegen ‹Unter›-Atmung») und vom Düsseldorfer Vorsitzenden der «Deutschen Gesellschaft für Rebirthing e. V.» Rüdiger Stellberg zum Zeitpunkt des ersten deutschen «Rebirthing-Kongresses» im Jahre 1989: «Rebirthing – Aspekte einer Metatherapie» (Schusser u. a.). Andererseits widerspricht derselbe Stellberg mittlerweile dieser Einschätzung des «Rebirthing» als Therapie, und auch Leonard Orr hat bei anderer Gelegenheit dagegen votiert, «Rebirthing» als Therapie anzusehen – sie gehöre in Wahrheit «der Sphäre der Transpersonalen Psychologie» an. Mit gleicher Abgrenzung die Orr-Schüler Jim Leonard und Phil Laut: «Rebirthing ist keine Therapie», sondern eine «moderne, ganzheitliche Methode zur Selbsthilfe».

Auf entsprechendes Durcheinander stoßen wir bei der Kennzeichnung des «Rebirthing-Atems»: Handelt es sich um «Hyperventilation» – so Orr und der bundesdeutsche «Rebirther» Karl Raab (Albery, Schusser u. a.)? Oder wird «Rebirthing» «nur» mit einem «ununterbrochenen, verbundenen» Atem praktiziert – so Eve Jones, Rüdiger Stellberg und Jim Leonard/Phil Laut? Dazu Eve Jones: «Im Gegensatz zur Hyperventilation kommt es beim Rebirthing ... zu einer Anreicherung des Sauerstoffgehaltes im Blut, ohne daß damit ein Anstieg in der Produktion oder in der Freisetzung von Kohlendioxid einhergeht.» Begründung: «Beim Ausatmen läßt er (= der Patient. H. P.) alle Spannung im Brustkorb einfach los. Er versucht nicht, unter Anstrengung auszuatmen.» Dazu ein medizinischer Experte aus England: «Alles Unsinn ... Sogar ein tiefer Atemzug kann das Kohlendioxid um 20% verringern» (Albery). Folgen des «Rebirthing-Atems» jedenfalls sind: neuromuskuläre Übererregbarkeit, Krampfzustände, Durchblutungsstörungen im Gehirn, Schwindel, Ohnmacht oder «Blackouts» – so der «Rebirthing»-Kritiker Goldner und der Göttinger Pulmologe Professor Ulrich Hüttemann. Und so auch ein Betreiber dieser Methode, der britische «Rebirther» Albery. Auf dem Osnabrücker «Rebirthing-Kongreß» wurden diese Symptome auch gar nicht geleugnet, vom «Rebirther» Raab allerdings mit einer besonderen Erklärung versehen: An den genannten Negativfolgen hätten die Patienten schuld, nicht die «Therapeuten» oder die Methode. Karl Raab:

> «*Ablehnung* ist die innere Grundhaltung, die allen ‹Krampfern› gemeinsam ist ... Die Tetaniker halten an den Dingen, die sie unter Schmerzen und Krämpfen zu vermeiden versuchen, auch noch fest!! Sie hängen an ihrem eigenen psychischen Müll.» (Schusser u. a.)

Kurzum: «Rebirthing» arbeitet mit Hyperventilation, «Rebirthing» arbeitet nicht mit Hyperventilation, «Rebirthing» zeitigt nur Folgen wie bei der Hyperventilation, aber diese Folgen zeitigt nicht das «Rebirthing», sondern der Patient.

Auf größere Übereinstimmung trifft man hingegen bei anderen Punkten der «Rebirthing»-«Theorie»: Es gehe bei diesem Verfahren um Rückkehr zu früheren Traumata, vor allem um das Wiedererleben der eigenen Geburt (Orr: Möglicherweise sind neunzig Prozent unserer Ängste [als Erwachsene] im Geburtstrauma begründet»), vgl. Albery; ähnlich Jones und Leonard/Laut. Oder es gehe um die Wiedervergegenwärtigung dessen, was Orr die «Five Biggies» (sinngemäß: «Haupttraumata») genannt hat: «Das Geburtstrauma, das elterliche Mißbilligungssyndrom, negatives Denken, Armutsbewußtsein und der unbewußte Todeswunsch» (abweichend davon Eve Jones: «(1) Geburt, (2) erstes Atmen und Lebens- und Todeskampf, (3) elterliche Mißbilligung, (4) spezifische Negativa und (5) frühere Leben»). Gemäß der «Hauptthese» des «Rebirthing» – «Denken ist kreativ, und die Denker sind wir» – werden diese fünf Traumata beim «Rebirthing» durch «positive Affirmationen» aufgelöst und gemäß bestimmten energetischen Vorstellungen zur «Entladung» gebracht. Der Hochschätzung des «Rebirthing», was dessen Wirksamkeit betrifft, entspricht dabei die Einschätzung seines Anwendungsbereichs. So zählt die Orr-Schülerin Eve Jones gleich einen ganzen Katalog sozialer, somatischer, psychosomatischer und psychischer Probleme auf:

> «‹Heilend› scheint Rebirthing bei Menschen gewirkt zu haben, auf die vor der Behandlung eine der folgenden Beschreibungen zutraf: depressiv; ängstlich; abhängig von Drogen, einschließlich Alkohol, Nikotin, Koffein und veredelten Karbohydraten; leidet an niedriger Selbstachtung; suizidal; gewalttätig; homosexuell; kriminell; asthmatisch; übergewichtig; phobisch; träge; epileptisch; einsam; erfolglos; geächtet; arthritisch; von Emotionen überwältigt; zwanghaft; steril oder gelähmt als Folge eines Schlaganfalles oder einer Verletzung.»

Und Albery, der britische «Rebirther», ergänzt:

> «Sondra Ray (= eine Mitarbeiterin Orrs. H. P.) und Leonard Orr schreiben über Leute, die von Atembeschwerden geheilt wurden, von Magen- und Rückenschmerzen, Frigidität, Hämorrhoiden, Schlaflosigkeit, Diabetes, Epilepsie, Arthritis und Krebs.» Des weiteren werden an dieser Stelle Tuberkulose, chronische Hepatitis und Nierenleiden genannt.

«Rebirthing» demzufolge ein (Nicht?)-Therapieverfahren für alle sozialen und somatischen, psychosomatischen und psychischen Leiden der Welt? Angaben über Kontraindikationen jedenfalls fehlen in der «Rebirther»-Literatur fast ganz. Lediglich Albery erwähnt Psychosen und Neurosen, Epilepsie und Herzprobleme sowie die Ausbildung eines «chronischen Hyperventilations-Syndroms».

Was die sogenannten «transpersonalen» und «spirituellen» Aspekte des «Rebirthing» betrifft, so sind vor allem zwei Glaubenssätze in «Rebirthing»-Kreisen von Wichtigkeit: *Erstens*, «Rebirthing» sei ein Mittel zur «Gottesbegegnung» oder Begegnung mit dem «Göttlichen in uns selbst»; und *zweitens*, «Rebirthing» sei ein Weg zur Erlangung der eigenen «physischen Unsterblichkeit». So zum Beispiel Phil Laut:

> «Ich möchte noch hinzufügen, daß die Philosophie der Unsterblichkeit keine verrückte Idee ist. Eine verrückte Idee ist höchstens, daß jeder Mensch sterben muß ...»

Und entsprechend auch Leonard Orr:

> «... solange ich damit fortfahre, meinen Lebenswillen zu stärken und meinen Todesdrang zu schwächen, so lange werde ich mein Leben in Gesundheit und Jugendlichkeit fortsetzen können.» (Albery)

Analog dieser «spirituellen» Auffassung von der gedanklichen Machbarkeit des ewigen Lebens wird vom «Rebirthing» auch das sonstige Schicksal des Menschen im Sinne totaler Verfügbarkeit interpretiert. Eve Jones:

> «Alles, was Menschen widerfährt, haben sie selbst geschaffen, durch ihr Denken geschaffen.»

Ein Gedanke, der beim US-amerikanischen Ex-Finanzberater eines großen Computerkonzerns, dem «Rebirther» Phil Laut, am Beispiel des millionenfachen Mordes an den Juden zu folgender absurder Äußerung führt:

> «Es gibt nichts Falsches außer dem, was Du als falsch bezeichnest. Das Universum ist gerecht, es ist kein Zufall. Wenn Du Erdbeeren anpflanzst, wirst Du keinen Weizen ernten ... Hätten die sechs Millionen (= Juden. H. P.) wirklich entkommen wollen, wäre es auch geglückt.» (Albery)

Für das «Rebirthing» werden, was bestimmte Aspekte seiner Grundannahmen und Verfahrensweisen betrifft, zahlreiche Vorläufer und Nachbar-«Schulen» genannt. Orr selbst erwähnte als seine geistigen Lehrer Joel und Champion Teutsch sowie N.V. Peale. Diese Vertreter des «Positiven Denkens» dürften vor allem seine «Affirmationsmethode» inspiriert haben. In Sachen «Unsterblichkeit» und «spiritueller» Orientierung war in erster Linie der hinduistische Guru Babaji von Bedeutung für ihn. Frederick Leboyer beeinflußte Orrs Verständnis von den Geburtsvorgängen, und theoretische Vorläufer für seine Theorie vom «Geburtstrauma» sind ohne Zweifel Otto Rank und Arthur Janov. Schließlich sind hier Wilhelm Reich und die «Bioenergetik» der Reich-Schüler Alexander Lowen und John C. Pierrakas zu nennen, die Orrs kathartische Energieentladungs-Vorstellungen geprägt haben dürften. Colin Goldner:

> «Das Angebot an Theorie ist dürftig und im wesentlichen nichts anderes als eine trivialisierte Kopie des Orgasmusmodells von Wilhelm Reich.»

Berührungspunkte in der Praxis weist das «Rebirthing» mit dem «Holotropen Atmen» Grofs auf, mit der «Aqua-Energetik» Paul Bindrims und der «Impasse-Priority-Therapie» von Nira Kefir – außerdem, nach Auffassung Stellbergs und anderer, mit dem «Co-Counselling», das Harvey Jackins entwickelt hat, und mit der «Rational-Emotiven Therapie» von Albert Ellis. Deutlich ist allerdings, daß sich die «Rebirther» selber immer weiter voneinander entfernt haben. Der «Rebirthing»-Begründer Orr zum Beispiel wurde, so Albery, von «Rebirthern» «entqualifiziert», da er den Ausbildungsprozeß als einen Weg eingeführt habe, «der die Leute eher hereinlasse, als sie draußen zu halten». Außerdem sollen beim Ausschluß Orrs finanzielle Unregelmäßigkeiten und sexueller Patientinnenmißbrauch eine Rolle gespielt haben. Und noch weiter entfernt vom «Rebirthing»-Begründer haben sich inzwischen Phil Laut und Jim Leonard: Sie haben eine eigene Variante des «Rebirthing» ins Leben gerufen und markenrechtlich schützen lassen: das sogenannte «Vivation™» (TM = Trade Mark).

Überprüfbare Erfolgsstatistiken dieser «New-Age-Therapie» wurden bislang nicht vorgelegt. Einzig Albery nennt im Anhang zu seinem Buch einige Zahlen aus einer persönlichen Umfrage in «Rebirther»-Kreisen: Danach glauben 23 Prozent «mehr Energie» und 23 Prozent mehr «Gesundheit» nach dem «Rebirthing» verspürt zu haben. Ob diese Zahlen zu 46 Prozent addiert werden können, ist eher fraglich. Die Repräsentativität dieser Umfragezahlen vorausgesetzt, läge «Rebirthing» weit unter den Besserungsquoten, die bei den «klassischen» Therapieverfahren ermittelt worden sind, bei der Psychoanalyse etwa oder bei der Verhaltenstherapie (= circa 65 Prozent). «Rebirthing» – tatsächlich eine Therapie?

«Die wirkliche Befreiung erst beim Rebirthing kennengelernt ...»

Die Münchner Rebirtherin Helga Eichler zu ihrer Behandlungsmethode

Helga Eichler, Jahrgang 1946, arbeitet in München als «Rebirtherin». Sie war ursprünglich als Verkäuferin von Einbauküchen tätig und kam auf dem Weg der Selbsterfahrung zu ihrer heutigen Tätigkeit: Sie absolvierte eine zweieinhalbjährige Psychoanalyse, nahm an «Primär»- und «Tantra-Gruppen» teil und lernte bei einer Therapeutin auf Stromboli «Encounter», «Bioenergetik» und «Rebirthing» kennen. 1983 setzte ihre berufliche Umorientierung ein, zunächst als Suchthelferin beim «Blauen Kreuz», dann, ab 1984, mit ihrer Ausbildung im «Rebirthing» beim Ehepaar Griebel aus München, 1986 bei Leonard Orr und 1989 bei Jim Leonard und Phil Laut zur «Vivation Trainerin». Seit 1990 unterzieht sich Helga Eichler einer Zusatzausbildung bei Gerda Boyesen in der «Biodynamischen Massage». Sie ist Mitglied der «Deutschen Gesellschaft für Rebirthing e. V.» und bietet in ihrer Praxis Einzel- und Gruppensitzungen an.

PLATTA: Was verstehen Sie unter Rebirthing, welche Grundannahmen liegen Ihrer Ansicht nach diesem Verfahren zugrunde, welche Hauptmethoden wendet es an, und welche Auswirkungen hat das Rebirthing?

EICHLER: Also, ich bin mit dem Namen «Rebirthing» gar nicht mehr so ganz zufrieden. Der ist in den Anfängen entstanden, bedeutet soviel wie «neugeboren» und hatte zunächst vor allem das Geburtserlebnis im Sinn. Aber das ist nach meiner eigenen Erfahrung mit mir und den Klienten nicht das Wesentliche. Ich sage, es geht um *ununterbrochenes bewußtes Atmen*, denn immer, wenn wir Gefühle unterdrücken, halten wir automatisch den Atem an. Das war bereits im Säuglings- oder Kindesalter so, das geschieht auch in einer Schocksituation, mit der Folge, daß der Schrecken oder die Angst sich nicht auflösen können, sondern in die Unterdrückung gehen und dort zu Blockaden körperlicher und seelischer Art führen.

P: Wenn ich Sie bitten darf, den Atem noch genauer zu beschreiben?

E: Also, normalerweise machen wir beim Atmen kleine Pausen, auch zum Zweck einer gewissen Kontrolle. Denn wenn wir voller und ununterbrochener atmen würden, fühlten wir uns auch mehr.

P: Handelt es sich eher um Bauchatmung oder Brustatmung oder um beides zusammen?

E: Wir haben in unserer Ausbildung gelernt, in die Brust zu atmen, damit das sogenannte «Herz-Chakra» aufgeht. Sie wissen vielleicht, daß es nach der Yoga-Lehre sieben Hauptenergiezentren in unserem Körper gibt, sogenannte «Chakren», und eines davon ist das Herz-Chakra. Wir meinen nun, daß die Energie auch durch die anderen Chakren fließt, wenn im Herz sich was öffnet. Und von daher ist es wichtig, daß die Brust sich bewegt. Es geht aber auch der Bauch leicht mit. Manche Menschen schaukeln den Atem von der Brust in den Bauch und umgekehrt, aber emotional passiert gar nichts. Es ist eine eintrainierte Kontrolle, damit die Gefühle nicht bis ins Becken runterfließen. Diesem Klienten würde ich also deutlich raten, mehr in die Brust zu atmen. Im übrigen werden besonders beim entspannten Ausatmen die Gefühle wach.

P: Arbeiten Sie noch mit der Hyperventilation, mit dem beschleunigten, hechelnden Atem?

E: Ich komme immer mehr davon ab. Mir geht's vor allem ums Integrieren der Gefühle. Mir geht's nicht darum, daß wir mit Hechelatmen eine schnelle Katharsis erzeugen, denn das überfordert den einzelnen bloß, läßt ihn wieder in den Widerstand und in die Gefühlsunterdrückung gehen und veranlaßt ihn dazu, daß er wieder zu kämpfen anfangen muß. Ich bin vielmehr darauf zurückgekommen, sanft und fließend atmen zu lassen, um das, was dann wach wird, im einzelnen genauer und in größerer Ruhe beobachten zu können. In diesem Punkt hat sich das Rebirthing weiterentwickelt, es gibt eine Verbesserung bei ihm, und wir stellen nun stets fünf Elemente in den Mittelpunkt unserer Arbeit. Wir achten auf die *Entspannung* beim Atmen, auf die *Selbstwahrnehmung*, damit man mitbekommt, was im Körper geschieht – das kann ein ganz kleines Kribbeln sein, ein leichtes Frieren oder irgendein Jucken –, und auf die *Annahme* dieser ungewohnten Erfahrung. Es kommt darauf an, diese Erlebnisse – wie wir sagen – «mit einem neuen Kontext» zu begrüßen. Zum Beispiel: Wenn jemand ein derartiges Kribbeln bisher unangenehm fand und entsprechend abwerten mußte, weil's vielleicht eine aufsteigende Angst signalisiert hat, dann soll er diese Erfahrung nun mit positiven Sätzen willkommen heißen und etwa sagen: «Wenigstens ist es intensiv.»

P: Geben Sie diese «Begrüßungsformeln» vor, oder findet der Patient die selber heraus?

E: Der Klient kann sich aus einer Liste mit 94 «positiven Blickwinkeln» ein bis drei Sätze aussuchen. Oder selber einen für ihn passenden Satz finden.

P: Wie sehen die «fünf Elemente» im einzelnen aus? Gibt es Namen oder «Überschriften» für sie?

E: Das erste ist das *ununterbrochene Atmen* durch Nase oder Mund, wobei der Klient seinen Atem so steuern sollte, daß es für ihn gerade immer noch angenehm ist. Das heißt: Er atmet so zusammenhängend und voll ein, bis er etwas mehr spürt als im Alltag. Wenn's ihm zuviel wird, atmet er wieder ein bißchen flacher. So kann er das Instrument Atmen benützen, um sein Gefühl wach werden zu lassen – und eben genau in der Dosis, wie es für ihn richtig ist.

P: Das ist also *Element eins*. Und *Element zwei*?

E: Element zwei ist die *Entspannung*. Immer, wenn ich bemerke, daß es beim Klienten heftiger wird, daß etwas bei ihm wach zu werden beginnt, er aber dagegen ankämpfen möchte, erinnere ich ihn an die Entspannung. Dann sage ich ihm zum Beispiel: «Mach die Hände auf, laß dein Kinn fallen, du liegst sicher hier!» – Und das *dritte Element* ist dann die *Wahrnehmung* dessen, was bei diesen Prozessen passiert, das Wahrnehmen der Einzelheiten. Ich erkläre dem Klienten das vorher, und dann spürt er das. Die Dinge geschehen gleichzeitig. Er atmet, er entspannt sich, und er nimmt wahr. Und dann erinnere ich ihn an einen Satz, den er sich vorher aus 94 Sätzen ausgesucht hat, die vom Rebirther Jim Leonard entwickelt worden sind, an einen Satz, von dem der Klient den Eindruck hat, daß er für ihn passen könnte – zum Beispiel: «Endlich ist das Richtige aktiviert! – Ich renne schon seit langem von Therapie zu Therapie und komme nie an meine Gefühle heran, und nun bin ich froh, endlich etwas zu spüren!» So kann sich jeder Klient seinen Satz aussuchen. Und den sagt er dann zu dem einen Detail – das heißt, er nimmt praktisch Detail für Detail an und integriert es. Das *vierte Element* heißt nämlich *Integrieren in Ekstase*. Und dazu ist man nur imstande, wenn man nicht kämpfen muß, sondern das Erleben wirklich begrüßen und annehmen kann. Das kann so aussehen, daß einer sich plötzlich zu freuen vermag, obwohl er noch tränenüberströmt daliegt. Er freut sich über die Kraft, die bei ihm wieder zutage tritt, und sie kommt zum Vorschein, weil er seine Gefühle angenommen hat.

P: Liegt man bei dieser Behandlung?

E: Im allgemeinen ja. Aber wenn einer einzuschlafen droht – was oft als Widerstand zu sehen ist –, fordere ich ihn auf, sich hinzusetzen, bis diese Müdigkeit überbrückt ist.

P: Also, unter «Integration in Ekstase» verstehen Sie das intensive Wiedererlebnis früherer Traumata mit dem gleichzeitigen Gefühl der Annahme und intensiven Freude?

E: Ich kann es vielleicht an einem Beispiel aus meiner eigenen Ausbildung erklären: Ich war mal beim Kaltwasser-Rebirthing, und ich habe immer Angst gehabt vorm Untertauchen ins Wasser. Ich bin als Kind mal ins kalte Wasser geworfen worden, und seither hatte ich immer große Angst, mit dem Kopf unter Wasser zu gehen. Also, ich lag da im kalten Wasser, hielt mich mit den Händen am Grund fest, atmete durch einen Schnorchel und empfand wieder sehr stark diese Angst. Da habe ich versucht, zum erstenmal, dieser Angst unter dem Aspekt des dritten Elements einen neuen Blickwinkel zu geben, also nicht wie sonst zu empfinden: «Unmöglich! Wieder raus! Ich halte das nicht aus!», sondern zu sagen: «Schau mal, da ist der Grund, den fühlst du! Du hast Angst, und gleichzeitig siehst du die Realität! Es kann mir gar nichts passieren. Also, nimm diese Angst an, laß das da sein und fühl auch, du bist sicher hier mit deiner Angst!» Und als ich das so direkt zusammenzubringen vermochte, diese Angst und diese Entspannung und diese Annahme der Angst, verschwand die Furcht mit einem Male und machte einer solchen Ekstase Platz. Die Angst hatte sich direkt gedreht, sie war gekippt, und ich habe nur noch Freude empfunden. Eine Transformation hatte stattgefunden in diesem Moment, und ich war so ekstatisch, daß es zu einem großen Schub in meiner Entwicklung führte. Aber mißverstehen Sie das Beispiel nicht: So etwas kann auch in kleinen Schüben vonstatten gehen.

P: Und das *fünfte Element*?

E: Nun, Jim Leonard hat herausgefunden, daß es mit diesen vier Elementen bei manchen Leuten immer noch nicht funktioniert. Das waren Klienten, die alles perfekt machen wollten. Die waren so verkrampft bei ihrem Versuch, alles richtig zu machen, also um jeden Preis ununterbrochen zu atmen, auf alle Fälle zu entspannen und nicht zu vergessen, alles wahrzunehmen, was da passiert, und ihren Satz nicht zu vergessen, daß sie immer verkrampfter wurden und gleichsam mit Gewalt diese Zustände zu erreichen versuchten. Für diesen Typus hat Leonard das *fünfte Element* entwickelt, und das heißt: «Ich tu, was ich tu. Die Bereitschaft ist genug.» – Also: Sollten einem all die anderen Dinge schwerfallen oder mißlingen, so hat man immer noch das fünfte für sich, und wenn man das findet, schließt man wieder Frieden mit sich, kann man wieder entspannen und muß über sich vielleicht sogar lächeln. Folge: Auch die ersten vier Elemente fallen einem wieder ein, und man wird seine verkrampfte Zwangshaltung auf diese Weise los.

P: Damit sind wir bei der Frage nach den Patienten oder Klienten angelangt. Welche Patienten kommen zu Ihnen? Gibt es Krankheitsbilder, für die Rebirthing besser ist, andere Krankheitsbilder, für die es weniger taugt? Wie sieht es mit der Erfolgsquote aus? Wie lange dauert eine solche Therapie im Durchschnitt bei Ihnen? Und schließlich: Wie teuer ist für den Patienten eine Behandlung bei Ihnen?

E: Nun, die Dauer hängt natürlich sehr vom Ausmaß der Probleme ab. Das ist entscheidend dafür, ob es einem Menschen leichter oder schwerer fällt, sich diesen Dingen öffnen und ihnen begegnen zu können. Das heißt: Der Muskelpanzer oder der Widerstand, sich wiederzufühlen, ist sehr, sehr unterschiedlich ausgeprägt. Außerdem spielt die Bereitschaft eine Rolle, der Umstand, ob der betreffende Klient therapeutische Vorerfahrungen mitbringt, ob er, zum Beispiel, vorher schon autogenes Training gemacht hat, dann tut er sich leichter mit unserer Atemmethode. Die Anzahl der Atemsitzungen hängt sehr stark von den Menschen selber ab.

P: Etwas anders gefragt: Wie lange dauerte Ihre bisher kürzeste Therapie, welchen Umfang hatte Ihre längste?

E: Es ist schwer zu sagen. Meine Erfahrung aus fünfjähriger Praxis sieht folgendermaßen aus: Da kommen am Anfang Leute wöchentlich zu mir, bis sie eine gewisse Erleichterung spüren, bis es ihnen bessergeht, bis sie sich wohler fühlen als zuvor. Aber: Die Menschen kommen weiterhin zu mir. Sie haben Gefallen daran gefunden, ihre Energien wieder zu spüren, und machen in Gruppen- oder Einzelsitzungen weiter.

P: Aber kann man nicht trotzdem sagen – vom Gesichtspunkt aus: «krank» oder «nicht mehr krank» –: Hier hat es einen Abschluß gegeben, da aber noch nicht? Was war also Ihr «schnellster» Erfolg bisher, welches bislang die mühseligste Arbeit? Bewegt sich das zwischen zwei Wochen bis zu zwei Jahren, oder wie muß man sich das vorstellen?

E: Ich will Ihnen darauf nicht konkret antworten. Es gibt für mich nicht einen Zeitpunkt, zu dem man fertig ist. Es kann immer noch freier in einem werden. Es kommen Menschen vier Wochen und vier Jahre zu mir.

P: Handelt es sich dabei um mehrstündige Sitzungen jeweils?

E: Eine Sitzung dauert mindestens zwei Stunden, wobei ich feststellen muß, daß ich nicht genau auf die Zeit achte. Wichtig ist, daß eine

Sitzung wirklich rund und abgeschlossen ist. Ich nehme mir also mindestens drei Stunden Zeit.

P: Abhängig von der Dauer einer solchen Therapie sind dann natürlich auch die Kosten für den Betreffenden. Wieviel nehmen Sie für eine Sitzung?

E: Ich nehme für eine Sitzung 140 Mark, für einen Gruppenabend 50 Mark. Die Gruppe dauert allerdings meistens drei bis dreieinhalb Stunden.

P: Und wer kommt zu Ihnen? Mit welchen psychischen Erkrankungen oder Problemen haben Sie vor allem zu tun?

E: Ich würde sagen, die Leute kommen aus den unterschiedlichsten Gründen zu mir. Da finden Sie alles von den Beziehungsschwierigkeiten und Ängsten vor dem Arbeitswechsel bis hin zu spirituellen Interessen.

P: Das klingt zunächst mal eher nach Lebenshilfe oder Bewußtseinserweiterung – was immer das im einzelnen sei. Es hört sich aber nicht so sehr nach der Beseitigung wirklich deutlicher, quälender Krankheiten an, denken wir zum Beispiel an Zwangserscheinungen oder Phobien, an Depressionen oder hysterische Probleme mit ausgeprägter Körpersymptomatik. Täuscht mein Eindruck?

E: Wenn solche Klienten kommen, schicke ich sie weiter – vor allem, wenn ich den Eindruck habe, daß es von der Neurose zur Psychose nur noch ein kleiner Schritt ist.

P: Kommen wir noch einmal auf die Hauptannahmen des Rebirthing zurück, und zwar auf die Grundthesen seines Begründers Leonard Orr. Er hat doch die Meinung vertreten, daß alle Traumata zurückgeführt werden müßten auf das sogenannte *Geburtstrauma* – und daß es beim Rebirthing entsprechend dieser Theorie um das Wiedererleben dieses Geburtstraumas gehe – unter Anwendung der Hyperventilation. Wie stehen Sie zu dieser Grundannahme? Und wie stehen Sie zu den Aussagen Orrs, daß unter den Bedingungen der Hyperventilation sogar die pränatale Phase wiedererlebt werden könnte, die eigene Zeugung, eine frühere Inkarnation?

E: Ich habe selber bei meiner Ausbildung gemerkt, daß immer mal wieder Geburtserlebnisse *dabei* sind, aber ich meine, daß es nicht nur um die Geburt gehen kann. Je mehr ich Rebirthing praktiziere, desto mehr stelle ich fest, daß es um alles geht, was einen blockiert hat, um jedes Gefühl, das irgendwann in die Unterdrückung gegangen ist. Und das aufzulösen befreit den Betreffenden. Wenn das Geburtserlebnis dabei ist: schön! Wenn eine vorgeburtliche Erinnerung dabei ist: Auch gut! Aber: Ich ziele nicht darauf ab.

P: Können Sie mit der Aussage leben, daß es sich bei diesen Erinnerungen um Fantasien handelt, nicht aber um tatsächlich erinnerte Ereignisse?

E: Damit kann ich gut leben, denn was ich erfahren habe, nimmt mir keiner weg, und ich bin mir meiner Erfahrungen, die ich selber gemacht habe, hundertprozentig sicher. Das ist nichts Gelesenes, das ist was Selbsterlebtes, und es steht jedem frei, mir das zu glauben oder nicht.

P: Kommen wir noch zu einem anderen Punkt: Manche Kritiker sagen, die spezifische Atmung dieser Behandlungsverfahren in den Brustraum hinein sei das beste Training, um sich ein Lungenemphysem einzuhandeln. Wie stehen Sie dazu?

E: So etwas habe ich noch nie gehört und auch in meinen fünf Praxisjahren nicht erlebt.

P: Nun sagen aber manche Mediziner und Psychotherapeuten über diese *Methode* – ich betone: ohne Ansehung der Person, die sie betreibt –, das ist gefährlich, das ist eine Methode, die zu Körperschäden führen kann oder zu seelischen Schädigungen. Ein Ihnen bekannter Artikel aus *Psychologie heute* (7/1990) bezog sich dabei vor allem auf die *Hyperventilation* – und da wurde ja einiges aufgezählt: asthmatische und epileptische Anfälle, Herzstillstände und Ohnmacht. Also noch einmal nachgefragt: Liegt das «nur» am Unvermögen des Therapeuten, wenn solcherlei auftritt, oder hängt das unmittelbar mit der Methode des Rebirthing selber zusammen?

E: Dann müßten ich und alle Rebirther schon längst einen Körperschaden haben – und ich kenne eine ganze Menge Rebirther! Die Methode gibt's seit ungefähr fünfundzwanzig Jahren, und mir ist kein derartiger Fall bekannt. Ich bin von der Ungefährlichkeit der Methode überzeugt. Im Gegenteil: Sie ist sehr hilfreich, wenn es darum geht, die eigenen unterdrückten Gefühle deutlich zu spüren.

P: Und wie sieht es mit *psychischen* Folgeschäden aus? Mit Suizidversuchen etwa als Auswirkung eines Rebirthing-Wochenendes, mit «psychose»-ähnlichen Wahnvorstellungen?

E: Ich habe so etwas selbst nicht erlebt und kann deshalb auch nichts dazu sagen.

P: Würden Sie rechtzeitig erkennen können, daß es sich bei dem Menschen, der zu Ihnen kommt, vielleicht um einen psychotisierbaren «Borderline-Patienten» handelt oder um einen Patienten mit «maskierter Depression»?

E: Ich meine, es gibt einen Punkt, der uns vor solchen Dingen schützen dürfte, ein Punkt, der mit unserer Methode selber zusammenhängt! Sehen Sie: Beim Atmen erkennen Sie die Dinge meistens sehr viel schneller, als wenn Sie mit jemandem nur sprechen. Wenn ich bemerke, da kommt beim Atmen an unterdrückten Gefühlen zu viel hoch, dann unterstütze ich den Betreffenden dabei, sanfter zu atmen, und wenn ihm das auch noch zuviel ist, dann ist es besser, eine andere Methode zu wählen.

P: Sind Ihnen diese Dinge schon passiert?

E: Ich habe schon öfter Menschen an Therapeuten weiterverwiesen, Menschen, für die ich zu diesem Zeitpunkt eine Gesprächstherapie besser fand als eine Atemselbsterfahrung.

P: Mir scheint, ein gemeinsames Merkmal vieler dieser neuen Therapien ist die Einbeziehung des *Körpergeschehens* in den therapeutischen Prozeß – egal, ob das nun Atem oder Massage ist. Würden Sie mir zustimmen, daß diese neuen Verfahrensweisen so etwas darstellen wie eine Quittung für das Versagen alter Formen von Therapie? Hat sich erwiesen, daß die alten Behandlungsweisen vielleicht doch zu kopflastig, zu wortbezogen waren?

E: Wenn ich meine eigene Entwicklung betrachte, zum Beispiel die Analyse, die ich gemacht habe, muß ich feststellen, daß dies ein guter Einstieg für mich war. Aber: Ich habe auch gemerkt, daß man sich mit dem Verstand und dem Sprechen ganz schön selber manipulieren kann – und auch die Therapeuten. Man kann sich um die Traumata, um die es geht, ganz schön drum herumschleichen, weil wir ja recht trickreich sind. Die Auflösung, die wirkliche Befreiung habe ich erst beim Rebirthing kennengelernt, das den Körper mit einbezieht. Konkret: Wenn irgendwelche Leute in Schocksituationen kommen, wenn zuviel Energie im Körper ist und sie dieses Erlebnis in dieser Situation nicht verarbeiten können, dann wird das Gefühl eben mit weniger Atem abgeschwächt – egal, ob das in einem Bergwerk ist, wo jemand verschüttet wurde, oder beim Banküberfall oder in einer Krankheitsschocksituation. Es bleibt ein Trauma zurück, und eine Blockade stellt sich seiner Auflösung in den Weg. Wenn man jetzt aber mit Begleitung einen sicheren Rahmen schafft – das ist mir sehr wichtig! –, der es dem Menschen ermöglicht, auch auf dem Körperweg und mit Hilfe des Atmens das nachzuerleben, wenn er verspüren kann, das war nur eine Sekunde der Todesangst, und ich kann diese Sekunde der Todesangst jetzt noch einmal nachempfinden ohne Gefahr, dann löst sich dieses Trauma endlich auf. Ich meine: das alles kann man übers Sprechen schwer erreichen.

P: Was ist für Sie «New Age»? Und: betreiben Sie Ihrer Meinung nach eine «New-Age-Therapie»?

E: Ach wissen Sie, mit solchen Schlagworten tu ich mich schwer. Ich beschäftige mich nicht damit zu erfahren, ob das, was ich jetzt mache, eine «New-Age-Therapie» ist oder nicht. Für mich ist wichtig, ob dieses Verfahren zu helfen vermag.

P: Ein akzeptabler Standpunkt, nur möchten ja manche Therapeuten aus dieser Szene nicht nur ein neues Behandlungsverfahren anwenden, sondern gleichzeitig auch eine neue Weltanschauung verkaufen – oder sogar eine neue Weltreligion, bis tief in die abergläubischsten Vorstellungen hinein: den Glauben an die wirkliche Tatsächlichkeit der *Reinkarnation*, an die Tatsächlichkeit des *Karma-Gesetzes* etwa oder an *Telekinese* und *Präkognition*, an den gesamten Psi-Bereich. Wie stehen Sie zu all dem?

E: Erst mal muß ich sagen, daß ich ein sehr praktischer Mensch bin. Also: Ich hebe nicht so schnell ab, ich benutze meinen Verstand und bin auch daran interessiert, Dinge über meinen Verstand zu verstehen. Aber: Ich möchte auch offen sein und lese deswegen alles, was Sie da aufgezählt haben. Trotzdem: Ich glaube nur an meine eigene Erfahrung, auch wenn meine Vorurteile im Vergleich zu früher abgenommen haben und ich nicht mehr so strikt behaupten würde, daß ich nur das für möglich halte, was ich selber erlebt habe. Also, ich schiebe das nicht mehr ganz beiseite. Und bei Rebirthing ist wohl ein wichtiger Punkt die Frage nach der physischen Unsterblichkeit. Ich war selber vor einiger Zeit eine Woche bei Leonard Orr, der uns täglich darüber berichtet hat. Es gibt eine Gruppe in den USA, die das zu leben und zu praktizieren versucht, ein Zusammenschluß von Leuten, unter denen sich auch meine Ausbilder befinden. Die Gruppe heißt «Eternal Flame». Auch ich war eine Zeitlang dabei und schließe nicht aus, daß irgendwann die physische Unsterblichkeit im Bereich unserer Möglichkeiten liegen könnte. Warum auch nicht? Bisher haben wir immer an den Tod geglaubt – und der Tod ist gekommen. Jeder Gedanke manifestiert sich, und so hat sich dieser Todesgedanke eben auch manifestiert. Aber wenn wir an unsere Unsterblichkeit glauben, wird sich vielleicht auch dieser Gedanke manifestieren in unserer Realität. Wie gesagt: warum eigentlich nicht? Nur möchte ich deutlich ergänzen: Im Moment bin ich noch nicht soweit, sagen zu können, daß das mein Dogma ist. Ich bin dieser Meinung, aber mein Dogma ist es nicht. Und den Menschen, die zu mir kommen, möchte ich auch nicht meine Meinung verkaufen. Sie sollen sich mit Hilfe des Atmens selber erfahren und an das glauben, was sie erfahren haben.

KOMMENTAR:

Hyperventilation aus lungenärztlicher Sicht sehr problematisch

Gleich zu mehreren Aspekten der von «Rebirthing» und «Holotroper Therapie» angewandten Atemmethode nimmt der vormalige Chefarzt der Bovender Lungen-Klinik An der Lieth, Herr Professor Dr. med. Ulrich Hüttemann, im folgenden Kurzkommentar Stellung: Stimmt die Aussage des Freiburger Psychotherapeuten Dr. Ingo Jahrsetz mit den Tatsachen überein, daß die «moderne biologische Schulmedizin» die Hyperventilation «nicht mehr als gefährlich» ansehe? Gibt es jenen «verbundenen Atem» in medizinisch-physiologischer Sicht, den Helga Eichler und Dr. Rüdiger

Stellberg, der Düsseldorfer Rebirther, für ihre neue «sanftere» Form des «Rebirthing» als existent unterstellen?

Die Aussage des Freiburger Psychotherapeuten Dr. Ingo Jahrsetz, daß die Hyperventilation «in der modernen biologischen Schulmedizin ... nicht mehr als gefährlich angesehen» würde, trifft nicht zu. Zunächst: Hyperventilation bedeutet Mehratmung über die Bedürfnisse des Stoffwechsels hinaus – wir atmen schneller und mehr, als wir eigentlich brauchten. Dabei wird mehr Kohlensäure abgeatmet und mehr Sauerstoff aufgenommen als bei der normalen Ventilation, und das ist, was die verstärkte Aufnahme von Sauerstoff angeht, auch eher eine gute Sache. Aber: Die Hyperventilation oder Mehratmung geht natürlich bei all denen, die unter Verspannungszuständen leiden oder bei denen latent oder manifest die Gefahr eines «Asthma bronchiale» vorliegt, mit vermehrter Atemarbeit und vermehrtem physikalischen Reiz im Innern der Bronchien einher, so daß es bei dieser Personengruppe zu Atemmißempfindungen kommen kann, zu Hustenattacken, zu Atemnot. Und die mit der Hyperventilation einhergehende Alkalisierung beziehungsweise basische Veränderung im Blut-Gas-Gemisch kann auch für Patienten mit Herz-Kreislauf-Beschwerden problematisch sein. Wenn man also bestimmten Personen Hyperventilation als therapeutische Maßnahme empfiehlt ohne vorherige Abklärung ihres somatischen Befunds, kann es passieren, daß diese Hyperventilation bei jenen, die hyperaktiv sind, zu einer Provokation von Atembeschwerden führt. Das ist eine ganz ernste und wichtige Angelegenheit. Der zweite Punkt ist, daß die Hyperventilation auch bei der «Normalperson» zu erheblichen Störungen führen kann. Bei kurzfristiger Mehratmung ist das vielleicht weniger bedeutungsvoll, aber wenn wir über mehrere Minuten, vielleicht sogar Stunden, hyperventilieren, kommt es zu einer Verarmung an Kohlensäure im Stoffwechsel und in den Körpersäften, es treten zentralnervöse Störungen auf, die bis zum «Blackout», zur Ohnmacht, führen können und sogar zu Krampfanfällen. Und wenn diese Hyperventilationstechnik an Personen ausprobiert wird, die von Natur aus unter einem endogenen «Drive» stehen, womöglich schon in der Ausgangslage hyperventilieren, kann sogar ein «tetanischer Anfall» die Folge sein. Kurzum: Die Empfehlung, mittel- oder längerfristig zu hyperventilieren, muß aus fachärztlicher Sicht als sehr problematisch bezeichnet werden.

Und diese Aussage trifft völlig unabhängig von der Dauer der jeweiligen Hyperventilationsphase zu. Das Problem ist nicht quantifizierbar und nicht einzugrenzen auf bestimmte Persönlichkeitstypen. Was die Auslösung einer «Bronchialirritation» anbetrifft, kann sich das von Minute zu Minute ändern. Die Hyperventilation kann vom gleichen Patienten an einem Tag als außerordentlich wohltuend empfunden werden wegen des Mehrs an Sauerstoff und der besseren Belüftung der Lunge und am anderen Tag, unter veränderten intrinsischen Ausgangsbedingungen, starke körperliche Abwehrreaktionen auslösen, so zum Beispiel im kardiovaskulären Bereich, also verstärkte Pulstätigkeit und Herzaktion, Blutdruckanstieg usw. Kommen dann noch weitere Negativfaktoren hinzu – Kaltluft etwa oder auch Luftverschmutzung: alles Dinge, die dabei eine Rolle spielen können –, kann derselbe Reiz, der am Vortag noch so positiv erschien, plötzlich außerordentlich negativ wirken.

Damit zum letzten Punkt, zum sogenannten verbundenen, kreisförmigen Atmen, das angeblich eine neue und gesündere Alternative zur «alten» Hyperventilationsmethode beim «Rebirthing» darstellt. Wenn unter dieser Ventilationsform eine Atmung verstanden wird, bei der es keinen Stillstand bei der Luftströmung gibt, muß ich dem deutlich widersprechen. Eine solche Atmung gibt es nicht! Wir haben nun mal ein Einwegsystem, ein Einbahnsystem, das sich ständig in der Fahrtrichtung umkehrt. Sonst funktioniert die Atmung nicht. Es geht hinein, und dann kommt ein Atemstillstand, und dann geht's wieder hinaus. Ein ununterbrochenes kontinuierliches Fließen der Luft gibt es nur in bestimmten Abschnitten der Lunge, die, parallel gelegen, miteinander kommunizieren, aber nicht in der generellen Atmungsbewältigung. Da gibt es immer einen Atemstillstand.

«Rebirthing ist nicht so sehr eine Methode zur Heilung ...»

Gespräch mit dem Düsseldorfer Rebirther Rüdiger Stellberg über sein «Therapieverfahren»

Der promovierte Romanist *Rüdiger Stellberg*, Jahrgang 1949, ist Vorsitzender der «Deutschen Gesellschaft für Rebirthing e.V.» (mit rund 25 Mitgliedern). Er begann seine Ausbildung zum «Rebirther» – nach ersten Kontakten mit «Bewegungsarbeit, Tanz und Körperarbeit» (Stellberg) – 1982 bei Tilke Platteel-Deur und Hans Mensink und schloß diese Ausbildung 1985 ab. Stellberg ist seither als Berater von Einzelklienten und Gruppen tätig, außerdem als Ausbildungsleiter.

PLATTA: Als Hauptverfahren des Rebirthing wird die Hyperventilation genannt – und diese Atemtechnik des «Hechelns» ist sehr umstritten. Stimmt diese Feststellung eigentlich, und wie stehen Sie zu dieser Kritik?

STELLBERG: Sie haben recht, Rebirthing wird öfters mit Hyperventilation verwechselt, aber dieses Annahme ist falsch. Rebirthing möchte den Menschen zu einer verbundenen Vollatmung bringen. Ich weiß, daß da vielfach Verwirrung besteht und die Kritiker meinen, Rebirthing sei genau das, was im Hyperventilationssyndrom oder in der spontanen Hyperventilation auftritt. Das ist ein Irrtum, den wir schon lange zu tilgen versuchen, indem wir uns bemühen, den Unterschied zu erklären ...

P: ... und der wäre?

S: Ich verstehe Rebirthing eher im Sinne einer «Superventilation». Wir bringen den Körper dazu, wirklich voll, intensiv und in einem angemessenen Rhythmus zu atmen, um den Körper in einen Zustand zu bringen, daß er sich an etwas erinnern kann. Das muß gar nicht die Geburt sein, wie uns oft unterstellt wird, sondern das sind zunächst einmal verschüttete Gefühle ganz generell, aus welchem Lebensabschnitt auch immer. Die «Hyperventilation» hingegen ist ein Phänomen, das bei manchen Menschen spontan auftritt, wenn sie in einen Zustand großer Hilflosigkeit, Panik oder Angst geraten.

Dann atmen sie ungleichgewichtig, hecheln sehr stark und atmen sich dadurch in einen immer größer werdenden Angst- oder Panikzustand hinein. Das ist ungefähr das Gegenteil von Rebirthing.

P: Können Sie das noch genauer beschreiben?

S: Ich würde als wesentliches Merkmal des Rebirthing den ununterbrochenen Kreisatem nennen. Durch diesen ununterbrochenen, unbeschleunigten Atem wird der Körper in einen Zustand gebracht, in dem er den Menschen von seiner Gefühlsunterdrückung im Alltag befreit und wieder in die Lage versetzt, mehr zu empfinden, als dies normalerweise der Fall ist. Erst dann, wenn die Gefühle intensiver werden und sich der Klient an Angst- oder Trauerzustände erinnern kann, werde ich ihn ermuntern, etwas schneller zu atmen. Doch auch diese Atmung ist noch lange nicht mit der kritisierten Hyperventilation identisch, mit Panik oder Kontrollverlust.

P: Bestimmt also jeder Patient sein Atemtempo selbst? Auch die Atemtiefe? Und handelt es sich eher um eine Bauchatmung oder Brustatmung oder um eine Kombination aus beiden Atemformen?

S: Jeder hat sein eigenes Atemtempo, völlig richtig. Also, Menschen, die im Alltag sehr hektisch sind, werden vielleicht einen sehr langsamen Einstieg im Rhythmus benutzen. Generell geht es darum, in einer zügigen Weise zu atmen, schon deshalb, damit der Klient nicht einschläft im Liegen. Was den Bereich betrifft, in den geatmet werden soll, wird es meistens der Bereich sein, der die größere Verspannung aufweist. Viele Menschen verfügen nicht über die Möglichkeit, in den Brustkorb zu atmen, also werde ich sie anleiten, erst einmal in diesen Bereich hineinzuatmen. Wenn hingegen in der Bauchgegend die größere Verspannung sitzt, dort also die größere Ladung von Gefühlen zu vermuten ist, werde ich den Klienten dazu bringen, in den Bauch zu atmen. Letztlich geht's darum, eine Vollatmung zu erreichen, in Bauch- *und* Brustraum hinein, um dort eine Bewegungsfähigkeit zu erlangen, mit deren Hilfe Spannungen und Blockaden nach und nach gelockert und aufgelöst werden können.

P: Wie stellt man als Therapeut fest, wo die Verspannung sitzt?

S: Wir können mit unserem geschulten Auge sehr schnell erkennen, wo die Verspannung sitzt – da genügt es, daß sich jemand hinlegt und einige Minuten geatmet hat. Man erkennt dann sehr schnell, wo der Betreffende seine Gefühle und Blockaden festhält oder seine Vergangenheit weggepackt hat.

P: Noch mal zur körperlichen Seite dieser Atemtechnik: Sie wissen, daß dazu manches Kritische veröffentlicht worden ist. Erwähnt werden vor allem Muskelverspannungen, Muskelverkrampfungen und Muskelschmerzen, «Blackouts», Schwindel und anderes mehr. Halten Sie solche Darstellungen für falsch?

S: Die Darstellung ist schon richtig, es kommt zu diesen Erscheinungen, und wir müssen einfach anerkennen, daß viele Menschen mit diesen Symptomen das reaktivieren, was zu ihrer Lebensgeschichte gehört. Also, Muskelanspannungen spiegeln zum Beispiel Partien der Lebensgeschichte, in denen sich einer nicht zu handeln getraut hat. Wir haben immer betont, daß es zu Körpersymptomen kommen kann, die nicht nur angenehm sind. Aber darum geht es ja gerade: dem Körper zu erlauben, Gefühle wiederzuerleben, und dem Verstand beizubringen, daß dies der Weg zur Heilung ist.

P: Gleichwohl behaupten Kritiker des Rebirthing, daß die von mir geschilderten Wirkungen ausschließlich auf die Atemtechnik zurückzuführen sind, nicht auf irgendwelche Ereignisse im früheren Leben.

S: Diese Erscheinungen treten überhaupt nicht zwangsläufig auf. Es gibt Klienten, die solche Symptome kein einziges Mal zeigen – sagen wir: Glücklicherweise haben sie derartiges nicht nachzuerleben oder aufzuarbeiten. Also: Was in einem Menschen steckt, kann man nicht der Technik zum Vorwurf machen. Ich würde sagen, die Rebirthing-Technik stellt ein ausgesprochen wirkungsvolles Reaktivierungsverfahren dar, fühlbar zu machen, was in einem Körper schlummert. Und das Rebirthing hat auch ein Behandlungsverfahren entwickelt, den Klienten in diesen Phasen kompetent zu begleiten, so daß er sich verwandeln kann und diese wiederbelebten Erfahrungen mit einem neuen Gedankenmuster annehmen kann. Verkürzt gesagt: durch Entspannung und Selbstannahme.

P: Bevor wir zu diesem Thema kommen, noch mal zurückgefragt: Gibt es Patientinnen oder Patienten, die aus körperlichen Gründen nicht geeignet sind für diese Therapie? Asthmakranke zum Beispiel oder Herzpatienten?

S: Man sollte bei diesen Erkrankungen sicher sehr vorsichtig sein und sich nur mit einem sehr, sehr sanften und kleinen Atemrhythmus an das eigentlich zugrunde liegende Gefühl herantasten – wenn überhaupt. Dazu gehört enorm viel Behutsamkeit. Eine Asthma-Erkrankung hat letztlich fast immer zu tun mit einer tiefsitzenden Angst. Wenn es beim Rebirthing gelingt, an die Situation der ursprünglichen Angst heranzuführen, mit einem sehr kleinen und einem sehr behutsamen Atemrhythmus, kann damit sehr viel gewonnen sein. Bei Herzerkrankungen oder Kreislauferkrankungen verhält es sich ähnlich: Auch dort ist äußerste Behutsamkeit und Wachsamkeit vonnöten, trotzdem kann auch in diesen Fällen Rebirthing von Nutzen sein und zur Erleichterung führen. Freilich sollte bei diesen Klienten vorher von medizinischer Seite zugestimmt worden sein.

P: Trotzdem noch einmal zwei Fragen dazu: Machen Sie grundsätzlich bei allen Patienten, die zu Ihnen kommen, eine Anamnese? Und schicken Sie grundsätzlich Patienten mit entsprechenden Körperschädigungen vor Therapiebeginn zu einem Arzt?

S: Zunächst: Die überwiegende Zahl unserer Klienten kommt nicht mit derartigen Krankheiten zu uns. Es handelt sich vor allem um Menschen, die Unterstützung suchen in emotionalen Krisen oder bei der Aufarbeitung ihrer Neurose. Deshalb ist immer eine Anamnese erforderlich. Aber: Rebirthing ist nicht so sehr eine Methode zur Heilung kranker Menschen, wir meinen nicht, daß wir dazu berufen wären, irgendwelchen Medizinern Konkurrenz zu machen. Bei uns geht es eher um Selbsterfahrung jenseits von Krankheit.

P: Schicken Sie also Menschen mit Neurosen oder sogar «Borderline»-Symptomatik nach Hause, weil Sie sich überfordert sehen oder Ihre Methode für überfordert halten? Nehmen Sie – um es paradox zu formulieren – nur «stabile» oder «gesunde» Patienten zur Behandlung an?

S: «Borderline»-Patienten oder ähnlich situierte Menschen sind in meiner Praxis die absolute Ausnahme. Insofern bestand bislang keine Notwendigkeit, die wegzuschicken, sie kommen nicht zu mir. Nach meiner Erfahrung setzt das Rebirthing eine so große Bereitschaft voraus, sich mit den eigenen Gefühlen auseinanderzusetzen, daß nur ein bestimmter Typus von Menschen zu uns Rebirthern kommt.

P: Und wenn doch einmal andere Menschen Sie um Hilfe bitten?

S: Da kann es durchaus geschehen, daß ich die wegschicke und weiterleite an eher klassische oder verbale Therapien.

P: Nun wissen Sie, daß eine ganze Reihe von Medizinern und Psychotherapeuten immer wieder von Folgefällen Ihrer Therapieform berichtet. Da ist die Rede von psychotischen Zusammenbrüchen, von Selbstmordgefahr, von Stimmenhören, «maligner Regression» und anderem mehr. Passiert das? Wie oft passiert das? Wie gehen Sie mit solchen Ereignissen um?

S: Ich habe öfters von diesen Fällen gelesen, aber mir ist derlei bislang nicht passiert. Freilich: Mich würden diese Fälle sehr interessieren, und ich wäre sehr dankbar, wenn die Ärzte, um die es hier geht, mit unserem Berufsverband Kontakt aufnehmen würden, um mit uns über diese Fälle zu reden.

P: Gibt es andere Therapeuten in Ihrem Verband, die darüber berichten können? Wird das von Ihnen dokumentarisch gesammelt? Und führen Sie überhaupt eine Statistik über Erfolge oder Mißerfolge Ihrer therapeutischen Bemühungen?

S: Nein, eine Statistik führen wir nicht. Trotzdem kann ich Ihnen versichern, daß in unserem Berufsverband bis jetzt solche negativen Dinge nicht geschehen sind. Mein Eindruck ist eher, daß es Menschen in diesem Lande gibt, die sich Rebirther nennen, ohne entsprechend ausgebildet worden zu sein. Bei denen mag das passieren, was Sie angesprochen haben, und wir bedauern das sehr. Aber vergessen Sie nicht, daß wir über keine Möglichkeit verfügen, Menschen, die ohne Ausbildung mit dem Rebirthing herumexperimentieren, das zu verbieten. Wir können unseren Klienten nur raten, gut hinzuschauen, zu wem sie gehen, nach der Ausbildung des betreffenden Therapeuten zu fragen und sehr genau auf dessen Integrität zu sehen.

P: Na ja, da ist der Patient aber oft in einer sehr schlechten Position! Vieles von dem wird er gar nicht überprüfen können, und womöglich wird er gerade von denen, die Sie jetzt im Auge haben, getäuscht oder belogen. Wäre da nicht eher angezeigt, das Rebirthing urheberrechtlich schützen zu lassen, so daß nicht jeder Laie daherkommen kann und zu sagen vermag, ich betreibe «Rebirthing»?

S: Natürlich ist der Begriff frei. Damit leben wir, und jeder wird diesen Begriff benutzen können, so wie er ihn versteht. Ich weiß, daß es verschiedene Varianten gibt, und ich unterstütze die Variante, die ich vorhin beschrieben habe.

P: Also, ich verstehe Sie richtig, daß Sie die erwähnten Negativfälle ausschließlich solchen Leuten zuschreiben, die sich dieses Etikett «Rebirthing» nur angeklebt haben? Und daß die Ausbildung, die Sie durchlaufen haben, derartige Vorkommnisse zumindest sehr unwahrscheinlich macht?

S: Ich würde das so sehen, wobei ich hinzufügen möchte: Es dürfte sich bei diesen negativen Erfahrungen eher um Einzelfälle handeln – um Einzelfälle allerdings, die – wie das immer so ist – größeres Aufsehen erregen als die große Zahl von Klienten, die mit Rebirthing sehr positive und sehr zufriedenstellende Erfahrungen gemacht haben. Die verspüren in aller Regel keine Notwendigkeit, ihre erfolgreiche Teilnahme am Rebirthing an die große Glocke zu hängen. Das ist in anderen Bereichen ganz genauso, auch da erregt meistens nur der Skandal Aufmerksamkeit.

P: Da habe ich allerdings andere Erfahrungen gemacht. Bei meinen Recherchen bin ich gerade bei den – wie sie sich selber oft empfinden – «Therapieversagern» auf Zurückhaltung, Scham oder Angst gestoßen. Doch zu einem anderen Punkt: Wie sieht bei Ihnen die Ausbildung aus?

S: Die Ausbildung dauert zwei oder drei Jahre, je nach Interesse des Auszubildenden und abhängig davon, wieviel sich der Betreffende an Qualifikationen aneignen will, zum Beispiel an der Fähigkeit, eine Gruppe zu leiten. Sie ist so organisiert, daß sie an Wochenenden stattfindet oder in mehrtägigen Ausbildungsblöcken bis zu sieben Tagen, die übers Jahr verteilt sind. Zwischen den Ausbildungsblöcken finden Kleingruppentreffen statt, in denen die Ausbildungsteilnehmer sich zu separaten Ausbildungsabschnitten treffen. Das Wesentliche in der Ausbildung ist aber der tiefe Selbsterfahrungsprozeß, die Konfrontation des Ausbildungsteilnehmers mit seiner eigenen Persönlichkeit und seiner eigenen Lebensgeschichte, sowohl über den Atem als auch über den Gruppenprozeß. Man kann also sagen: Es geht überwiegend darum, in die Tiefe der eigenen Persönlichkeit hinabzusteigen, um mit den Gefühlen und Zuständen anderer Menschen umgehen zu können. Überhaupt: Das ist ein sehr erfahrungsorientierter Lernprozeß, bei dem eine lediglich intellektuelle Aneignung der erforderlichen Kenntnisse niemals ausreichen würde. Zum Beispiel, was die verschiedenen Sitzungstypen angeht: Da laufen ja, je nachdem, was gerade in Bewegung kommt, ganz unterschiedliche Prozesse ab. Mal geht es darum, Kraft zu unterstützen, mal geht es darum, in Kraft zu entspannen, also, es gibt da sehr viele verschiedene Eingänge. Und ein Rebirther hat während seiner Ausbildung sehr viel Erfahrung zu sammeln, um die verschiedenen Sitzungstypen kompetent begleiten zu können, damit sich der Klient sicher zu fühlen vermag. Besonders wichtig zum Beispiel: die Mittel zu kennen, die es dem Klienten erlauben, sich bei den intensiven Gefühlserlebnissen gleichzeitig auch zu entspannen, Sicherheit zu empfinden und den Wunsch, weiterzugehen – eine Grundkategorie des Rebirthing.

P: Können Sie vielleicht mal zwei, drei Beispiele solcher «Interventionstechniken» nennen? Am besten schildern Sie eine ganz konkrete Situation!

S: Ein typisches Beispiel ist: Ein Klient kommt nach zehn oder fünfzehn Minuten in seiner Sitzung an eine Traurigkeit, die in seinem Bauch sitzt. Dann wird er die Tendenz haben, seinen Atem zu verflachen, um die Traurigkeit nicht zu fühlen, und wird versuchen, in einen anderen Bereich seines Körpers zu atmen. Ich werde ihn in dem Fall unterstützen, die Atembewegung im Bauch fortzusetzen und sich im Ausatmen zu entspannen – ein wesentliches Element von Rebirthing –, so daß er, wenn er sein Ausatmen wirklich in das Gefühl hineinfallen läßt, an diese Traurigkeit heranzukommen vermag und lernen kann, dieses Gefühl liebevoll anzunehmen, über eine Intervention, die ich dann gebe – etwa: «Nimm dieses Gefühl an!» oder: «Entspann dich in dieser Traurigkeit!» oder: «Gib dieser Traurigkeit einfach mal deine Zustimmung, oder laß sie mal dasein, sie gehört zu dir, du darfst dich liebhaben mit dieser Traurigkeit!» – Man kann das übertragen auf andere Gefühlszustände.

Er kann womöglich eine Angst in seiner Brust fühlen und einen Schmerz und wird immer versucht haben in seiner Lebensgeschichte, diesen Schmerz, diese Angst zu vermeiden, und alle möglichen Mittel benutzt haben, um sie zu unterdrücken – von der Zigarette bis zum Alkohol, bis zum Fernsehkonsum.

P: Verstehe ich Sie richtig, daß jedes Gefühl ein Äquivalent hat in irgendeinem Körperbereich? Und daß dieses bislang «eingesperrte» Gefühl dank der von Ihnen empfohlenen Atemtechnik wieder zugänglich wird?

S: Das sehen Sie ganz richtig. Alle neuen Körpertherapien gehen letztlich von dieser Annahme aus und haben ihre Wege gefunden, diese Blockaden aufzulösen.

P: Zu einer anderen Grundannahme des Rebirthing: Wieweit folgen Sie noch der These des *Mit*begründers des Rebirthing, Leonard Orr, daß alle Probleme zu tun hätten mit dem Geburtstrauma?

S: Man muß sagen, daß die Geburtserfahrung – sage ich lieber – in vielerlei Hinsicht prägend ist für das, was im späteren Leben an grundlegenden Problemen auf mich zukommt. Das haben verschiedene Therapieschulen gezeigt – unter anderem die Primärtherapie –, und auch das Rebirthing geht von dieser Annahme aus. Aber: Nicht in jeder Rebirthing-Sitzung kommt es zum Erleben eines Aspekts der Geburt, selbst in einer Sequenz von zehn Sitzungen nicht. Wenn jedoch für einen bestimmten Menschen dort eine sehr starke Ladung sitzt – und das ist bei einigen so –, wird durchaus ein Erlebnis in Gang kommen, das mit dem Geburtsverlauf zu tun hat. Also: Es gibt zum Beispiel Klienten, die sich nicht genug erlaubt haben, bei ihrer Geburt aktiv mitzuarbeiten, die also den Aspekt «Kraft» schon bei ihrer Geburt unterdrückt haben. Die verspüren dann eine sehr starke Notwendigkeit, etwa mit einer intensiven Arbeit in den Beinen, während einer Rebirthing-Sitzung diesen Aspekt nachzuholen. Wenn ich sie dann darin unterstützen kann, Beinarbeit in der Sitzung zu leisten – Rebirthing geht sehr oft einher mit einer Unterstützung auf der körperlich-muskulären Ebene –, werden sie plötzlich ihre Kraft ganz anders wahrnehmen können. Sie werden ein grundlegendes Gedankenmuster über die eigene Kraft korrigieren lernen, ein Muster, das sie womöglich seit ihrer Geburt in sich tragen – nämlich, daß ihre Kraft schlecht sei –, und allmählich zu einem Denken gelangen, das man folgendermaßen ausdrükken könnte: «Meine Kraft ist in Ordnung, ich brauche die nicht zu unterdrücken und brauche mich nicht zurückzuhalten!» Dieser Bezug zur Geburtserfahrung ist für viele Menschen sehr erhellend und hilfreich.

P: Wie sieht diese «Beinarbeit» aus? Strampelt dann das «Baby» sozusagen?

S: Das «Baby» strampelt, das «Baby» will mit den Füßen etwas wegdrücken, all das tun, was beim Geburtsvorgang geschieht, und ich werde dementsprechend Widerstand leisten mit meiner Armkraft. Das kann für den Klienten ein sehr neuartiges Erlebnis sein und sehr verwirrend für ihn, und er wird lernen, seinem Körper und seinen Impulsen zu folgen statt nur seinem Verstand. Wie es ja eigentlich immer in einer Psychotherapie darum geht, diesen Zugang wiederzufinden zum ureigensten Kern, zu unserem Selbst, zu unseren Impulsen.

P: Bringt Ihrer Ansicht nach jeder Mensch eine traumatische Geburt mit auf die Welt, oder ist das nur für manche so?

S: Jeder Mensch bringt eine Geburts*erfahrung* mit – und bei einigen wenigen Fällen würde ich diese Erfahrung traumatisch nennen. Ich mag den Begriff «Trauma» nicht. Jeder hat seine *Erfahrung*, und mit dieser Erfahrung wie mit seinem gesamten Leben gilt es sich auseinanderzusetzen, sie in ein Licht des Annehmens, des In-Ordnung-Findens zu stellen. So wie's ja auch in einer Psychotherapie nicht darum geht, sich zu verändern, sondern die Einstellung, die Urteile, die Haltungen zu sich selbst zu verändern und sich so anzunehmen, wie man ist. So wird's auch beim Rebirthing darum gehen, die Geburtserfahrung in ihrer jeweiligen Eigenart anzunehmen und sie als Teil der eigenen Persönlichkeitsentwicklung zu begreifen – sagen wir: mit der Unterdrückung von Kraft oder mit dem überstarken Einsatz von Kraft, mit dem Aspekt Verletzung oder Aspekt Schutzlosigkeit. Wir werden in jeder Lebensgeschichte, sowohl im Geburtserlebnis als auch in der Kindheitsphase, die Elemente herauszufinden versuchen, die dazu geführt haben, daß im Erwachsenenalter dann die jeweils spezifischen Probleme aufgetreten sind.

P: Fast schon ein Übergang zu meiner anderen Frage: Halten Sie die Geburt für das *Haupt*ereignis im menschlichen Leben, wenn es um die Bewältigung von Störungen geht, für das Ereignis, das auf jeden Fall wieder zutage treten muß beim Rebirthing-Prozeß? Oder sind auch andere Erfahrungen für den Rebirther von Bedeutung und sollten bei seiner Arbeit wieder ans Licht kommen?

S: Also, es geht überhaupt nicht darum, um jeden Preis einen Zugang zum Geburtserlebnis zu finden. Rebirthing ist keine Geburtswiedererlebnistherapie, obwohl oft so deklariert und eben mißverstanden. Rebirthing ist eine kathartische Therapie, im allgemeinsten Sinne, bei der es darum geht, Gefühle, Zustände kennenzulernen und sich darin zu entspannen. Das kann ein Erlebnis aus der Zeit der Adoleszenz sein, das kann ein Erlebnis aus dem Kleinkindalter sein. Es geht um die gesamte Lebensgeschichte, und es geht darum, Erlebnisse, die nicht zu Ende erlebt sind – das ist in der Gestalttherapie genauso –, *abzuschließen*, in ihrer Ladung zu vollenden, so daß der Klient keine Notwendigkeit mehr verspürt, das Erlebnis immer wieder erneut re-inszenieren zu müssen. Also, jeder Klient, der zu uns kommt, hat eigentlich nur das Bedürfnis, an eine solche Ladung heranzukommen und sich über das Rebirthing zu «erneuern», neugeboren zu fühlen. *Dieser* Ausdruck paßt viel besser zu dem, was wir machen.

P: Was halten Sie von Äußerungen – durchaus auch von Leuten, die Rebirthing absolviert haben –, daß sie imstande gewesen seien, unter diesen speziellen Umständen *prä*natale Erfahrungen, die eigene Zeugung, frühere Inkarnationen sogar wiederzuerleben?

S: Ich habe das alles bei meinen Klienten erlebt – und teilweise auch bei mir selbst. Diese Rückkehr zu Erlebnissen weit vor der Geburt ist durchaus möglich. Wir streben das nicht an, denn Rebirthing überläßt dem Körper, was da hochkommen will und was nicht. Aber es gibt diese Erlebnisse durchaus. Es gibt diese Erinnerungen, die sehr überraschend und verblüffend sind, Erinnerungen, die unserem Tagesbewußtsein nicht zugänglich sind und tatsächlich, wie sich in vielen Fällen gezeigt hat, mit der Realität übereinstimmen.

P: Gilt das auch für die früheren Inkarnationen?

S: Für Menschen, die dafür offen sind, besteht die Möglichkeit, in diese Dimension weiter zurückzugehen: Ja! Das hängt vom Glaubenssystem des Klienten ab.

P: Ich denke, daß man das Erleben der Menschen ernst nehmen soll. Aber natürlich bleibt die Frage offen, ob das, was sie da erleben, *tatsächlich* passiert ist. Mir scheint, daß bei den sogenannten Reinkarnationstherapien unter einer suggestionsähnlichen Vorgabe Patienten Dinge erleben, die in Wahrheit Fantasien sind, lediglich «verkleidete» Erfahrungen aus dem jetzigen Leben. Möchten Sie widersprechen?

S: Ich habe gerade von einem Fall aus Indien gehört, bei dem ein junger Mann behauptet hat, er sei im letzten Leben unter dem und dem Namen, in der und der Stadt, an dem und dem Ort von einem bestimmten Manne getötet worden, und die Überprüfung dieser Angaben ergab eine vollständige Übereinstimmung mit der Wirklichkeit. Und zu Ihrer Interpretation dieser Berichte: Ich möchte betonen, daß wir im Rebirthing überhaupt keine Suggestionen verwenden. Unsere Absicht wird es niemals sein, einen Menschen in ein früheres Leben zurückzuführen. Wenn das spontan auftritt – und das ist gelegentlich der Fall –, ist es also mit Sicherheit eine vom Körper und vom Bewußtsein des Klienten selbst induzierte Erfahrung.

P: In welcher Form findet bei Ihnen Rebirthing statt: in Einzel- oder Gruppensitzungen?

S: Ich mache beides. Die Einzelsitzungen dauern immer zwei Stunden mit Vor- und Nachgespräch, die Gruppensitzungen oft länger. Für viele Menschen sind dabei die Wochenendseminare der Einstieg. Ich muß aber feststellen, daß ein längerer therapeutischer Prozeß erst nach einigen Monaten zuverlässig beginnt. Denn selbst bei der großen Effektivität dieser Methode benötigt man für eine wirklich tiefgreifende Veränderung mindestens ein ganzes Jahr oder zwei – tiefgreifend im Sinne tatsächlicher Annahme der eigenen Persönlichkeit. Es gibt sicherlich Möglichkeiten, kurzfristige Entlastungen und Selbsterkenntnis zu verschaffen, doch um grundlegend etwas innerhalb der eigenen Psyche kennenlernen und verwandeln zu können, braucht es Zeit.

P: Mit welcher Häufigkeit finden bei Ihnen die Sitzungen statt?

S: Eine Sitzung pro Woche ist für viele angemessen, für manche alle vierzehn Tage, das richtet sich nach der Intensität dessen, was geschieht, und für viele auch nach dem Geldbeutel und nach dem Interesse an dieser Arbeit. Wenn die Zeitabstände zu groß sind, geht das meistens zu Lasten des therapeutischen Prozesses.

P: Wie teuer ist bei Ihnen die Therapie? Und wie teuer war für Sie selber die Ausbildung?

S: Die Ausbildungskosten liegen zur Zeit bei etwa dreieinhalb- bis fünftausend Mark pro Jahr, so daß man leicht ausrechnen kann, was eine Ausbildung von zwei, drei Jahren kostet. Für mich war übrigens wichtig, zusätzlich auch andere Therapien kennenzulernen, um eine breitere Basis zu haben. Also, die Gesamtkosten für eine solide Ausbildung dürften sich im Bereich von etwa zehntausend Mark bewegen.

P: Und wie teuer ist es für die Klienten?

S: Eine Einzelsitzung kostet in Deutschland zwischen achtzig und einhundertvierzig Mark – für zweimal sechzig Minuten. Dabei muß ich feststellen, daß es für uns Rebirther zum Ethos gehört, den Klienten Ermäßigungsmöglichkeiten zu geben, wenn es erforderlich ist. Wir haben für Menschen, die wirklich die Notwendigkeit verspürten, sich mit Rebirthing auf einen Selbsterfahrungsprozeß einzulassen, noch immer eine Lösung gefunden.

P: Würden Sie sagen, daß Ihre Form der Körper- und Atemarbeit zur New-Age-Bewegung zählt?

S: Für mich ist das eine Tätigkeit, die uns auch in spirituelle Dimensionen zu führen vermag – davon könnte man nun sehr lange sprechen. Unter dem Begriff «New Age» versammelt sich inzwischen so viel Widersprüchliches, Banales, Oberflächliches, daß ich da lieber keine Verbindungslinien ziehen möchte. Natürlich gehört das Rebirthing zu den Methoden, die den Menschen zum Wesentlichen bringen sollen – insofern gibt es eine Verwandtschaft zu den ursprünglichen Zielen dieser Bewegung. Rebirthing unterstützt immer mehr Menschen bei ihrem Versuch, wegzukommen – sagen wir – vom Konsum zum Wesentlichen hin, weg von der individuellen und gesamtgesellschaftlichen Aggression, hin zu mehr Weichheit und Liebe.

P: Das hieße: In dem, was Ihrer Meinung nach als die eigentliche Substanz des «New Age» begriffen wird, gäbe es durchaus eine Nähe des Rebirthing zu dieser Bewegung?

S: In diesem Sinne durchaus! Ich verwende dann aber lieber den Begriff «Neues Zeitalter».

P: Was verstehen Sie darunter?

S: Die Menschen – vor allem auch die entscheidenden Rollenträger in unserer Gesellschaft – müssen Zugang finden zu neuen Kategorien, Zugang zur Friedlichkeit und zur Sanftheit, zur Weiblichkeit und zur Selbstbescheidung, denn nur so kann meines Erachtens die Rettung des Planeten vonstatten gehen. Die Prozesse des Wirtschaftswachstums müssen auf das Wesentliche reduziert werden, damit diese Erde überleben kann. Dazu braucht man sowohl eine Verbindung, denke ich, zum eigenen spirituellen Wissen in uns als auch eine Verbindung zu den eigenen Gefühlen, so daß wir klarer zu fühlen vermögen, was notwendig ist, und eine klarere Intuition entwickeln für das, was die notwendigen nächsten Schritte sind. Also: Indem Rebirthing den Kopf leerer macht, den Körper mehr fühlen läßt und die Intuition des Menschen entwickelt, steht es in einem sehr schönen Kontext zu dem, was «Neues Zeitalter» eigentlich meint. Sehr viele Menschen sehen das nicht, weil sie durch ihren Verstand in zuviel Verwirrung geraten sind, sie können die notwendigen und unbedingt zu vollziehenden Schritte nicht erkennen oder haben zuviel Angst vor dieser Erkenntnis. Ich denke dabei vor allem an drei Kategorien – Kategorien auch des Rebirthings –, an «Wahrheit» nämlich, «Einfachheit» und «Liebe». Diese gilt es zur Rettung unseres Planeten zu realisieren. Also alles Überflüssige abzubauen – die Rüstungsproduktion etwa –, da wird es weitergehen müssen. Wir müssen wieder in Einfachheit und Liebe miteinander leben.

P: Einverstanden! – Nur sehe ich noch nicht ganz, wie dies vonstatten gehen soll mit Hilfe der Lösungsvorschläge, die das «Neue Denken» anzubieten versucht. Gibt es beim «Neuen Zeitalter» nicht eher einen Rückzug ins Private und die Fehleinschätzung, man könne diesen Planeten von seinen Problemen befreien, indem man sich lediglich selber befreit – was immer damit gemeint ist?

S: Ich unterstütze keineswegs die bloße Nabelschau. Für mich ist es sehr wichtig, in der Welt zu sein und dort auch meine Aufgabe zu erfüllen. Was ich hervorheben möchte, ist etwas anderes – und das betrifft das Rebirthing wie die Bewußtseinsarbeit ganz allgemein: Es ist wichtig, daß die Menschen erst mal bei sich selber beginnen, statt immer auf den anderen zu schauen! Es ist wichtig, daß sie zunächst mal die eigene Aggressivität kennenlernen und zu verwandeln beginnen, statt dies an Außenfronten anderen abzuverlangen. Dahinter steht die Überzeugung, daß die einzige Möglichkeit darin besteht, neue Verhaltensstrategien in möglichst vielen Einzelindividuen einzuüben. Sheldrake hat darauf hingewiesen, daß Lernen dadurch entsteht, daß eine bestimmte Anzahl von Menschen ein neues Verhalten einübt – dann kann es überspringen.

P: Eine sympathische Theorie, aber auch richtig? Ich will Ihnen einmal kurz ein Beispiel geben. Nach Tschernobyl hat ein – wie er sich nannte – Hamburger Schamane gesagt, er habe keine Angst vor der atomaren Strahlung, da er imstande sei, mit Hilfe seiner meditativen Technik die Gefährlichkeit dieser radioaktiven Strahlung wegzumeditieren. Da meldet sich für mich, der von der Psychoanalyse herkommt, ein uralter Kinderglaube, die Auffassung nämlich, daß die Allmacht des Gedankens und des Wünschens immer schon geholfen habe. Anders: Ich räume ein, daß manche Angehörige der New-Age-Bewegung durchaus an den Problemen dieser Welt interessiert sind. Aber sie geben im Grunde nur magische oder größenwahnsinnige Antworten darauf. So wird man dieser Erde nicht helfen können, meine ich.

S: Nun, wir verstehen uns nicht in erster Linie als Gesellschaftsveränderer. Menschen, die sich dazu hingezogen fühlen, werden das tun. Wir verstehen uns als Veränderer von Einzelbewußtsein. Wenn das sich positiv auswirken sollte aufs Gesamtbewußtsein der Menschheit: um so besser! Ich persönlich glaube daran. Ich denke, es ist nicht nötig, sich da wechselseitig zu ermuntern, mehr zu tun oder anders zu werden, sondern schlicht darauf zu vertrauen, daß im Zusammenwirken der vielen das Notwendige passieren wird. Wir gehen davon aus, daß es unsere Aufgabe ist, uns als Kinder Gottes zu erkennen – ganz allgemein gesagt, ohne Einengung auf eine bestimmte Religion.

P: Und diese Zuversicht begründen Sie unter anderem mit Sheldrakes Theorie von den «morphogenetischen Feldern»?
S: *Unter anderem:* ja!
P: Akzeptieren Sie meine Feststellung, daß es sich bei dieser Theorie um eine Hypothese handelt, die bislang noch nicht bewiesen ist – weshalb es fahrlässig sein könnte, auf deren Richtigkeit zu bauen?
S: Soweit ich informiert bin, gibt es einige Experimente, die sehr stark darauf hindeuten, daß seine Theorie richtig ist, die also zeigt, daß es durchaus eine Möglichkeit ist, in diese Richtung weiterzudenken und das Universum und das, was auf der Erde geschieht, so zu begreifen.
P: Das große Fernsehexperiment, das vor einigen Jahren von der ARD durchgeführt worden ist, um den Wahrheitsbeweis für diese Theorie zu erbringen, ist aber total gescheitert.
S: Es gibt andere Experimente, die zum Beispiel in Göttingen durchgeführt worden sind …
P: … Sie meinen die Experimente des Psychologen Suitbert Ertel …
S: … die wider Erwarten der Versuchsleiter positive Ergebnisse zeigten. Ich denke, man muß sehr genau überprüfen, was da gemacht worden ist. Mir jedenfalls leuchtet Sheldrakes Theorie vor dem Hintergrund meiner eigenen Erfahrungen sehr ein.
P: Hoffen wir, daß Sie recht haben mit Ihrer Vermutung – und daß es nur die guten Gedanken sind, die ihre «morphogenetischen Felder» erzeugen!
S: Ich kann Ihnen da nur zustimmen. Gerade weil auch «negative Gedanken» wie Aggression und Haß ein morphogenetisches Feld erzeugen, ist es wichtig, Felder des Verständnisses, des Friedens und der Harmonie zu verstärken – und genau das passiert in Rebirthing-Sitzungen.

Natürliche Erklärung nach wie vor wahrscheinlicher als Sheldrakes Theorie

Im folgenden Kommentar resümiert der Göttinger Professor für Psychologie, Dr. phil. Suitbert Ertel, seine Forschungsergebnisse auf dem Gebiet der Sheldrakeschen Theorie von den «morphogenetischen Feldern». Er kommt zu dem Resultat: Es handelt sich bei dieser Hypothese nach wie vor um eine offene Frage.

Im Grunde geht es bei der Sheldrakeschen Theorie ja um die Frage, ob Informationen außerhalb der uns bekannten physikalischen Transportwege und physiologischen Rezeptoren übertragen werden können oder nicht. Ich selbst habe das von Anfang an nicht geglaubt und bin auch heute noch nicht davon überzeugt. Ich habe diese Theorie von den «morphogenetischen Feldern» aber trotzdem aufgegriffen – und zwar aus einem doppelten Grund: Sie wäre im Falle ihrer Richtigkeit von großer – fast könnte man sagen: revolutionärer – Bedeutung bis weit in soziale, politische und ethische Dimensionen hinein. Und zweitens: Sie bietet den Vorteil der leichten Überprüfbarkeit. Mit Popper gesagt: Als «falsifizierbare Theorie» darf man sie als wissenschaftliche Hypothese betrachten – was übrigens auch die Kritiker der Sheldrakeschen Theorie einräumen.

Wenn ich nun den derzeit erreichten Zwischenstand dieser Überprüfungsversuche bilanzieren soll – ich kenne fast alle Experimente, auch die unpublizierten, auf diesem Gebiet: Es gibt einige wirklich ausgezeichnete Versuche darunter – die des englischen Psychologen Zoltan Dienes zum Beispiel, mit dem ich im engen wissenschaftlichen Austausch stehe. Und dessen Resultate deuten wie die Ergebnisse meiner eigenen Tests eher auf Bestätigungen der Sheldrakeschen Grundannahme hin. Ich bin bei meiner gut zweieinhalbjährigen intensiven Forschung auf Befunde gestoßen, bei denen es so aussieht, daß die Theorie von den «morphogenetischen Feldern» zutreffen könnte, gleiches gilt für die ganz anders gearteten Experimente meines britischen Kollegen. Dienes hat mit sogenannten neuen morphischen Feldern gearbeitet. Konkret: mit computererzeugten Kunstwörtern, sogenannten Non-Words, die von einer Gruppe sogenannter Feldverstärker gelernt werden mußten. Die experimentelle Versuchsgruppe hatte auf diese Non-Words vor und nach den Verstärker-Versuchen möglichst schnell zu reagieren. Nach der Lernperiode der Feldverstärker reagierten sie darauf schneller als vorher, obgleich sie mit den Feldverstärkern keinerlei Kontakt hatten und nichts von dieser Gruppe wußten. Ich habe bei meinen eigenen Versuchen mit alten Feldern experimentiert, mit japanischen Schriftzeichen, und bin zu ähnlichen Resultaten wie Dienes gelangt.

Das bedeutet, um mein Zwischenfazit all dieser Versuche mit einem Satz zu benennen: Unbekannte «natürliche» Erklärungen für diese Phänomene halte ich nach wie vor für wahrscheinlicher als Sheldrakes Theorie, und ich bin immer noch nicht davon überzeugt, daß es diese «morphogenetischen Felder» gibt, aber ich meine, daß es bei Kenntnis der mittlerweile erzielten Zwischenergebnisse unvernünftig wäre, der Sache nicht weiter nachzugehen.

LEXIKALISCHES STICHWORT:

Reinkarnation und «Reinkarnationstherapie»

Vermutlich gehört der menschliche Glaube an die «Wiedergeburt» zu den ältesten Überzeugungen der Welt. Unter «Reinkarnation» (wörtlich: «Wiederverfleischlichung») wird dabei die Wiederkehr der eigenen Seele in einem anderen Körper verstanden (Mensch oder Tier, zuweilen auch: Pflanze oder Mineral). Im Griechischen wurde diese «Reinkarnation» als «Metempsychose» bezeichnet (wörtlich: «Seelenwanderung»), im Altindischen als «Samsāra» (wörtlich: «das Umherwandern»), im Kirchenlateinischen als «Transmigratio» (wörtlich: «Übersiedlung»); sie gilt als eines der Grunddogmen in Philosophie und Ethik des Hinduismus, Buddhismus und Jainismus (altindisch: nach «jaina» = «Sieger»). Der Glaube an die «Reinkarnation» war außerdem in den frühen Kulturen der Ägypter und Griechen verbreitet und spielte bei den letzteren vor allem unter den «Pythagoräern» und «Orphikern» eine bedeutsame Rolle.

Von besonderer Wichtigkeit ist, daß dieser Glaube an die menschliche Wiedergeburt bei fast allen philosophischen oder religiösen Richtungen eng verknüpft ist mit der sogenannten «Karma-Lehre» – ein «unaufgebbarer Bestandteil», wie es der evangelische Theologe Joachim Friedrich Grün ausgedrückt hat. Dieser Auffassung zufolge zwingt die Summe der bösen Taten, Gefühle und Gedanken den Menschen zur «Reinkarnation», so lange, bis diese Schuld in einer späteren Existenz abgetragen worden ist. Beim Jainismus ist es dabei sogar die Materie selbst, die als Karma-Prinzip des Bösen bezeichnet wird («karman» = «Werk» oder «Tat») und die Seele davon abzuhalten droht, erlöst zum «Gipfel der Welt» emporzusteigen, um dort «untätig in reiner Geistigkeit» zu verharren (Møller-Kristensen, Schischkoff, Harvey). Allgemeiner gesagt: «Reinkarnation wird als andauernder Lernprozeß hin zu einer höheren und besseren Form verstanden» (Gruber/Fassberg). «Schuld» und «Existenz» sowie «Nicht-Existenz» und «Befreiung von Schuld» erscheinen demnach bei fast allen Anhängern der Reinkarnationslehre eng miteinander verknüpft; das gilt auch für die frühen europäischen Varianten der «Wiedergeburtslehre», für die «Orphiker» und «Pythagoräer».

An «Reinkarnation» glaubte jedoch nicht nur die außereuropäische und vorchristlich-abendländische Welt, sondern auch das frühe europäische Christentum. Der «Wiedergeburtsglaube» war im Gefolge seiner griechischen Vordenker Pythagoras, Heraklit, Platon und Plotin auch Bestandteil der katholischen Glaubensgeschichte geworden, vertreten vor allem von dem alexandrinischen Theologen und «Kirchenvater» Origenes (geb. 185, gest. 254); er wurde erst auf dem Konzil von Konstantinopel 553 von einer knappen Mehrheit ausdrücklich verdammt. Seither wurde diese Auffassung im Abendland nur noch von Häretikern vertreten sowie von Autoren der Esoterik, außerdem hingen dieser Überzeugung Dichter wie Lessing und Goethe, Heine und C. F. Meyer an sowie Denker und Philosophen wie Lavater, Schopenhauer und Nietzsche. «Christian Science» schließlich, Theosophen und Anthroposophen bauten den «Reinkarnationsglauben» in ihre «synkretistischen» Gedankensysteme ein, und die Ende der sechziger Jahre entstandene New-Age-Bewegung sorgte für eine neuerliche Verbreitung dieser Lehre im westlichen Kulturkreis. Im Zusammenhang damit kam es auch zu einer Popularisierung der sogenannten Reinkarnationstherapien.

Die «Reinkarnations»- oder «Past-Life-Therapien» werden von den meisten Autoren unmittelbar zur New-Age-Bewegung gezählt und von manchen sogar, neben der «Transpersonalen Psychologie», als «Favorit» des «Neuen Zeitalters» angesehen. Im allgemeinen gehen die sogenannten Reinkarnationstherapien von den folgenden Grundannahmen aus:

Erstens: Die heutigen Beschwerden stammen aus einem früheren

Leben. Stanislav und Christina Grof sprechen deswegen von «karmischen Souvenirs».

Zweitens: Mit unterschiedlichen Methoden ist eine imaginative Rückkehr zu diesen traumatischen Ereignissen aus einer früheren Existenz möglich.

Drittens: Die in früheren Existenzen erworbenen Störungen oder «karmischen» Krankheitsmuster lassen sich auflösen durch kathartisches Wiedererlebnis der traumasetzenden Schicksalsschläge in einer vorherigen Inkarnation.

Viertens: Dabei ist nach Auffassung der meisten Therapeuten aus diesem Bereich gleichgültig, ob «Reinkarnation» eine erwiesene Tatsache ist, gleichgültig auch, ob der Patient an «Wiedergeburt» glaubt oder nicht – eine Auffassung, die für einige Anhänger dieser «Therapierichtung» freilich auch umgekehrt gilt: Erfolge der «Reinkarnationstherapie» können nicht als Beweis für die Wiedergeburtstheorie ausgelegt werden, so etwa Morris Netherton und Peter Blythe, Berufshypnotiseur aus dem englischen Torquay in Devon (Psychologie-heute-Redaktion [Hg.], 1988).

Eine fünfte Grundannahme im Umkreis der «Reinkarnationstherapien» wird hingegen nur von einigen Betreibern dieses Behandlungsverfahrens propagiert: daß heutiges Leiden auf «Schuld» in einem früheren Leben zurückzuführen sei (so zum Beispiel, in deutlichem Gegensatz zu Netherton, der diese Auffassung ablehnt, Thorwald Dethlefsen in seiner ersten Veröffentlichung «Das Leben nach dem Leben»). Das bedeutet: Der «Karma»-Gedanke spielt zumeist nur in modifizierter oder abgeschwächter Form bei den «Past-Life-Therapien» eine Rolle.

Inzwischen ist jedoch der Münchner «Reinkarnationstherapeut» Dethlefsen von dem Verständnis der «Reinkarnationstherapie» als einer «Kausaltherapie», die den Patienten durch Rückführung zu den Krankheitsursachen von den Krankheitsfolgen befreit, abgerückt. Eigenem Bekunden nach ist er mit dieser Methode gescheitert. Die Begründung: Er habe nicht begreifen wollen, daß Zeit eine Illusion sei und damit jede Kausalität. «Es gibt in Wirklichkeit keine Zeit, in der Wirklichkeit ist ewiges Hier und Jetzt» (Dethlefsen in Wiesendanger, 1991). Und weiter: «Es gibt keine *früheren Leben*, sondern es gibt *nebeneinanderliegende* Leben ...» (gemeint sind: «Parallelleben» derselben Person). Deshalb gehe es darum, «Inkarnationen» als «Identifikationen» zu verstehen, als Nebeneinander der verschiedensten Simultanexistenzen bei einer einzigen Person, die so lange bei der «Reinkarnationstherapie» durchzuleben sind, bis man die «Opfer»-Identifikationen hinter sich gelassen hat und durchgestoßen ist zu seiner vorher verborgen gebliebenen «Täter»-Rolle oder «Schatten»-Existenz. Wörtlich: «Die Angliederung des Schattens ist das, was heilt ...»

Anders hingegen Morris Netherton, der US-amerikanische Psychologe und «Reinkarnationstherapeut»: Netherton, der wie Dethlefsen im Jahre 1968 mit seinen Reinkarnationsexperimenten begann und in Los Angeles eine eigene Forschungsstätte mit Namen «Institute for Past Awareness» unterhält, lehnt dieses «Schuldkonzept» ab. Und er wendet auch nicht, wie Dethlefsen früher, *Hypnose* als Hilfsmittel zur Rückführung an. Vielmehr setzt er auf eine *suggestive Fragetechnik* und spürt bei seinen Erstgesprächen mit den Klienten vermeintlichen «Leitsätzen» nach, die seiner Meinung nach Traumasignale aus einem früheren Leben sind. Besonders den «dramatischsten Phasen des Lebenszyklus» schenkt Netherton dabei sein Hauptaugenmerk – der pränatalen Zeit, der Geburt und dem Tod: «Der Reinkarnationstherapeut beschäftigt sich mit Wiedergeburt, mit einer Flut von traumatischen Erlebnissen also, die sich offensichtlich im Unbewußten festgesetzt haben, obwohl sie Hunderte, ja manchmal Tausende von Jahren zurückliegen.» Mit Hemminger, einem Kritiker dieser Therapieform, gesagt: Netherton «belohnt» nach lerntheoretischem Konzept mit Nachfrage, Interesse und Aufmerksamkeit alle Äußerungen des Patienten, die in Richtung «Reinkarnation» gehen: «Solche unbewußten Lernprozesse können so weit gehen, daß es zu regelrechten Halluzinationen kommt» (Boysen u. a.).

Bei den «Reinkarnationstherapeuten» gibt es keine Einengung auf bestimmte Krankheitsbilder. Ihrer Anschauung nach hilft «Wiederverkörperungstherapie» bei praktisch allen Leiden der Welt: bei psychosomatischen Krankheiten und Sexualproblemen; bei Alkohol- und Drogenabusus; bei Verstimmungen und Körpersymptomen jedweder Art; bei «interpersonellen Problemen» schließlich und «physischem Schmerz» generell. Von *Kontraindikationen* ist bei keinem dieser «Reinkarnations»-Betreiber die Rede – und wenig auch nur vom Interesse an wirklicher Überprüfbarkeit der eigenen «Heilerfolge» (Netherton zufolge in seiner Praxis ca. 95 Prozent; siehe Psychologie-heute-Redaktion [Hg.], 1988).

Was nun die Kritik am «Reinkarnations»-Glauben betrifft und an den «Reinkarnationstherapien», so ist die Liste der Bedenken mindestens ebenso umfangreich wie der vermeintliche Indikationen- und Erfolgskatalog dieser «Therapieform». Da wird von bloßer *(Auto-)Suggestion* bei den «Heilerfolgen» gesprochen, von *Placeboeffekten*, welche die Gefahr der Symptomverschiebung bergen oder bloß von kurzer Dauer sind. Da wird die Gefahr *«dekompensatorischer» Effekte* benannt bis hin zur *«mediumistischen Psychose»*, zum *«Identitätsschock»* und zu *Depressionen* sowie *Selbstmordgefahren*. Doch nicht nur Pseudo- oder Negativwirkungen der «Reinkarnationstherapien» werden kritisiert. Auch die *Tatsächlichkeit* der in Hypnose oder in tiefer Entspannung zutage tretenden «Erinnerungen» wird in Frage gestellt. Da weist man auf *Täuschungsabsichten* auf seiten des Therapeuten hin oder auf *Selbsttäuschung* bei Therapeut und Patient. Da lenkt man den Blick auf das *Wunscherfüllungsprinzip*, dem sich offenbar manche Fantasiereise verdankt, nicht zuletzt aus dem Grunde der Sterbe- oder Todesangst, die mit solchem Wiedergeburtsglauben abgewehrt werden kann. Da erinnert man schließlich an den in zahlreichen Untersuchungen nachgewiesenen Umstand, daß Klienten unter Hypnose oder im trance-ähnlichen Entspannungszustand gern zu *«fabulieren»* beginnen, zum Beispiel in Form von «Gefälligkeitsfantasien» für den Therapeuten, der solches von seinen Patienten erwartet. Oder man ruft in Erinnerung, daß Klienten unter Hypnose Gedächtnisinhalte zu reaktivieren vermögen, die für das Wachbewußtsein nicht mehr zugänglich sind. Von *«Kryptomnesie»* (wörtlich: «verborgenes Gedächtnis») sprechen die Fachleute in diesem Zusammenhang, und mittlerweile liegen eindrucksvolle Berichte vor, die solches zu belegen vermögen. Angebliche Präexistenzen im alten Rom gehen demzufolge auf Filme wie «Ben Hur» und «Quo Vadis» zurück; der erstaunliche Fall eines US-Patienten, der in Trance «Oscan» von sich gab – eine Sprache, die vor Jahrtausenden in Westitalien verbreitet war –, entpuppte sich als Erinnerung an ein flüchtiges Lektüreerlebnis; und die verblüffende «Xenoglossie» (unbewußtes Reden in einer unbekannten Fremdsprache) einer finnischen Studentin, die unter Hypnose plötzlich ein Volkslied in Mittelenglisch zum Besten gab, da sie angeblich im 13. Jahrhundert als Tochter eines Gastwirts in England gelebt hatte, enttarnte sich bei einer Zweithypnose durch den finnischen Psychiater Reima Kampman als Erinnerung an ein Buch von Benjamin Britten und Imogene Holst, das die Hypnotisierte einmal als dreizehnjähriges Mädchen in der Hand gehabt hatte. Kurz: Nicht das dreizehnte Jahrhundert lieferte hier die Erklärung, sondern das dreizehnte Lebensjahr. Fast immer, wenn man diesen Phänomenen mit entsprechender Sorgfalt nachging, fanden sich recht «natürliche» Erklärungen für die Wundersamkeiten vermeintlicher «Reinkarnation». Deshalb erstaunt wohl auch nicht, daß selbst der gründlichste Erforscher solcher Berichte bis zum heutigen Tag skeptisch bleibt: der US-amerikanische Professor für Psychiatrie und Parapsychologe Ian Stevenson von der University of Virginia, Charlottesville. Stevenson in seinem zu dieser Thematik wichtigsten Buch «Twenty cases *suggestive* of Reincarnation»:

> «Ich möchte hier ... meine Meinung wiederholen, daß diese Fälle die Reinkarnation *nahelegen* und nicht mehr. Alle Fälle haben Schwächen, desgleichen auch alle ihre Berichte. Weder kann ein Einzelfall noch können die Fälle in ihrer Gesamtheit als Beweis für die Wiederverkörperung herangezogen werden. Meine wichtigste und alleinige Schlußfolgerung aus ihnen ist die Notwendigkeit, weiter ähnliche Fälle zu erforschen.»

«Letztes Ziel der Reinkarnationstherapie: Symptome akzeptieren …»

Der Münchner Reinkarnationstherapeut Rüdiger Dahlke zu seinem Behandlungsverfahren

Rüdiger Dahlke, Jahrgang 1951, arbeitete bis vor kurzem in München als «Reinkarnationstherapeut» beziehungsweise, wie er selber sagte, als «Arzt für Naturheilwesen». Er schloß sein Medizinstudium mit dem Doktorexamen ab (seine psychoanalytisch orientierte Dissertation befaßte sich mit dem kindlichen Asthma) und absolvierte bei Thorwald Dethlefsen in den Jahren 1978 bis 1980 seine Ausbildung in «Reinkarnationstherapie». Seit 1990 leitet Dahlke in Johanniskirchen/Niederbayern das von ihm gegründete «Heilkunde-Zentrum». Dahlke, der sich bereits während des Medizinstudiums für Naturheilverfahren zu interessieren begann, für Homöopathie und «Psychotherapierichtungen außerhalb der schulmedizinischen» (Dahlke), nahm während dieser Zeit auch an Seminaren über «Gestalttherapie», «Transaktionsanalyse» und «Urschrei-Therapie» teil. Er absolvierte in dieser Zeit auch eine Psychoanalyse, von der er sich aber bald wieder abwandte, enttäuscht von ihren «praktischen Ergebnissen» (Dahlke), auch wenn er fasziniert war von ihrer theoretischen Stimmigkeit. Dahlke ist mit zahlreichen Büchern an die Öffentlichkeit getreten.

PLATTA: Sie sind neben Thorwald Dethlefsen vermutlich der bekannteste deutsche Reinkarnationstherapeut. Dieses Verfahren der Reinkarnation geht von der Grundannahme aus, daß es so etwas wie Reinkarnation wirklich gibt – oder täusche ich mich? Und die zweite Frage: Kommt's bei der Therapie auf die Richtigkeit dieser Annahme an?

DAHLKE: Nein, für die Therapie ist es unwichtig, ob diese Annahme zutrifft. Für unser Verfahren stellt diese Hypothese lediglich ein Hilfsmittel dar – jedenfalls für jene Behandlungsvariante, die ich als Reinkarnationstherapie bezeichnen möchte. Das bezieht sich auf einen Begriff, den Dethlefsen vor über fünfzehn Jahren geprägt hat.

Heute gibt es relativ viel, was sich so nennt. Doch ich spreche von *meiner* Therapie, und für die ist es unwesentlich, ob bei ihr etwas Historisch-Reales zutage gefördert wird oder nur, sagen wir mal, zurückprojiziertes Fantasiematerial. Die Grundidee ist, daß wir es uns sehr viel einfacher machen, wenn wir mit diesem Weltbild arbeiten. Also, ein einfaches Beispiel: Es kommt ein Mensch in die Praxis, der voller Aggressionen steckt, diese aber nicht auszuleben wagt und nicht einmal sehen kann. Vielleicht beschäftigt er drei, vier gute Anwälte und läßt seine Aggression leben, das wäre aber auch schon alles. Wenn Sie den jetzt zurückblenden lassen, lange Zeiten zurück, dann wird er irgendwann eine Keule in der Hand haben und auf anderen damit herumtrommeln. Da bekommt er ein Gefühl für seine Aggression. Und wenn Sie mit diesem Bild dann anschließend zurückkommen ins Hier und Jetzt, wird er hier wahrnehmen können, wie aggressiv er in Wahrheit doch ist. Das ist der Kunstgriff dieser Therapieform, daß man die Inkarnationen als Mikroskop benutzt, mit dessen Hilfe man die Dinge, die heute existieren, schärfer wahrzunehmen vermag. Also, es geht bei diesem Verfahren *nicht* um die Vergangenheit, es geht um das heutige Leben.

P: Trotzdem nachgefragt: Glauben Sie selber an die *Tatsächlichkeit* von Reinkarnation?

D: Ja! – Und ich habe in den vierzehn Jahren meiner therapeutischen Praxis auch zahlreiche Dinge erlebt, die mir gar keinen Zweifel mehr lassen, wobei ich in einer Hinsicht diese Aussage wohl einschränken sollte: Für mich ist Zeit, prinzipiell betrachtet, eine Illusion. Davon geht die Esoterik aus – und auch die heutige Physik, die Relativitätstheorie zum Beispiel oder überhaupt die moderne Physik. Das bedeutet jedoch: Wenn Zeit eine Illusion ist, ist natürlich auch Reinkarnation eine Illusion, und wenn letztlich nur das existiert, was uns auch die Physik nahezulegen beginnt, nämlich diese *Synchronizität*, von der schon C. G. Jung gesprochen hat, dann wird das natürlich sehr problematisch mit den Inkarnationen. Nur müssen wir davon ausgehen, daß wir mit dem Wissen der modernen Physik noch gar nicht zu leben vermögen. Das gilt ja auch für andere Bereiche. Denken Sie zum Beispiel an die Erkenntnis, daß unser Körper aus Energie besteht, daß eine Tür aus Energie besteht – und trotzdem können wir nicht durch sie hindurchgehen, wir müssen sie aufmachen. Und wenn wir uns jetzt nicht für diesen Zeitpunkt verabredet hätten, dann hätten wir uns wahrscheinlich nie getroffen. Wir brauchen also dieses lineare Zeitverständnis immer noch – als Krücke. Unter dieser Voraussetzung glaube ich an Reinkarnation und halte das für ein wesentlich stimmigeres Weltbild als das andere, das diese Annahme ablehnt.

P: Und wie sieht es in dieser Hinsicht mit Beweisen aus?

D: Ach, wissen Sie, beweisen kann man in diesem Bereich immer nur schlecht. Das gilt aber auch für die Behauptung, daß es Reinkarnation nicht gibt. Nochmals: Meine persönliche therapeutische Erfahrung spricht für die Richtigkeit dieser Theorie. Ich habe Patienten erlebt, die in der tiefen Versenkung Dinge erlebt haben und über Fähigkeiten verfügten, über die sie in ihrem realen heutigen Leben nicht verfügten oder von denen sie keine Ahnung hatten. Nehmen Sie doch nur Wunderkinder wie Mozart. Wenn ein Kind mit drei Jahren wie ein Meister Klavier spielen kann, dann hat es das nicht gelernt, sondern eher mitgebracht. Oder denken Sie an die Forschungsergebnisse auf diesem Gebiet, an den amerikanischen Professor Ian Stevenson etwa, der Hunderte von Fällen dokumentiert hat! In seinem Buch «Zwanzig Fälle von Reinkarnation» sind meines Erachtens die Dinge so dokumentiert, daß ich annehmen muß, das dürfte selbst der Wissenschaft genügen, das ist so belegt, wie Wissenschaft die Dinge belegt haben will.

P: Darf ich einhaken? Das Buch heißt mit seinem US-amerikanischen Originaltitel «Twenty cases *suggestive* of reincarnation» – was etwa mit «andeutend, hinweisend auf» übersetzt werden könnte –, und Stevenson selber betont in seinem Vorwort, daß er hier lediglich Fälle vorstellen wolle, die Reinkarnation *nahelegen*, und nicht mehr. – Aber der bundesdeutsche Verleger hat daraus mit seinem Buchtitel «20 überzeugende und wissenschaftlich bewiesene Fälle» gemacht. Das scheint mir nicht untypisch zu sein: *Hin*weise für *Be*weise zu halten.

D: Ach, wissen Sie, in diesem Bereich werden Sie niemals vollgültige Beweise vorlegen können, das dürfte schon praktisch ganz unmöglich sein. Sie können Dinge wie Reinkarnation immer nur nahelegen. Wenn ich das mit der Kriminalistik vergleichen darf, halte ich das Material von Stevenson für Indizienbeweise, für relativ gute Indizienbeweise allerdings, mehr wollte ich nicht sagen damit. Und ich möchte noch einmal betonen: Die Frage, ob Sie in diesem Sektor Beweise antreten können, ist schon vor dem Hintergrund der vorhin bereits erörterten Zeitillusion irrelevant. Freilich: Für mich ist dieses Denkmodell mit den Inkarnationen wesentlich stimmiger als andere Vorstellungen in diesem Bereich, auch wenn die Erfahrungen und Indizien im strengen Sinne kein Beweismaterial sind. Aber das gilt auch umgekehrt: Sie können auch nicht die *Nicht*existenz von irgend etwas beweisen.

P: Zweifellos richtig! Aber beweispflichtig ist derjenige, der eine Behauptung aufgestellt hat, nicht der andere, der ihr widerspricht.

D: Das ist sehr relativ, weil zum Beispiel die Hälfte der Menschheit an Reinkarnation glaubt.

P: Ich spreche von Wissenschaft und nicht von Religionen, und ich rede von Wissenschaft in einem Verständnis, dem Sie womöglich widersprechen werden, nämlich von einer Wissenschaft, die zwar für neue Erfahrungen offen ist, aber auch zugänglich ist für die Möglichkeit des eigenen Irrtums und für die Fragwürdigkeit der selbsterstellten Hypothesen. Ich denke da an das erste Buch Ihres Mentors und Kollegen Dethlefsen aus dem Jahre 1968, «Das Leben nach dem Leben». Er hat dort den Fall eines Rudi T. geschildert, der unter Hypnose von einem früheren Leben als Guy Lafarge zu erzählen begann. Doch als ich Jahre danach für den WDR diesen Fall nachrecherchierte, stellte sich heraus, daß keine Angabe sich bestätigen ließ. Ich war schon erstaunt über diesen Mangel an Selbstüberprüfungsbereitschaft bei Dethlefsen beziehungsweise über seinen Mangel an Offenheit gegenüber der Möglichkeit des eigenen Irrtums.

D: Was heißt hier «nicht offen»? Ich meine mich zu erinnern, daß dieser Fall von einem Fernsehteam nachrecherchiert worden ist. Der Engländer Arnal Blocksham* zum Beispiel besaß in großem

* Dahlke gibt an dieser Stelle den Namen des englischen Psychotherapeuten in falscher Schreibweise an: der fragliche Hypnotiseur heißt Arnall Bloxham

Maße diese von Ihnen vermißte Offenheit. Im übrigen möchte ich feststellen: Soweit ich Dethlefsen aus dieser Zeit kenne, hat ihn eine Überprüfung seiner Fälle nie sonderlich interessiert. Wenn Sie jahrelang damit umgehen, sind diese Dinge für Sie zu einer solchen Selbstverständlichkeit geworden, daß Ihr Interesse an Wissenschaft gegenüber dem therapeutischen Nutzen gering ist. Die moderne Wissenschaft – die Physik zum Beispiel, aber auch die moderne Biologie – nähert sich übrigens immer mehr dem esoterischen Wissen an, so daß man im wachsenden Maße den Eindruck gewinnt, daß sie ihre Grundlagen neu überdenken und umschreiben muß.

P: Was den Fall des Rudi T. betrifft, kann Ihre Behauptung nicht stimmen, daß Dethlefsen aus dem von Ihnen genannten Grunde zu diesem Zeitpunkt kein Interesse mehr an der wissenschaftlichen Verifikation seiner angeblichen Entdeckungen hatte. Bei dieser Geschichte handelt es sich um Dethlefsens *ersten* Fall.

D: Ich kann Ihnen meinerseits versichern, daß ich Dethlefsen gut kenne seit vielen Jahren und er nicht das geringste Interesse an Wissenschaft hat, wie Sie unschwer in Publikationen wie «Schicksal als Chance» nachvollziehen können. Im übrigen bleibe ich dabei: Es läßt sich belegen, daß Psychotherapien nach diesem Weltbild gut durchzuführen sind, nicht aber die Tatsache der Reinkarnation. Ich meine, es gibt viele Dinge, die sie nahelegen, selbst die Bibel tut das, die Gnostiker taten das, diese Annahme zählt zu den ursprünglichen Glaubensinhalten des Christentums.

P: Richtig, diese Anschauung wurde erst im Jahre 553 auf dem Konzil von Konstantinopel verboten.

D: Irgendein Papst hat sie abgeschafft, und es sind noch heute Stellen in der Bibel zu finden, an denen von Reinkarnation die Rede ist. Denken Sie zum Beispiel an die Frage des einen Jüngers an Christus:

(siehe Redaktion *Psychologie heute* [Hg.]: Scheinheil und Sinnsuche, S. 45!). Thorwald Dethlefsen zufolge – siehe «Schicksal als Chance», München 1979, S. 219 – arbeitet Bloxham selber als Reinkarnationshypnotiseur; es handelt sich also bei diesem nicht, wie man der Aussage Dahlkes entnehmen könnte, um einen Fernsehjournalisten, der gleichsam als neutraler Dritter vermeintliche Reinkarnationsfälle «nachrecherchiert» hat.

«Bist du der wiedergekommene Elias?»! Natürlich ist auch das kein Beleg, im strengen Sinne des Wortes, aber wäre eine solche Frage gestellt worden, wenn diese Anschauung nicht dem Weltbild seinerzeit entsprochen hätte? – Insofern muß ich sagen: Auf der Basis aller Religionen existiert mehr oder weniger dieses Weltbild. Und bedenken Sie bitte auch das folgende noch: Alles andere läuft in diesem Universum in Rhythmen ab. Wieso sollte da gerade unser Leben das einzige sein, das sozusagen zufällig beginnt und zufällig wieder endet und keinen Rhythmus hat? Auf den Tag folgt die Nacht, auf den Sommer der Winter, auf das Leben der Tod ... Oder nehmen Sie die Sterbeforschung mit ihren Resultaten! Da wäre es für mich schon folgerichtig zu sagen, das alles stimme nicht. Überall auf der Welt – in Indien, England, Deutschland, in den USA – betreiben Leute diese Untersuchungen und stoßen auf dieses überaus ähnliche Muster. Da wäre es doch sehr weit hergeholt, meine ich, alles für Zufall zu erklären oder lediglich als Suggestion.

P: Ich vermute, Sie spielen jetzt auf die sogenannten «Nah-Tod-Erlebnisse» an, auf «Out-of-the-body»-Erfahrungen und so weiter? Nun, da gibt es meines Wissens mittlerweile einige gehirnphysiologische Erklärungen für dieses Erlebnismuster im Gehirn: Veränderungen im limbischen System zum Beispiel oder Endorphin-Ausschüttungen, welche zu Schmerzfreiheit führen, zu euphorischen Zuständen und Halluzinationen.

D: Das sind nur Vermutungen, die, gemessen zum Beispiel an dem Wissen im tibetischen oder ägyptischen Totenbuch, etwas ganz, ganz Dünnes und Bescheidenes sind. Natürlich, ein Anfang, aber ich würde nicht wagen, das als Gegenpol zu setzen. Ich kenne mich da recht gut aus, es interessiert mich auch, aber was da bisher gefunden worden ist, reicht für eine Erklärung, geschweige denn Widerlegung noch lange nicht aus.

P: Mag sein, nur würde ich auch in diesem Fall das kleine gesicherte Ergebnis dem großen ungesicherten Behauptungssatz vorziehen. Doch zurück zu Ihrem Therapieverfahren selbst! Wie Sie mir in einem Vorgespräch gesagt haben, versetzen Sie Ihre Patienten mittlerweile auch ohne Hypnose in frühere Inkarnationen zurück. Wie machen Sie das?

D: Es gibt verschiedene Techniken, um dieses Ziel zu erreichen. Natürlich mit der klassischen Suggestion, indem Sie jemanden in Trance versetzen, langsam sein Bewußtsein absenken, sehr sanft sprechen und den Patienten immer wieder in Bilder verwickeln. Also, weg vom analytischen Denken, hin zu diesem bildhaften Denken, hin zu Gefühlen, dann sinkt das Bewußtsein ein Stück weit ab. Wir begleiten das immer mit einem Hautwiderstandsmesser. Das heißt, der Patient hat seine Hand auf einem solchen Widerstandsmesser liegen, und Sie sehen dann am Hautwiderstand, daß er sich von seiner Ausgangsposition allmählich entfernt. Dann können Sie dem Patienten Bilder geben, eine Wiese, eine Landschaft zum Beispiel, und er wird sich reinfinden in diese Bilder und immer selbständiger durch diese Bilder bewegen. Wir müssen dabei gar nicht viel tun.

P: Zielt das eher auf die rechte Gehirnhälfte – nach der Methode des Katathymen Bilderlebens oder der Psychosynthese?

D: Stimmt – man soll über das analytische Denken hinausgelangen zu einem ganzheitlichen Denken, zur Gestaltwahrnehmung, zum bildhaften Musterdenken. Dann verwenden wir Neurolinguistisches Programmieren (NLP), das in mancher Hinsicht Techniken aus der Zen-Tradition wie der Koan-Methode ähnelt. Man läßt den Intellekt leerlaufen, stellt ihm ein paradoxes Rätsel, der Intellekt verheddert sich, und man sinkt auf eine tiefere Ebene ab.

P: Können Sie ein Beispiel geben?

D: Ich kann zum Beispiel zu Ihnen sagen: Sie gehen immer tiefer und tiefer in die Entspannung *jetzt oder gleich*! – eine Alternative, die in Wahrheit keine ist. Diese Formel befriedigt den Intellekt, er hat eine Alternative, was ihm immer Freude macht, doch beide Alternativen münden in denselben Punkt. Sie können aber auch Sprachmuster verweben und zum Beispiel sagen: «Geschehen lassen, die Gedanken immer mehr loslassen!» So kommen Sie immer mehr dazu, in die «Logik» des Traumes überzugehen.

P: Keine hypnotischen Befehle also und auch keine hypnotischen Zustände, sondern lediglich trance-ähnliche Zustände tiefer Entspannung?

D: Das sind schon hypnoide Zustände. Es geht schon sehr in diese

Nähe, nur ist der Patient zugleich ganz wach dabei. Tiefe Hypnosezustände mit der Folge, daß der Patient nicht mehr weiß, was da passiert, streben wir grundsätzlich nicht an. Denn es geht ja darum, daß der Patient für sich und sein Leben Verantwortung übernimmt und nicht der Therapeut an dessen Stelle in seinem Bewußtsein Weichen stellt.

P: Dennoch klingt das Ganze recht suggestiv oder auch autoritativ. Bleibt bei einem solchen Verfahren den Patienten Freiheit genug, die *eigenen* Fantasien oder Erinnerungen aufsteigen zu lassen?

D: Ich denke schon. – Im übrigen: Vergessen Sie nicht, daß grundsätzlich jede Psychotherapie ihre Patienten beeinflußt. Zwar reklamieren manche Methoden für sich, sie arbeiteten nondirektiv, aber das halte ich für einen Witz, ehrlich gesagt. Wenn zwei Menschen zusammen sind, beeinflussen die einander. Wichtiger ist, daß man das weiß und diese Beeinflussungsmethoden verantwortungsbewußt handhabt. Doch wenn der Patient diese Ebene tiefer Entspannung erreicht hat, gebe ich kaum noch Inhalte vor. Im Gegenteil: Da der Patient ständig mit dem Hautwiderstandsmesser verbunden ist, folge ich ihm eher und führe ihn nur an seinen Ladungen und seinen tieferen Gefühlen entlang. Ich sage eher solche Dinge wie: «Das da ... das da ... Weiter ... weiter ...», und unterhalte mich über weite Strecken schlicht mit seiner Haut. Wir sagen: die ehrliche Haut, und die Haut ist tatsächlich ein Stück ehrlicher als wir. Es geht immer einer Ladung entlang, nicht irgendeinem Gedankenfaden – ähnlich wie im Traum.

P: Was ich noch nicht verstanden habe, ist der Umstand, wieso es bei dieser Methode angeblich zu Reinkarnationserlebnissen kommt. Dethlefsen hat ja bei seiner Hypnose entsprechende Befehle erteilt: Bitte jetzt ins fünfte Lebensjahr zurück, jetzt ins vierte, jetzt zur Geburt, zur Embryonalzeit, ins frühere Leben ... Wie geht das bei Ihrem Verfahren – bei diesem Gespräch mit der Haut?

D: Sie brauchen lediglich zu sagen: «Gut, gehen Sie weiter zurück! Gehen Sie weiter zurück!» Dann kommen irgendwann Bilder, die offensichtlich aus der Zeit vor diesem Leben stammen – das ist nicht sonderlich schwierig. Doch vergessen Sie nicht: Das allein, diese Inkarnationen anschauen, ist noch keine Therapie! Jemandem zu sagen: Gehen Sie ins fünfte Lebensjahr zurück, bringt im allgemeinen therapeutisch nicht viel. Bedeutend sinnvoller ist eine Aufforderung wie: «Gehen Sie zurück zu einer wichtigen Situation!» Dann brauchen Sie diesen Prozeß nur noch zu intensivieren: «Weiter! Weiter! Weiter!» – und der Patient gerät immer tiefer in diese wichtige Situation. Allerdings: Was da ans Licht kommt, ist fast niemals spektakulär – auch so ein Vorurteil! Was wir zutage fördern, ist von der Gefühlstiefe her eindrucksvoll, aber nicht historisch eindrucksvoll.

P: Und worin besteht nun der therapeutische Effekt dieser Rückerinnerung?

D: Sie können Ihre spezifischen Lebensmuster erkennen! Wenn Sie Ihr jetziges Leben betrachten, überblicken Sie vielleicht vierzig Jahre. Aber wenn Sie viele solcher Lebensbögen ansehen, vermögen Sie viel deutlicher zu durchschauen, wo Sie, um ein Beispiel zu nennen, immer wieder den Kopf in den Sand gesteckt haben und wo nicht. Denn darum geht es vor allem: dieses Muster zu finden. Und daraus entwickelt sich dann auch der Mut, mal nicht den Kopf in den Sand zu stecken, mal wirklich standzuhalten an einem bestimmten Punkt. Entscheidend freilich ist: sich mit diesem Muster auszusöhnen und nicht mehr gegen die Dinge zu kämpfen. Das gilt letztlich für alle Probleme, die ein Mensch hat, und das ist auch die Grundidee: anschauen lernen, was das Symptom mir sagen will, und akzeptieren lernen, daß es mein Symptom ist. Es annehmen zu können, mögen zu können – *das* ist letztlich das Ziel.

P: Das hieße doch aber, daß Ihre Therapie gar nicht die Heilung der Patienten will – sagen wir: von einer Phobie, einer psychosomatischen Störung, einem Zwang –, sondern nur dessen Einverständnis mit der eigenen Krankheit?

D: Heilung kann immer nur aus dem Einverständnis erfolgen, niemals aus dem Kampf gegen ein Symptom. Schon im Neuen Testament heißt es: «Liebet eure Feinde!» Kampf führt bestenfalls zur Unterdrückung von Symptomen, ihre Annahme aber sehr häufig zur Heilung. Der Patient akzeptiert, was ihm «fehlt».

P: Herr Dahlke, zu einigen eher «technisch-materiellen» Fragen: Wie lange dauern Ihre Therapien, wie muß man sich das «Setting» vorstellen, wie lange dauern die Sitzungen jeweils – wie teuer sind diese Therapien?

D: Also, eine Therapie dauert in aller Regel vier Wochen. Das ist ein Zeitraum, in dem man wirklich tief hinabsteigen kann in seinen Schatten, aber auch gut wieder hochkommt – was ja entscheidend ist. Das gelingt in dieser kurzen Frist aber nur, weil wir sehr intensiv arbeiten in dieser Zeit. Es findet jeden Tag eine Reinkarnationssitzung von zwei Stunden statt – je nach Therapiestand mit ein, zwei Tagen Pause pro Woche. Der Patient sollte während dieser Zeit nicht zu Hause wohnen, sondern muß seine vertraute Umgebung verlassen, um sich wirklich voll und ganz auf diese Therapie einlassen zu können. Dabei geht es nicht nur um diese zwei Stunden pro Tag. Es gehören auch andere Aktivitäten dazu: Fasten zum Beispiel, Reflexzonenmassage, das Mandala-Malen, Schreiben und vieles andere mehr. Eine solche Behandlung von vier Wochen kostet 4800,– DM, die Stunde also 120,– DM.

P: Sprechen Sie für diesen Zeitraum auch Verbote aus? Rauchverbot, Trinkverbot, Korrespondenzverbot?

D: Grundsätzlich nicht! Ich habe nicht den Anspruch zu wissen, was für den Klienten wichtig ist. Ich habe kein Konzept für sein Leben. Ich gehe prinzipiell von der Auffassung aus, daß keiner ohne Grund raucht. Rauchen ist zum Beispiel ein Ventil, man läßt Dampf ab über seine Zigarette oder lebt seine Aggressionen aus, sein Genußproblem. Es hat nie Sinn, Ventile zuzustopfen. Im Gegenteil: Wenn Sie einem Patienten all seine Ventile verstopfen, kann es sogar gefährlich werden.

P: Der Umstand, daß man mit solchen Mitteln – wie es zum Beispiel die Psychoanalyse sagt – die Wahrnehmung seiner Probleme «wegrauchen», «wegessen», «wegtrinken» kann, stört Sie also nicht? Oder anders gesagt: daß man sich mit diesen Mitteln den Zugang zu den Problemen verstellen könnte, die hinter diesem kompensatorischen Verhalten stecken?

D. Nun, wenn Sie «Verbot» so weit fassen möchten, üben wir natürlich schon unseren Einfluß aus und sagen einem Patienten zum Beispiel, daß er nicht jeden Tag zu Hause anrufen sollte, weil das seiner Therapie im Wege stehen könnte. Und es wird auch relativ viel Wert darauf gelegt, dieses Muster zu erklären. Allerdings muß ich sagen: Wir haben wenig mit diesen Problemen zu tun. Die Patienten, die zu uns kommen, sind in aller Regel hochmotiviert, haben vorher Bücher gelesen und sich schon vor Therapiebeginn mit solchen Fragen auseinandergesetzt. Und im übrigen entsprächen Wertungen oder gar Verbote der geschilderten Art auch gar nicht unseren Prinzipien, die ja mit Unterscheidungen in der hier apostrophierten Form nichts zu tun haben. Es geht darum, die Dinge zu deuten, nicht aber, sie zu bewerten im Sinne eines «schlecht» oder «gut», «falsch» oder «richtig». Noch mal: Die Tendenz unserer Therapierichtung ist, Symptome zu benutzen, nicht, sie wegzuzaubern – ein homöopathischer Denkansatz also. Anders gesagt: Wenn Sie zu Ihrem allopathischen Arzt gehen, können Sie sicher sein, daß er sich mit Ihnen gegen Ihr Symptom verbündet – nach dem Motto: «Das werden wir schon kriegen, das ist bald wieder weg!» Wenn Sie zu mir kommen, müssen Sie davon ausgehen, daß ich mich mit Ihrem Symptom gegen Sie verbünde – nach dem Motto: «Das Symptom ist schon in Ordnung, das zeigt etwas Wesentliches! Schauen wir mal, was mit Ihnen nicht stimmt, daß Sie auf dieses Symptom angewiesen sind!»

P: «Schauen wir mal, was mit Ihnen nicht stimmt»? – Also, mit anderen Worten, «falsch ist»? Damit sprechen Sie doch auch eine Wertung aus!?

D: Wenn der Patient unter einem Symptom leidet, wertet er es natürlich. Die therapeutische Aufgabe lautet aus unserer Sicht, ihm die Relativität dieser Wertung bewußt zu machen und zu helfen, die Verantwortung bei sich zu erkennen. Anstatt auf Symptome zu projizieren und sie zu Feinden zu machen, kann er sie als wesentlich für sein Leben erkennen. In diesem Annehmen liegt die Chance, ihre Botschaft, die in jedem Symptom erkennbare Lernaufgabe, zu erkennen. Das wiederum wird Symptome häufig überflüssig machen, ähnlich wie ein Brief überflüssig wird, wenn er gelesen und verstanden wurde.

P: Gut – kommen wir damit zu anderen Fragen zurück. Wie sieht zum Beispiel bei Ihrem Verfahren das «Setting» aus? – Liegen die Patienten bei dieser Arbeit?

D: Ja.

P: Gibt es Patienten oder auch Erkrankungstypen, die besser geeignet sind für Ihre Therapie, und andere, die weniger oder gar nicht geeignet sind für diese Therapie?

D: Ich glaube nicht, daß es viele Einschränkungen gibt – sieht man mal von einigen praktischen Voraussetzungen ab. Also: Die Therapie erfordert natürlich einige Motivation und einigen Einsatz an Geld wie auch Zeit. Außerdem dürfte in aller Regel sehr positiv sein, wenn sich der Betreffende mit unserer Philosophie auseinandergesetzt hat – was ohnehin meistens der Fall ist. Was Kontraindikationen angeht, kommen selbstverständlich all die Patienten nicht in Frage, die voll im Projizieren sind. Also: Ein paranoider Patient, der nur Hilfe will gegen irgend jemanden draußen, der ihn angeblich verhext oder bestrahlt hat, wird sich nicht einer Psychotherapie aussetzen, welche die Ansicht vertritt, daß sein Problem in ihm selber liegt und es darum geht, *sein* Muster zu finden.

P: Und wie sieht Ihre Erfolgsquote aus?

D: Nun, eine Statistik führe ich nicht. Aber nach meinen Erfahrungen ist es eine der tiefgehendsten und erfolgreichsten Therapien, weshalb ich sie auch mache. Das wird allerdings hoffentlich jeder Therapeut von seiner Methode annehmen. Übrigens fragen wir bei allen Patienten nach einem halben Jahr nochmals nach, und auch da kann ich sagen, daß wir offenbar erfolgreich sind. Aber mißverstehen Sie das nicht: Selbstverständlich können wir keinen Krebs wegzaubern oder Aids. Wunder können geschehen, sie sind nie zu machen oder gar zu erzwingen. Ich glaube, jeder Arzt, der offen dafür ist, hat aber schon Wunder erlebt. Doch was die Erkenntnis der eigenen Muster angeht …

P: … nur die Erkenntnis der Muster oder auch ihre Beseitigung …?

D: … auch die Auffindung von Alternativen im eigenen Muster, die mit einem gesunden Leben besser vereinbar sind. Was diesen Wirkungsbereich betrifft, ist die Reinkarnationstherapie ein ausgesprochen erfolgreiches Behandlungsverfahren.

P: Noch mal zu Ihrer Klientel gefragt: Mit welchen Krankheitsbildern kommen die Menschen vor allem zu Ihnen? Kann Ihre Reinkarnationstherapie von Zwängen heilen oder von Phobien, von hysterischen oder narzißtischen Störungen, von Depression? Kann sie psychosomatische Beschwerden beseitigen helfen? – Oder geht es Ihren Klienten zumeist um andere Dinge? Entweder um Lebenshilfe oder Beratung im allgemeineren Sinn? Oder um ein Stück mehr Selbsterkenntnis oder Vollkommenheit?

D: Also, das ist ganz gemischt. Ein Drittel der Patienten kommt wirklich mit psychischen Problemen zu uns, mit Beschwerden, die Sie schon angedeutet haben. Ein weiteres Drittel sucht uns wegen körperlicher Störungen auf – sogar wegen schwerer körperlicher Probleme, was sicher mit unserem Buch «Krankheit als Weg» zusammenhängt. Und beim letzten Drittel handelt es sich um Klienten, für die ihre Bewußtseinserweiterung im Vordergrund steht, die auf dem esoterischen Weg sind. Allerdings habe ich den Eindruck, daß sich in letzter Zeit der Schwerpunkt verschoben hat: Obwohl die «Eso-Welle» so enorm rollt, nimmt der Anteil derjenigen, die nur zur Bewußtseinserweiterung kommen, ab. Was nun die angesprochenen Neuroseformen betrifft, so kann man wohl sagen, daß gerade bei den von Ihnen angedeuteten Störungen – also etwa bei den Zwangsneurosen – relativ gute Erfolge zu erzielen sind – was erstaunlich ist, wenn man bedenkt, daß diese Patienten sonst meistens keine wirksame Hilfe finden, weder in der Psychiatrie noch in der Psychoanalyse. Ich halte das allerdings nicht für verwunderlich, denn wenn Sie Zwänge anschauen, sind das ja eigentlich immer körperliche Handlungsformen, die auf der körperlichen Ebene gar keinen Sinn machen, jedenfalls im heutigen Leben nicht. Nehmen Sie den Waschzwang zum Beispiel! Jemand wäscht sich am Tag zweihundertmal die Hände – offensichtlich wegen der Zwangsidee, daß sie schmutzig sind oder Blut an ihnen klebt. Wenn Sie mit diesem Patienten zurückgehen in ein früheres Leben, stoßen Sie mit Sicherheit auf eine Situation, wo er wirklich etwas mit seinen Händen getan hat, was er sich nun ein Leben lang abwaschen möchte. Da ist es sehr hilfreich, auf eine Bilderebene zurückzugehen, wo der Betreffende fündig werden kann. Bei der Durchsicht seines jetzigen Lebens war ihm dieses nicht möglich gewesen, zumindest nicht in diesem bildhaft-drastischen Sinn. Gleiches gilt für andere Neurosen.

P: Könnten Sie sich mit einer Deutung anfreunden, daß es sich bei dieser Symptomatik doch um eine Neurose aus dem jetzigen Leben handelt? Zum Beispiel mit einer Interpretation derart, daß da etwa ein Sohn unbewußt des Glaubens ist, das Blut des Vaters an seinen Händen zu haben, weil er diesen bis aufs Blut haßt? Und unter der Schutzvorgabe «Reinkarnation» in ein früheres Leben kann er sich diese Mordinstinkte zum erstenmal bis zu einem gewissen Grade eingestehen?

D: Die ist auf jeden Fall auch richtig. Wir blenden grundsätzlich immer auch auf das heutige Leben zurück. Das wird niemals ausgespart. Wir machen beides: Wir gehen zurück in die frühere Inkarnation, aber wir gehen auch wieder zurück in die heutige Zeit. Da wird das Ganze überhaupt erst relevant. Denn wenn Sie nur Reinkarnationen anschauen würden, hätte das aus meiner Sicht mit Therapie gar nichts zu tun. Man würde nur seine Neugierde befriedigen damit.

P: Herr Dahlke, kommen wir zu einem Begriff, den Sie schon mehrfach in diesem Gespräch anklingen ließen, zum Begriff «Esoterik». Mir scheint, daß die Reinkarnationshypothese, so wie sie von Ihnen aufgefaßt wird, etwas zu tun hat mit Ihrer esoterischen Auslegung der hinduistischen Karma- und Samsāra-Lehre. Stimmt dieser Eindruck?

D: Also, grundsätzlich möchte ich feststellen, daß ich's gar nicht so sehr mit dem Hinduismus verbinde. Sie finden diese Auffassung auch im Westen wieder. Wenn ich Dinge wie Fasten vertrete, dann nicht auf der Basis von irgend etwas Indischem, sondern auf der Grundlage der *christlichen* Fastentradition. Sie finden alles, was Sie brauchen, auch dort. Was nun das spezielle Thema der Schuld betrifft, würde das die Esoterik letztlich ein Stück anders lösen, als es in unserer Kultur momentan geschieht. Schuldig ist aus der esoterischen Sicht grundsätzlich jeder, weil jeder sündig ist – und sündig zu sein bedeutet, abgesondert zu sein von der Einheit, die im Christentum durch das Paradies symbolisiert ist. Wir sind alle abgesondert von der Einheit, wir sind alle sozusagen nur halb. Wir sind Frauen oder Männer, da fehlt uns jeweils die andere Hälfte, so wie's ja im Schöpfungsmythos beschrieben ist. Gott nimmt Adam die eine Hälfte weg, macht Eva daraus. Seitdem sind wir halb, und seitdem suchen wir unsere andere oder bessere Hälfte – wie der Volksmund sagt. Bei C. G. Jung finden wir dann ein ganz ähnliches Konzept mit seiner Theorie, daß jeder Mann in sich die «Anima» suchen müsse und jede Frau in sich den «Animus», den Gegenpol, den «Schatten». Also, das finden Sie alles auch in der westlichen Tradition.

P: Einverstanden: Wenn Sie Schuld so definieren wollen, Schuld im Sinne der Absonderung vom jeweils anderen, vom gegensätzlichen abgespaltenen Teil meiner selbst, hätte ich zunächst einmal nichts einzuwenden gegen diese Definition – außer gegen diesen Begriff selbst: wieso «Schuld»? Dennoch drängt sich mir der Eindruck auf, daß der Begriff der Schuld in der Literatur über Reinkarnationstherapien, wo sie mit dem Begriff des Karmas arbeitet, etwas anderes meint, Schuld nämlich durchaus im Sinne einer Untat oder einer Unterlassung in einem früheren Leben. Da hat also jemand in seiner vorangegangenen Existenz jemanden umgebracht oder bestohlen, und deswegen geht es ihm heute schlecht, und er muß dafür bezahlen mit körperlichem oder seelischem Leid. Würden Sie sich davon absetzen wollen?

D: Ja, das würde ich sehr gerne tun. Das Karma so kleinlich zu sehen wäre ein ähnlicher Weg, wie ihn das Christentum leider gegangen ist. Wenn man heute von Sünde spricht, dann meint man die kleinen Verfehlungen während des täglichen Lebens. Also: Man geht am Sonntag nicht in die Kirche, schon ist eine Sünde parat. Und ähnlich kann man natürlich mit Karma umgehen, und da wird es sehr, sehr kleinkariert. Die Idee bei dieser Therapie ist, daß man gerade losläßt von diesem Schuldkonzept. Konkret: Die meisten Menschen empfinden sich in diesem Leben als Opfer, und natürlich schauen wir uns dieses Muster im heutigen Leben an. Dann verfolgen wir dieses Muster zurück auch in früheren Inkarnationen und stoßen erneut auf diese Rolle als Opfer. Das Entscheidende ist nun: Wir gehen auf jeden Fall so weit zurück, bis man schließlich auch auf seine eigene Täterrolle stößt und bemerken kann, daß beides zusammengehört und beides in Wahrheit ein und dasselbe ist. Also, mehr in diesem Sinne geht es um Schuld – um unsere Grundschuld, wenn man so will, und auch um unsere Grundaufgabe damit. Wenn man abgesondert ist, geht es darum, diese Absonderung rückgängig zu machen, heimzugehen ins Paradies, in die Einheit, ins Himmelreich Gottes, ins Nirwana, wie immer Sie's nennen wollen, den Rückweg zu finden.

P: Das verstehe ich – ehrlich gesagt – immer noch nicht. Was hat «Täterschaft» oder «Täterrolle» in einem früheren Leben mit «Absonderung» oder «Selbstspaltung» zu tun? Um welche «Taten» in dieser früheren Inkarnation soll es da gehen, und welche «Opferrolle» ist in diesem Leben gemeint?

D: Es geht darum, daß Opfer und Täter zusammengehören und jeder beide Seiten in sich trägt. Es geht gerade nicht darum, Schuld zu verteilen, sondern zu erkennen, daß man selbst wie auch jeder andere Mensch in dieser polaren Welt grundsätzlich schuldig ist. Es mag etwas schwer zu verstehen sein. Sehr deutlich findet sich diese Auffassung im Neuen Testament ausgedrückt; in der Geschichte von der Ehebrecherin oder in der Bergpredigt bei der Auslegung der Zehn Gebote läßt Christus keinen Zweifel daran, daß es nicht um Schuldzuweisung gehen kann.

P: Kommen wir zum letzten Themenbereich, Herr Dahlke. Was verstehen Sie unter «New-Age-Bewegung», und wie stehen Sie selber zu diesem «Neuen Zeitalter»? Halten Sie Ihre Reinkarnationstherapie für eine Therapie des «New Age»?

D: «New Age» heißt «Neues Zeitalter». Aber als neues Zeitalter hat sich bisher fast jede Ära empfunden – auch als Endzeit zumeist. Das ist also nichts Neues, meine ich. Dennoch denke ich, daß wir tatsächlich vor einer ganz besonderen Schwelle stehen. Es ist eine Entscheidung fällig für uns, ob wir die Katastrophe wirklich als Katastrophe erleben wollen oder – wie es im Griechischen heißen würde: 'he katàtstrophè – als Umkehrpunkt. Was mich allerdings sehr stört, ist dieses Spiel mit den beiden Polen und vor allem dies überzogene Gerede vom «Licht», von «Light Age» und so weiter. Da habe ich den Eindruck, daß es nur noch um Stimmungsmache geht und aus dieser Stimmungsmache heraus die Dinge ziemlich ins Rutschen kommen. Zum Beispiel dieses «Positive Denken» – für mein Gefühl der genaue Gegenpol zur Esoterik, eine Methode nämlich, alles zuzukleistern. Ob Sie im *Körper* etwas unterdrücken wollen, mit Cortison oder Antibiotika, oder mit Affirmation oder heiligen

Sprüchen im *Bewußtsein*, ist für mich kein Unterschied. Es bleibt Unterdrückung, während Esoterik an die Wurzeln gelangen will, aufdecken will, befreien und zur Vervollkommnung beitragen will. «Positives Denken» hingegen bildet «Schatten», macht unfrei. Und auf einer konkreteren Ebene sogar krank. Das ist für mich das Gefährlichste an der «New-Age-Bewegung». Dadurch rutschen aus meiner medizinischen Sicht tendenziell immer mehr Menschen in paranoide Situationen hinein. Ansonsten, glaube ich, ist da sehr vieles gut gemeint. Freilich: Auch das Christentum hat's ja zweitausend Jahre lang gut gemeint und hat sehr liebe und fromme Thesen propagiert. Was daraus geworden ist, wissen wir ja. – «Liebet eure Feinde!», so der Grundauftrag des Christentums. Und was haben die Christen daraus gemacht? – Sie waren nicht zweitausend Jahre böswillig unterwegs, aber sie sind an ihrem Schatten gescheitert. Und darin sehe ich auch die große Gefahr bei dieser New-Age-Welle, ich befürchte, daß auch sie an ihrem Schatten scheitert, daß sie ständig auf Friede, Freude, Eierkuchen macht und dabei die dunklen Seiten des Menschseins vergißt und furchtbar erschrickt, wenn diese dunklen Seiten plötzlich doch wieder da sind. Dann ist oft wieder Therapie angesagt, scheint mir, und das ist gar nicht immer leicht.

P: Zählen Sie zu diesem «Schatten» auch den Größenwahn, der bei manchen New-Age-Vertretern ins Spiel kommt – trotz aller proklamierten Bescheidenheit? Die Rückkehr etwa zu einem Denken und zu einer Zeit, da das Wünschen noch geholfen hat?

D: Das halte ich auch für die eine Gefahr. – Natürlich gibt es so etwas wie Erleuchtung und totale Befreiung, und es gibt sicherlich irgendwelche weit fortgeschrittenen indischen Lehrer, die Salzsäure oder noch gefährlichere Säuren zu trinken vermögen, ohne daß ihnen was passiert, nur müssen wir zugeben: *Wir* können es nicht. Deswegen halte ich es auch für sinnvoller, seine Füße auf den Boden zu stellen, damit man nicht ständig aus den Wolken fällt. Ich sehe die Gefahr, daß diese Bewegung den Bodenkontakt verliert, nur noch abgehoben in irgendwelchen lichten Ebenen unterwegs ist und nicht registriert, daß unten der Schatten lauert.

P: Damit wäre die New-Age-Bewegung also ein ambivalentes Phänomen. Oder um es konkreter zu fassen: Manches, was aus der Frauenbewegung kam – überhaupt: die Wiederentdeckung «weiblicher» Werte, die wir Männer wahrlich sehr verachtet haben –, war mit Sicherheit sehr wichtig und sehr gut; dann die Überwindung des eurozentrischen Denkens – gewiß nicht weniger positiv; schließlich die Kritik an unserem Machbarkeitswahn, die Kritik an einem allzu rationalistischen Verständnis von Wissenschaft, das alles Emotionale ausklammern möchte oder für irrelevant erklärt – auch dies schien mir überfällig zu sein. Aber ...

D: ... ich würde noch mehr darin sehen. Also, wenn Sie zum Beispiel an all die Wissenschaftler denken, die in der New-Age-Bewegung anfänglich eine große Rolle spielten, an das Wissen, das sie vermittelt haben, an Autoren also wie Capra oder Sheldrake, dann haben die ja wirklich ein neues, revolutionäres Wissen in die Welt gebracht, Erkenntnisse von seiten der Wissenschaft, die wirklich der Esoterik entsprechen, wie Sie's in den Veden, den Upanishaden oder den Sutras des Buddhismus finden können. Ich empfinde das wirklich als eine Chance. Die Gefahr ist nur, daß dieses Wissen sofort wieder vereinfacht wird und letztlich ins alte Weltbild zurückkippt. Das «Positive Denken» zum Beispiel stellt nur eine zeitgenössische Variante des uralten mechanistischen Denkens dar, eine Abart der alten allopathischen Maxime, daß wir gegen das, was uns stört, ankämpfen. Was diese Wissenschaftler wollten und wollen – denken Sie an Capra, der sich aus dieser Szene ziemlich frustriert zurückgezogen hat! –, ist wirklich ein neues Denken, das von einem synchronen Weltbild ausgeht. Doch dieses Weltbild dürfte im Augenblick philosophisch noch zu aufwendig sein, um eine weite Basis zu finden.

P: Eine letzte Frage: Wie beurteilen Sie den Sachverhalt, daß sich das «New-Age» einer astrologischen Zeitenrechnung verdankt? Glauben Sie selber an Astrologie?

D: Für die Charakteranalyse scheint mir die Astrologie sehr geeignet zu sein, wie ich von meiner Frau weiß, die sehr intensiv damit arbeitet. Von der Astrologie als Ereignisprognose halte ich weniger.

Auch nach Einstein: «Zeit» ist keine Illusion

Zu der Aussage Rüdiger Dahlkes, daß Zeit – auch aus der Sicht der heutigen Physik, insbesondere der Relativitätstheorie – «eine Illusion» sei, befragte ich Professor Dr. Hubert Goenner, Physiker an der Göttinger Universität mit dem Arbeitsschwerpunkt «Allgemeine Relativitätstheorie und Kosmologie».

Um es deutlich zu sagen: Rüdiger Dahlke erliegt einem Mißverständnis, wenn er behauptet, sich bei der von ihm vorgetragenen Ansicht auf Erkenntnisse der modernen Physik stützen zu können.

Zum einen: Natürlich gibt es auch nach der Einsteinschen Relativitätstheorie noch «Zeit» und den Ablauf von «Zeit». Zeit ist keine Illusion, sondern Teil des unverzichtbaren Raum-Zeit-Rahmens der Physik. Was Einstein in den Mittelpunkt seiner Theorie gestellt hat, ist etwas anderes: den Zusammenhang von Zeit und Raum – ein Thema, das hier nicht weiter ausgeführt werden muß. Das heißt: Selbstverständlich gibt es auch nach den Erkenntnissen der heutigen Physik einen Anfang und ein Ende von Prozessen, gibt es «früher» und «später», ein «Vorher» und «Danach», gibt es nicht nur beobachterabhängige Gleichzeitigkeit als einzige Erscheinungsform von Zeit. Daß Zeit eine «Illusion» sei, ist ein Gedanke, der aus der Sicht der Physik nicht einmal im Ansatz nachvollzogen werden kann. Das gleiche gilt für Dahlkes Behauptung, daß sich moderne Physik und Esoterik immer stärker aufeinander zubewegten, zum Beispiel was die sogenannten «Analogieprinzipien» betrifft: «wie oben – so unten», «wie außen – so innen». Für Spekulationen dieser Art bieten die Forschungsergebnisse der modernen Physik einschließlich derjenigen aus Gebieten, die «von außen» holistisch interpretiert werden (zum Beispiel kollektive Phänomene, neuronale Netzwerke, Selbstorganisation), keinerlei Anhaltspunkte.

Die vermeintliche Wiedergeburt des Guy Lafarge aus Wissembourg ... Thorwald Dethlefsens erstes Hypnose-Experiment zur Reinkarnationshypothese im Jahre 1968

Am 3. und 10. Juni des Jahres 1968 führte Thorwald Dethlefsen zum erstenmal eine Versuchsperson unter Hypnose «in ein früheres Leben zurück». Es handelte sich, wie der Autor in seinem Buch «Das Leben nach dem Leben» berichtet, um den fünfundzwanzigjährigen Studenten der Ingenieurwissenschaften Rudolf T., die «Reinkarnationssitzungen» fanden unter Zeugen statt, bei der zweiten Hypnose lief ein Tonbandgerät mit, und das Erlebnis war für den Psychologen ein «Schock» (S. 9). Das Medium erzählte von einem früheren Leben in Wissembourg/Elsaß als Gemüseverkäufer und Pferdeknecht, konnte Geburtsjahr (1852) und Todeszeit nennen (Februar 1880) sowie zahlreiche Einzelheiten mitteilen: die Namen von Eltern, Geschwistern und Bekannten, von Pfarrern und Kirchen, Arbeitgebern und Straßen, die Einwohnerzahl und die Gemüsepreise, regionale Eßgewohnheiten und Besonderheiten bei der Bauweise und Innenausstattung der Häuser (S. 17–48). Der spätere «Reinkarnationstherapeut»: «Nun gut, ein Skeptiker könnte sagen, die Versuchsperson habe ‹mitgespielt›. Das war dann auch der Verdacht, den ich am häufigsten zu hören bekam. Dagegen ist zu sagen: Das Medium wußte vor dem Experiment überhaupt nicht, was ich vorhatte ... Zweitens könnte behauptet werden, das Medium gebe nur das wieder, was ihm der Hypnotiseur auf telepathischem Wege suggeriert. Dagegen spricht, daß ich selbst außerordentlich schockiert war ... Dritter Verdacht: Das Medium hat diese Geschichte aus der Zeit Napoleons III. irgendwo gelesen. Meine Antwort: Das unbedeutende Leben des Guy Lafarge kann nicht aus einem Buch stammen – dazu ist das Ganze zu unliterarisch, zu banal» (S. 48f). Sein Fazit: Rudolf T. hatte als Guy Lafarge bereits einmal gelebt. «Nach all diesen Überlegungen gab es für mich keinen Zweifel mehr ...» (S. 49).

Da die Angabe zur Bevölkerungszahl des Elsaß-Städtchens meine Skepsis weckte (250 statt in Wirklichkeit 5400 Einwohner), ging ich im Auftrag der WDR-Wissenschaftsredaktion 1984 diesem vermeintlichen Fall einer Wiedergeburt nach. Gemeinsam mit dem

Weißenburger Lokalhistoriker, Orientalisten und langjährigen Leiter des dortigen Fremdenverkehrsamtes Auguste Schaaf überprüfte ich die Angaben aus diesem Tonbandmitschnitt. Das Ergebnis: Sämtliche Mitteilungen der hypnotisierten Versuchsperson Rudolf T. waren falsch. Eine Sichtung von Straßenplänen, Adreßverzeichnissen und Stadtansichten, von Zeitungsberichten und Tauf-, Heirats- und Sterberegistern bei Kirche und Standesamt (= vollständig erhalten seit dem Jahre 1793) ergab eine hundertprozentige «Falsifikation» der unter Hypnose zutage geförderten «Fakten». Die Bilanz des Lokalhistorikers Schaaf, auf den der Münchener Hypnotiseur unweigerlich gestoßen wäre, wenn er den ersten «Reinkarnationsfall» bei seiner «Age-Regression» (= Altersrückführung) solide hätte überprüfen wollen, fiel deshalb eindeutig aus: «Ich bin der Verwahrer der meisten Dokumente zur Geschichte Weißenburgs und kann nur feststellen: alles reine Fantasie!»

KOMMENTAR:

Sehr wahrscheinlich bei «Nah-Tod-Erlebnissen» Endorphin-Ausschüttung

Zur Frage, ob bei den «Near-death-experiences» gehirnphysiologische Prozesse eine Rolle spielen dürften, nimmt der Göttinger Spezialist Dr. med. Eckart Rüther, Professor für Psychiatrie, folgendermaßen Stellung:

Zunächst: Was den Stand der Wissenschaft im Bereich der Gehirnforschung betrifft, stehen wir zum jetzigen Zeitpunkt ungefähr da, wo sich Demokrit (460–371 v. Chr.) bei seiner Beschäftigung mit der Physik der Atome befand: ganz am Anfang. Und ich vermute, wir werden noch Jahrhunderte benötigen, um ein wenig besser zu verstehen, was in unserem Gehirn passiert. Aber: Andererseits verfügen wir natürlich schon über erste wissenschaftlich abgesicherte Beobachtungsergebnisse auf diesem Gebiet, und da kann man, bei aller gebotenen Zurückhaltung, das folgende zur Frage der Endorphin-Ausschüttung bei «Nah-Tod-Erlebnissen» feststellen:

Wir wissen, daß über charakteristische Erfahrungen bei sogenannten *near-death-experiences* vielfach berichtet worden ist. In diesen Zeugnissen spielen Schmerzlosigkeit, Euphorie und gewisse visuelle Wahrnehmungen eine immer wiederkehrende Rolle. Das andere ist – und sehr sorgfältig von diesen Berichten zu trennen –, daß in unserem Gehirn offenkundig ganz bestimmte Strukturen im Zentralnervensystem für Schmerzempfindung und affektive Befindlichkeiten zuständig sind. Wir haben gute, klare Hinweise darauf, daß bei dieser «endogenen» – sprich: vom Körper selbst erzeugten – Regulierung von Schmerz- und Empfindungszuständen Endorphine eine große Rolle spielen – körpereigene Morphine oder – wie wir auch sagen – Botenstoffe oder Neurotransmitter. Diese Endorphine können wir, vereinfacht gesagt, als Präparate bezeichnen, welche an den Schaltstellen, den sogenannten «Synapsen», zwischen zwei Nervenzellen für die Weitergabe oder Nichtweitergabe von elektrischen Impulsen verantwortlich sind, anders: für die Übermittlung oder Blockierung von Schmerzempfindung oder Affekten. Und wir haben gute wissenschaftliche Hinweise darauf, daß diese Endorphin-Ausschüttung vor allem bei außerordentlicher Beanspruchung des Körpers oder des seelischen Befindens in Gang gesetzt wird: bei Konflikten und Streß, bei Angstzuständen und Erkrankungen, bei größerer körperlicher Anstrengung (Marathonlaufen zum Beispiel). Folge: Befreiung von Schmerz, Unruhe, Angstgefühlen, statt dessen oft ausgesprochen euphorische Zustände. Und nun meine ich: Wenn unser Zentralnervensystem bereits auf vergleichbar harmlose Beanspruchungen wie einen Langstreckenlauf mit der Ausschüttung körpereigener Opiate reagiert, dürfte es um so wahrscheinlicher sein, daß unsere Physis auf die größte Herausforderung, die wir uns vorstellen können, nämlich auf den drohenden Tod, mindestens in entsprechender Weise antwortet. Also: Es wäre sehr erstaunlich, wenn die Endorphine bei den sogenannten «Nah-Tod-Erlebnissen» keine erhebliche Rolle spielten.

Das gleiche gilt für die visuellen Erlebnisse, die von klinisch Toten, welche man reanimieren konnte, mitgeteilt worden sind: Auch hier spricht vieles dafür, daß diese halluzinatorischen Zustände durch das Wirken anderer Substanzen und auch durch Endorphin-Ausschüttung erklärbar sind. Natürlich: Beweisen können wir das noch nicht, aber unsere Beobachtungen der «Notfallreaktionen» unseres Gehirns sprechen dafür. Völlig abwegig hingegen ist die Vermutung, bei diesen Zuständen eine «höhere Weisheit» am Werke zu sehen oder das «Jenseits» oder darin «Beweismaterial» erblicken zu wollen für das «ewige Leben» und die Faktizität der «Reinkarnation». Das sind Spekulationen, sonst nichts.

KOMMENTAR:

Katathymes Bilderleben ist kein Verfahren zur Rückkehr in ein früheres Leben

Zur Aussage Rüdiger Dahlkes, er verwende im Rahmen seiner Rückführungsmethoden auch Methoden nach dem Muster des «Katathymen Bilderlebens», befragte ich dessen Begründer, Dr. med. Hanscarl Leuner, Psychotherapeut und (emeritierter) Professor für Psychotherapie und Psychosomatik an der Universität Göttingen.

Natürlich kann ich es dem Münchener «Reinkarnationstherapeuten» Rüdiger Dahlke nicht verwehren, Elemente des Katathymen Bilderlebens anzuwenden, ich möchte das auch nicht, denn – um es etwas ironisch zu sagen –: In Sachen Patentschutz für Psychotherapien herrscht in der Bundesrepublik eine glückliche Liberalität. Aber ohne Bedenken und Besorgnisse habe ich diese Auffassung nicht zur Kenntnis genommen.

Zunächst: Das Katathyme Bilderleben wurde von mir in den fünfziger Jahren entwickelt, und die Zahl der nach dieser Methode behandelten Patienten geht mittlerweile in die Tausende. In über dreihundert wissenschaftlichen Studien ist darüber berichtet worden, und das Resultat dürfte eindeutig sein: Es handelt sich beim Katathymen Bilderleben um eine wirksame, vielfach überprüfte Form von Psychotherapie. Entscheidend freilich ist bei diesem imaginativen Verfahren auf psychoanalytischer Grundlage nicht die «Fantasiereise», von der wir hier gar nicht sprechen können, sondern der geschulte psychotherapeutische Umgang mit diesen Imaginationen. Und da setzen meine Bedenken ein, wenn ich von den Münchener Praktiken höre:

Verfügt ein «Reinkarnationstherapeut» über eine entsprechende psychotherapeutische Ausbildung? Vermag er sich um die Frage von Kontraindikationen bei dieser Verfahrensweise zu kümmern? Ist er imstande, mit dem psychischen Konfliktmaterial, das durch Imaginationen zutage tritt, therapeutisch umzugehen, ist er überhaupt willens dazu? Gewährt er dem Patienten den erforderlichen Freiraum, den eigenen Weg zu den Problemen zu finden, oder setzt er ihn mit seiner Reinkarnationsvorgabe unter Druck? Das zu dem einen Punkt.

Und was nun den Punkt «Reinkarnationserlebnisse» selber betrifft: Nach allem, was ich weiß, ist bei unserem Katathymen Bilderleben ein früheres Leben noch nicht aufgetaucht. Ich zweifle auch die Möglichkeit an. Natürlich kommt es auch bei uns zu spontanen Altersregressionen, es tauchen auch bei uns Erinnerungen an Geschehnisse aus dem ersten Lebensjahr auf, an Ereignisse aus perinataler oder gar intrauteriner Zeit. Und als ich noch mit Halluzinogenen gearbeitet habe – mit LSD und Psilocybin, einer meskalinähnlichen Pilzsubstanz –, teilten mir meine Patienten auch Erfahrungen solcher Art mit, wie sie Grof in seinen Büchern schildert. Aber wir haben feststellen müssen: Keineswegs immer stimmen diese Mitteilungen mit den realen Ereignissen überein, es handelt sich bei ihnen um Fantasien, wenn auch – so füge ich hinzu – um psychotherapeutisch bedeutsame Fantasien. Ferner: Diese Fantasien hängen oft auch vom Therapeuten selber ab, von dessen Persönlichkeitsstruktur, dessen Glauben an die Möglichkeit solcher Erinnerungen. Das trifft selbst für Fälle zu, in denen der Patient von dieser Grundorientierung seines Therapeuten nichts weiß. Und schließlich: Die Fantasien des Patienten hängen auch von seiner Kenntnis solcher Dinge ab, wie sie für perinatale oder intrauterine Erfahrungen typisch sind oder typisch sein sollen. Bildlich gesprochen: Unser Gehirn hat Speicher, die in ihren dunklen Ecken auch angelesene und vom Bewußtsein längst vergessene Dinge zu beherbergen vermögen – Lesefrüchte zum Beispiel aus den Publikationen Grofs.

Kurzum: Ich kann aus meiner dreißigjährigen Praxiserfahrung nicht bestätigen, daß unser Verfahren eine Methode zur Rückkehr in frühere Inkarnationen ist. Und ich würde die Funktionalisierung des von mir entwickelten Verfahrens für solche Zwecke auch für fragwürdig halten – vor allem dann, wenn der betreffende «Therapeut» über keinerlei Ausbildung auf diesem Sektor verfügt und lediglich Bruchstücke aus diesem systematisierten Psychotherapieverfahren anzuwenden scheint.

«... direkt in ein früheres Leben gehen ...»

Gespräch mit dem Kölner Heilpraktiker Wilhelm Gabler über seine Variante der «Reinkarnationstherapie» nach Morris Netherton

Wilhelm Gabler, Jahrgang 1949, ist Heilpraktiker und Psychotherapeut in Köln und arbeitet in dieser Funktion vor allem mit der «Reinkarnationstherapie». Gabler hat in Wien und Köln Sozial- und Wirtschaftswissenschaften studiert (Diplom 1980) und war anschließend fünf Jahre lang als EDV-Verfahrensberater bei einem deutschen Großunternehmen tätig. 1982 bis 1984 absolvierte er in Köln eine Ausbildung zum Heilpraktiker, anschließend Zusatzausbildungen in «Reinkarnationstherapie» (bei Morris Netherton, USA, 1986 bis 1990), NLP-Training (bei Gundl Kutschera, 1986 bis 1989, mit Zertifikat), «Biodynamik» (bei Gerda und Paul Boyesen), «Reiki» (mit Zertifikaten der Grade I und II), «Spirituellem Heilen nach Alice Bailey» (bei Dinah Lawson am «International Health Research Network»), «Kristallarbeit» (bei Marcel Vogel) sowie in Makrobiotik, Vollwerternährung und anderem mehr. Wilhelm Gabler, seit 1986 als Heilpraktiker tätig, bezeichnet die «Reinkarnationstherapie» als die Methode, mit der er «am liebsten arbeite, da es die tiefste und umfassendste und gründlichste Methode ist, Probleme ein für allemal an der Wurzel zu lösen».

PLATTA: Sie haben, wie Sie mir im Vorgespräch mitgeteilt haben, Ihre spezifische Variante der Reinkarnationstherapie bei Morris Netherton aus Kalifornien gelernt. Wie sieht diese Therapieform aus?

GABLER: Die Wurzeln von Nethertons Reinkarnationstherapie sind in der klassischen Freudschen Analyse zu suchen. Im Grunde ist meine Arbeit analytisch, weshalb man auch von Regressionsanalyse sprechen könnte. Freilich gibt es Unterschiede zur Psychoanalyse. Der eine Unterschied ist, daß die Probleme bei mir zielorientiert angesprochen werden – das heißt: Ich nähere mich nicht in losen Assoziationsketten den krankmachenden Ursachen, sondern stelle das zentrale Problem des Klienten in den Mittelpunkt; und zweitens gelten bei mir nicht die Grenzen der herkömmlichen Therapien – das heißt, bei mir endet die Therapie nicht in der Zeit der frühen Kindheit, obwohl ich auch diese Lebensphase für wesentlich halte. Ich gehe weiter zurück und arbeite zusätzlich das Geburtstrauma durch, die Zeit vor der Geburt sowie relevante frühere Leben, so daß die Symptome wirklich an ihrer Ursache bearbeitet werden. Dabei löschen wir mit unserer Methode diese Ursachen aus, nicht im Sinne des Vergessens oder Verdrängens, sondern im Sinne des Wiedererlebens. Der Klient empfindet daher nach gründlicher Bearbeitung des Traumas keine emotionale Bindung mehr daran – also weder Wut noch Trauer, noch Angst. Das Trauma verliert damit seine ursprüngliche krankheitsauslösende Wirkung.

P: Ich muß gestehen, manches klingt tatsächlich nach Psychoanalyse, vor allem die von Ihnen angesprochene Traumatheorie, der Rekurs aufs Geburtstrauma – Stichwort Otto Rank –, vorausgesetzt, wir sehen von der Reinkarnationsannahme ab, die Ihrem Therapieverfahren den Namen gab. Was ist im Verfahren der entscheidende Unterschied zur klassischen Psychoanalyse, die ja, wie Sie bereits selber gesagt haben, mit der freien Assoziation arbeitet und insofern einen nondirektiven Charakter besitzt?

G: Das genau ist der gravierende Unterschied! Doktor Netherton hat dazu einen Vergleich gebracht: Er meinte, zwei Stunden Arbeit mit Reinkarnationstherapie, speziell mit seiner Methode, würden etwa zwei Monaten einer Arbeit mit klassisch-psychoanalytischer Methode entsprechen. Nun kann man über diese Zahlen streiten. Auf alle Fälle ist diese Therapie bedeutend kürzer und effektiver als alle mir bekannten sonstigen Verfahren.

P: Kommen wir zu Ihrer Behandlungsmethode und zur Gesprächsführung selbst! Sie haben in einem Papier geäußert, daß spezielle Fragetechniken dem Klienten helfen würden, sich bei voll erhaltenem Wachbewußtsein wieder an vergessene Erlebnisse aus früheren Inkarnationen erinnern zu können. Wie sehen diese Fragetechniken aus? Können Sie ein Beispiel geben?

G: Jemand kommt etwa wegen einer Sucht, zum Beispiel wegen Zigarettenrauchens, in die Praxis. Nach kurzer Zeit wird der Klient feststellen, daß hinter dem Bedürfnis zu rauchen etwas viel Wichtigeres steckt, nämlich zum Beispiel das Muster, nur in bestimmten Streßsituationen zur Zigarette zu greifen. Während bestimmter Phasen der Therapie empfehle ich dann eine zeitweilige Abstinenz von der Zigarette, so daß der Klient wieder die Emotionen fühlen kann, die sich unter seiner Sucht verbergen. Ich führe ihn dann unter anderem in seine Geburtssituation zurück, wo vielleicht die Mutter zur Beruhigung vom anwesenden Arzt eine Narkosemaske bekommt, mit der Bemerkung: «Frau Müller, jetzt wird alles gleich viel einfacher, jetzt spüren Sie gleich nichts mehr, jetzt haben wir gleich das Problem gelöst!» Das heißt, während der Geburt, beim ersten Streßerlebnis, erfährt der Säugling, daß es eine einfache Möglichkeit gibt, mit Streß umzugehen, nämlich ein Suchtmittel einzuatmen – ein Muster für sein gesamtes späteres Leben. Dann verfolgen wir dasselbe Muster weiter zurück in die Vorgeburt, wo die schwangere Mutter mit einem Streßerlebnis ebenso umgegangen ist. Und wenn wir das bearbeitet haben, können wir bei vorliegender Indikation direkt in ein früheres Leben gehen und finden womöglich heraus, daß der Klient als Häftling in einem Konzentrationslager vergast wurde, und während er bewußtlos wurde, aber noch lebte, aus der Umgebung die Worte gehört hat: «Jetzt haben wir es gleich besser, jetzt haben wir gleich alle unsere Probleme hinter uns.» Mit anderen Worten: Wir sind auf ein Muster gestoßen, das bereits in einem früheren Leben angelegt worden ist, auf eine Kette von Ereignissen, die als ewige Restimulation des ursprünglichen Traumas existiert. Freilich: Welche der vielen Probleme aus früheren Inkarnationen als Themen im jetzigen Lebensskript des Klienten zu finden sind, hängt vor allem von dessen Erlebnissen während der Peri- und Pränatalzeit ab. Diese wirken – ebenso wie die Geburt – wie ein Filter oder Auswahlmechanismus.

P: Das war so viel, Herr Gabler, daß ich den Versuch unternehmen möchte, etwas zu sortieren. Zunächst: Mich hatte Ihre Fragetechnik interessiert, mit deren Hilfe Sie Patienten in frühere Inkarnationen zurückversetzen können. Die ist mir nach wie vor unklar. Ich habe verstanden, daß bei einem Patienten, dem man rät, das streßbedingte Rauchen aufzugeben, jenes emotionale Problem zum Vorschein kommt, das er mit seiner Sucht zugedeckt hat; ich vermute aber, es tritt zunächst nur als diffuse Unruhe oder Angst zutage. Wie fragen Sie den Patienten nach den Ursprüngen seiner Angst und versetzen ihn in die von Ihnen geschilderten Situationen zurück?

G: Man muß sich diesen Therapieprozeß wie das Abschälen einer Zwiebel vorstellen; das heißt, zuallererst wird der Klient sein körperliches oder sein seelisches Leid nur schnell loswerden wollen; recht bald aber wird er erkennen, daß unter den Symptomen, zum Beispiel in bestimmten Situationen immer wieder zur Zigarette zu greifen, ein Grundmuster verborgen liegt, das seine Symptome hervorruft. Das heißt: Auf verschiedenen Ebenen existieren programmierende und tiefgreifend beeinflussende Befehle im Unbewußten und produzieren körperliche und/oder psychische Symptome.

P: Das ist mir klar. Die Frage ist jedoch: Wie machen Sie dem Patienten dieses Muster deutlich, ohne den Fehler zu begehen, ihm eine Interpretation nur überzustülpen? Sie schreiben: durch eine bestimmte Fragetechnik. Aber wie sieht diese aus? Und: Wie gehen Sie mit dem möglicherweise vorhandenen Widerstand des Patienten gegen seine Heilung um?

G: Ich spreche direkt das Unbewußte an und kommuniziere während der Therapiesitzung nicht mit dem Verstand des Patienten. Das heißt: Wenn wir die Geburt bearbeiten, frage ich direkt das Unbewußte, nachdem ich etwa eine Angst lokalisiert habe: «Was ist die größte Angst, die Ihre Mutter empfindet, wenn sie dieses Narkotikum einatmet?» Und dann äußert die Mutter zum Beispiel, während sie dieses einatmet: «Ich ersticke, Hilfe, ich habe Angst zu ersticken!» «O.k., wiederholen Sie das!» «Hilfe, ich habe Angst zu ersticken!» Und dann sage ich, wenn die Geburt gründlich bearbeitet worden ist: «O.k., und jetzt nehmen Sie diesen Satz, und lassen Sie Ihr Unbewußtes in einem früheren Leben suchen, wo genau dieser Satz eine wichtige Rolle gespielt hat!» Und dann geht das Unbewußte sofort, unter Umgehung des Intellekts, in diese Situation. Jetzt komme ich zu einem weiteren wichtigen Unterscheidungsmerkmal zu fast allen anderen Therapien. Der Patient erlebt und durchlebt diese Situationen auf allen ihm zur Verfügung stehenden Ebenen noch mal, das heißt: körperlich, emotional und kognitiv – und er weiß, er hat's überlebt, sonst wäre er jetzt nicht auf der Couch, und das gibt ihm Sicherheit, vergangene traumatische Erfahrungen noch einmal wiederzuerleben und aufzuarbeiten. Zu dem von Ihnen angesprochenen Widerstand: Ich weiß, der stellt für viele Therapierichtungen ein großes Problem dar, aber für uns ist er weniger problematisch. Wenn ich jemandem die Anweisung gebe: «Gehen Sie mit dem Unbewußten in die und die Situation!», und der Patient antwortet: «Ich sehe nichts, ich höre nichts, ich fühle nichts!», dann nehme ich solche Aussagen wortwörtlich als Erinnerungen seines eigenen Körpers, ohne diese dem Patienten ausreden zu wollen. Auch der Körper hat sein eigenes Gedächtnis. Über eine Wahrnehmung, über einen Wahrnehmungskanal haben wir immer die Möglichkeit, zu einer traumatischen früheren Situation einen therapeutischen Zugang herzustellen. Der Klient wird vielleicht jetzt auf der Couch kalte Hände bekommen, kalte Füße, Schweißausbruch, Tachykardie – und vielleicht wird er nach der Sitzung zum erstenmal in seinem Leben aufstehen und keine kalten Hände und keine kalten Füße mehr haben, und diese treten auch bei äußeren Auslösern nicht mehr auf. Der Bann dieser Restimulation ist endlich gebrochen.

P: Ich denke, die Grundfigur Ihres Behandlungsverfahrens ist Gemeingut der meisten aufdeckenden Therapien, wie beispielsweise der «Dreisatz» von Freud: «Erinnern, Wiederholen, Durcharbeiten.» Mich beschäftigt aber immer noch Ihre Fragetechnik, die auf mich – ehrlich gesagt – eher den Eindruck einer Befehlstechnik macht. Gehen Sie nach der Symptomschilderung eines Patienten viel direktiver mit ihm um als etwa die Psychoanalyse, und lassen Sie zum Beispiel das Mittel der freien Assoziation gar nicht zu?

G: Es stimmt, und es stimmt nicht, was Sie sagen. Als Weiterentwicklung der klassischen Psychoanalyse gibt es bei uns einen «roten Faden», der während des therapeutischen Prozesses aus den Problemen des Klienten ersichtlich wird. Dieser «rote Faden» wird von mir herausgearbeitet und konsequent weiterverfolgt. Dies könnte man als direktives Moment der Therapie bezeichnen. Andererseits wird nichts interpretiert, keine Symbolik gedeutet, keine Erklärung übergestülpt. Ich füge nichts hinzu, ich nehme nichts weg. Zudem unterstütze ich den Patienten in seinem Bemühen, assoziativ Verbindungen zwischen dem bearbeiteten Trauma und seiner gegenwärtigen Lebenssituation herzustellen. Dies stellt die nichtdirektive Seite der Therapie dar.

Zum besseren Verständnis ein Beispiel für einen möglichen Sitzungsbeginn: Klient: «Immer, wenn ich unter fremden Leuten bin, habe ich Angst, und es sticht in meiner Herzgegend.» – Gabler: «Spüren Sie das Gefühl in Ihrer Herzgegend! In welcher Situation in Ihrer früheren Kindheit haben Sie schon einmal genau dieses Gefühl gespürt?» – Dann sucht das Unbewußte des Patienten die betreffende Situation in der frühen Kindheit aus. Daher kann ich Ihre Frage mit einem «Sowohl-Als-auch» beantworten. Die Methode ist direktiv, weil ich bestimmte Fragen stelle, die sich an der zentralen Symptomatik des Klienten orientieren, und mit Hilfe dieser Fragen den Patienten in wichtige Phasen seines jetzigen oder früheren Lebens zurückführe. Und die Methode ist nichtdirektiv, weil das Unbewußte des Patienten entscheidet, welche Situation jetzt konkret zur Bearbeitung ansteht. Und wenn ein Thema noch nicht reif für diese Bearbeitung ist, produziert das Unbewußte des Patienten auch keine inneren Bilder und anderes. Das Konzept «Erinnern, Wiederholen, Durcharbeiten» endet üblicherweise bei Situationen aus der frühen Kindheit. Ich bezeichne das als «frei gewählte Grenze». Für uns gilt diese Einschränkung nicht. Wir gehen weiter, weil wir der Auffassung sind und über entsprechende Erfahrungen verfügen, daß ein Problem seine Ursachen nicht allein in diesem Leben hat, wenn es schon seit der frühen Kindheit besteht – zum Beispiel eine Angst vor Schlangen oder dunklen Zimmern. Dann gehen wir zurück in die Geburt, Vorgeburt und in ein früheres Leben und finden zum Beispiel heraus, daß der Betreffende in einem engen Raum verschüttet war oder an einem Schlangenbiß starb.

P: Woher wissen Sie eigentlich, daß das, was da ohne Suggestion an

Bildern und Geschichten produziert wird, wirklich einer früheren Existenz entspricht und nicht – sagen wir mal – Gefälligkeitsfantasien sind?

G: Sie haben recht: Wir machen das nicht mit Hypnose. Der Patient ist voll bewußt. Das heißt: Nach der Sitzung erinnert er sich an die gesamte Situation, an das gesamte Erleben. Wie Sie richtig festgestellt haben, ist unsere Fragetechnik ein wichtiger Bestandteil der Therapie. Es würde jetzt aber zu weit führen, ganz genau die Technik zu erläutern; das soll den Ausbildungsseminaren in Deutschland vorbehalten bleiben. Die Rückführungen in ein früheres Leben sollten therapeutisch indiziert sein. Wir machen diese also nicht, um die Neugierde von Menschen zu befriedigen. Ich denke, es gibt mittlerweile Bücher, deren Zahl in die Hunderte geht, die zu beweisen versuchen, daß frühere Existenzen sehr wahrscheinlich sind. Für mich ist das überhaupt kein Streitpunkt, ob Sie jetzt sagen, dies sind «Schattenbilder» des Unbewußten oder Bilder aus dem «kollektiven Unbewußten» oder sonst etwas. Wichtig ist allein, ob nach der Therapie – und da habe ich einen ganz pragmatischen Ansatz – der Patient geheilt ist oder nicht. Das heißt: ob er ein symptomfreies, erfülltes, glückliches Leben zu führen vermag, unbelastet von Ängsten und von Blockaden.

P: Wer wollte dem widersprechen, wenn es um das Wohl des Patienten geht! Trotzdem zielte meine Frage auf eine andere Dimension des Begriffes «Wirklichkeit» – nicht im Sinne der Wirksamkeit, sondern im Sinne der Tatsächlichkeit: Haben wir tatsächlich alle – oder jedenfalls viele – schon einmal gelebt? Und: Sind die Störungen, von denen Sie berichten, wirklich bis zu einem gewissen Prozentsatz schon in früheren Inkarnationen erworben worden?

G: Das ist eine philosophische und wissenschaftstheoretische Frage, die nur durch einen Indizienbeweis zu beantworten wäre. Ich möchte Ihnen aber zwei außergewöhnliche und auch in meiner Praxis nicht alltägliche Beispiele aus meiner eigenen Lehranalyse geben, die mich überzeugt haben, weil wir uns nur vorstellen können, was uns schon einmal begegnet ist. Das erste Beispiel ist eine Inkarnation als Tier, und zwar als Tiger, die ich selbst erlebt habe. Ich war dieses Tier. Das heißt: Ich habe diese Instinkte von Kraft, von

Stärke, von Selbsterhaltung, von Sexualität in ihrer Totalität gespürt. Es war ein total anderes Erleben, als ich es in diesem Körper jemals sonst erfahren habe. Und das zweite Beispiel: Während einer Reinkarnationssitzung erinnerte ich mich an ein Leben, das entweder in einer sehr alten Epoche spielte oder sogar auf einem ganz anderen Ort als auf dieser Erde. Es gab in der Umgebung fremdartige Gegenstände und Lebewesen, sogar mein eigener Körper war mir so fremd im Gegensatz zu meinem jetzigen Körper, daß mir während dieser Sitzung sogar die Worte fehlten, um alles ganz genau eins zu eins auszudrücken und dem Therapeuten mitzuteilen. Ich denke, dieses letzte Beispiel hat mich doch sehr stark beeindruckt und zeigt, daß es reale Erfahrungen gibt, die nicht nur als Produktion unseres individuellen oder kollektiven Unbewußten erklärt werden können. Sie sind so real und so fremd, daß sie nicht mit herkömmlichen Realitäten erklärt werden können.

P: Ich respektiere Ihre Auffassung, gestehe aber gleichzeitig meinen Zweifel, denn ein Beweis für die Tatsächlichkeit früherer Inkarnationen ist das natürlich nicht, dazu gehört auch die Überprüfbarkeit solcher Dinge durch andere. Deswegen anders gefragt: Hat sich Morris Netherton um die historische «Verifikation» seiner Reinkarnationsfälle gekümmert? Wurde da schon Beweismaterial vorgelegt – oder zumindest doch Indizienmaterial?

G: Ich möchte nur zwei Beispiele zitieren: In dem einen Fall hat sich Doktor Netherton von einer Klientin, die während ihres früheren Lebens als Häftling im Konzentrationslager gewesen war, die am Oberarm eintätowierte Nummer geben lassen und ihren früheren Namen. Nummer und Namen wurden später in einem amerikanischen Zentralarchiv überprüft und deckten sich genau mit diesen Aussagen.

Den anderen Fall kann man nachlesen in Nethertons Buch, das auch in deutscher Sprache erschienen ist, «Bericht vom Leben vor dem Leben». Da ging's bei einem Patienten um einen Schiffsuntergang, und auch da stimmten die Angaben des Klienten sehr genau mit der Realität überein – genauer gesagt, mit der konkreten Art dieses Untergangs: Dieses Schiff war zunächst auf einem Riff aufgelaufen und erst später in der tiefen See versunken.

Zudem gibt es in jeder wissenschaftlichen Diskussion Beweise und Gegenbeweise zu ein und demselben Thema. Wir wollen alles bewiesen haben, und letztlich vernichten wir währenddessen weiter unsere Lebensgrundlagen auf der Erde, noch bevor alle Kausalketten endgültig geklärt sind – zum Beispiel: Spielt der Autoverkehr eine Rolle beim Waldsterben – ja oder nein?

P: Nun, ich denke, mit den Beweiswünschen an die Adresse der Reinkarnationstherapie gefährdet man kein Menschenleben oder gar die «Lebensgrundlagen auf der Erde» ...

G: Wir können uns hinter Beweisen verschanzen, und ich denke, dies ist ein rein akademischer Streit. Für mich als Heilenden steht das Wohl des Patienten an oberster Stelle. Das heißt: Wenn der Patient zu mir kommt und ist voll von Leid und Krankheit und Kummer, dann habe ich die Aufgabe, ihm zu helfen, mit allen mir zur Verfügung stehenden Mitteln, und da ist es unerheblich für mich, ob der Betreffende an Wiedergeburt glaubt oder nicht. Es gibt etliche, die zu mir kommen und überhaupt nicht an Wiedergeburt glauben und trotzdem großen Gewinn aus der Therapie gezogen haben.

P: Kommen wir zu einem anderen Punkt: Ich würde gern von Ihnen erfahren, warum Sie ein Verfahren ohne Hypnose der anderen Technik vorziehen beziehungsweise worin Sie die Nachteile einer Reinkarnationstherapie mit Hypnose sehen.

G: Ich hatte einen Patienten, der von einem Therapeuten der anderen Schule unter Hypnose zurückgeführt worden ist und seit dieser Behandlung unter Halluzinationen litt. Ich meine dazu: Wenn wir Rückführungen mit Hilfe von Hypnose durchführen, müssen wir uns bewußt sein, daß wir zu keinem Zeitpunkt sicher wissen können, welche traumatische Vorgeschichte bei dem betreffenden Patienten zum Vorschein kommt. Das heißt, wir können nicht wissen, welche Todeserlebnisse oder welche traumatischen Erlebnisse wir durch hypnotische Befehle restimulieren. Diese Gefahr für den Patienten gibt es bei unserem Verfahren nicht. Und dann gibt es für mich noch ein zweites Argument gegen diese Form von Reinkarnationstherapie, nämlich die Würde des Patienten! Ich zumindest finde es entmündigend und würdelos, wenn jemand erneut ohne

Erinnerung aus dem traumatischen Sitzungsgeschehen erwacht und sich dann ein Tonband darüber anhören muß.

P: Nun gibt es allerdings die Möglichkeit, das Erinnerungsvermögen des Patienten durch posthypnotischen Befehl sicherzustellen!

G: Trotzdem sehe ich nicht, warum ich nicht diesen direktesten, präzisesten und ehrlichsten Weg in der Therapie wählen soll! Was dem Klienten bei der Hypnose fehlt, ist dieser ganzheitliche Erlebnisaspekt, der bei uns gegeben ist. Ich kann aber die schädlichen Auswirkungen früherer Traumata – seien sie in früheren Inkarnationen oder im jetzigen Leben geschehen – nur löschen, wenn der Klient diese mit allen seinen Sinnen noch einmal erlebt.

P: Zur Konkretisierung: Welche Halluzinationen hatte der von Ihnen vorhin erwähnte Patient?

G: Er hörte seit der Hypnosetherapie Stimmen, die ihn anfallsweise heimsuchen. Bei der Rückführung mit ihm ohne Hypnose konnte ich feststellen, daß es sich um Stimmen handelte, von denen seine Mutter sich schon bei seiner Geburt verfolgt fühlte – eine Tatsache, die er mir hinterher zu bestätigen vermochte, da seine Mutter wegen ebendieser Stimmen in psychiatrischer Behandlung war. Das heißt, der Patient hat diese schizophrenen Symptome schon pränatal von seiner Mutter übernommen.

P: Glauben Sie in Verbindung mit der Tatsache, daß es Ihrer Auffassung nach frühere Inkarnationen gibt, auch an die Karma-«Theorie»? Handelt es sich also um Schuld, die in Gestalt unserer Symptome abgetragen wird?

G: Je länger ich mit dieser Therapie arbeite, desto mehr modifiziert sich für mich die Karma-Theorie. Karma ist für mich nichts Feststehendes, sondern immer verbunden mit einem Gedanken, in dessen Bewußtsein ein Mensch stirbt. Entweder werden diese Worte dem betreffenden Patienten in seiner Todesstunde gesagt, oder er hat selber diesen letzten Gedanken – zum Beispiel, daß er niemals seine Frau verlassen will. Oder eine Mutter sagt zu dem Sohn, der in ihren Armen stirbt: «Ich will, daß du mich nie mehr verläßt!» Das kann zur Folge haben, daß beide in einem späteren Leben miteinander wieder eine Beziehung eingehen. Karma im hinduistischen Sinne gibt es daher für mich nicht. Jedes «Karma» ist auf ganz konkrete

Erlebnisse zurückzuführen und kann dementsprechend durch Wiedererinnerung derselben auch wieder aufgelöst werden.

P: Das heißt mit anderen Worten: Sie belasten Ihre Patienten nicht zusätzlich zu deren Leid mit einem Schuldgefühl?

G: Richtig! Ich meine, solche Schuldgefühle sind dem Patienten ja bereits in seinem früheren Leben, in der Vorgeburt, in der Geburt oder in der frühen Kindheit eingeredet worden – und dies meine ich ganz wörtlich.

P: Wie lange dauern bei Ihnen die Reinkarnationstherapien?

G: Schwierig zu sagen! Es kommt erstens darauf an, ob der Patient, in einer Metapher formuliert, einen FIAT 500 erstehen will oder einen Rolls-Royce. Es hängt also davon ab, was ein Patient in seiner Therapie bearbeiten und erreichen möchte. Und zweitens: Wie komplex und schwierig sind seine Symptome? Das kann man in der ersten Stunde oft noch gar nicht erkennen. Generell allerdings kann man feststellen: Die Therapie ist kürzer als bei den meisten anderen aufdeckenden Verfahrensweisen, sie dauert bei uns etwa ein halbes bis ein ganzes Jahr.

P: Mit einer Sitzung pro Woche?

G: Richtig – wobei sich im Interesse des Klienten Doppeltherapiestunden als sinnvoll erwiesen haben. Das heißt: Eine Sitzung dauert anderthalb bis zwei Stunden. Alternativ dazu können Intensivwochen mit ein bis zwei Sitzungen pro Tag vereinbart werden.

P: Und wie sieht Ihre Erfolgsquote aus? Haben Sie auch Mißerfolge? Im allgemeinen pendeln sich ja die Psychotherapien bei etwa 65 Prozent bis maximal 75 Prozent Erfolgsquote ein – nach manchmal sehr euphorischen Anfangsphasen mit höheren Ziffern.

G: Der Erfolg oder Mißerfolg dieser Therapie hängt stark von der Bereitschaft des Patienten ab, für seine Probleme Verantwortung zu übernehmen. Er sollte sich mit dem Gedanken anfreunden, daß er Mitverursacher seiner Symptome ist, das heißt, daß seine Krankheit mit seinem eigenen Handeln zusammenhängt, ob bewußt oder unbewußt, jetzt oder früher. Und: daß nur er selber diese letztendlich zu lösen vermag. Natürlich bin ich dabei Begleiter, unterstütze ihn, führe ihn durch die Situationen und helfe bei der Zusammenführung von Handlungssträngen aus Vergangenheit und Gegenwart –

behalte also den «roten Faden» im Auge. Letztendlich besitzt die Mitarbeit des Patienten einen ebenso hohen Stellenwert für den Therapieerfolg wie die Rolle des Therapeuten.

P: Das leuchtet mir zur einen Hälfte ein, und ich denke, da gibt es auch Übereinstimmungen mit anderen Therapien: Ein Patient tut immer gut daran, nicht nur mit der Einstellung in die Therapie zu gehen, daß jetzt alles ein anderer macht. Gleichwohl könnte man den Eindruck haben, daß Sie damit mögliche Mißerfolge zur Gänze zurückverweisen an die Adresse des Patienten.

G: Der Mißerfolg oder Erfolg einer Therapie hängt keineswegs nur vom Klienten ab, da hätten Sie mich absolut mißverstanden. Doch was Ihre Frage nach der Erfolgsquote betrifft: Die liegt bei dieser Therapie bei circa 70 bis 80 Prozent, wenn der Patient mit der entsprechenden Bereitschaft kommt, selber an seinem Heilungsprozeß aktiv mitzuarbeiten.

P: Wie sieht es mit Indikation und Kontraindikation bei Ihrer Verfahrensweise aus? Und: Bedarf es, über das vorhin Gesagte hinaus, einer besonderen Persönlichkeitsstruktur, um bei Ihrem Verfahren besondere Erfolgsaussichten zu haben? Wie sieht es zum Beispiel mit einer ausgeprägten intellektuellen Skepsis aus – ist das eher ein Behandlungshindernis?

G: Intellektuelle Skepsis ist kein Problem, denn natürlich gibt es auch dafür einen nachvollziehbaren, konkreten Grund für den Sachverhalt, daß jemand seinen Intellekt für so überaus wichtig hält.

P: Ich dachte eher an Zweifel gegenüber der Reinkarnationsannahme.

G: Skepsis ist ein gesunder Wegweiser, das meine ich auch, sie schützt uns gegen unliebsame Überraschungen. Nein, diese Skepsis fördern wir sogar – wobei ich allerdings lieber von «Wachsamkeit» reden würde. Jeder sollte nach seiner Therapie wirklich mit wachen Augen durchs Leben gehen und nicht mehr in diesem hypnotischen – sagen wir mal: somnambulen – Zustand wie vor seiner Behandlung.

P: Das heißt: Von den Persönlichkeitsmerkmalen her gesehen kennen Sie keinen Patiententypus, der von vornherein weniger gut in

Frage käme für diese Form der Therapie? Und wie sieht es mit Krankheitsbildern aus?

G: Diese Therapie ist sehr stark auf das Wort angewiesen, das heißt, wenn jemand beim Verbalisieren Probleme hat, tauchen Schwierigkeiten auf. Das gleiche gilt für hirnorganisch geschädigte Patienten oder generell für Patienten mit niedrigem Intelligenzniveau. Sonst sehe ich keine Einschränkungen für unsere Therapie.

P: Wie sieht's mit Psychotikern und mit «Borderline»-Patienten aus?

G: Bei «Borderline»-Patienten und vor allem bei Menschen, die gerade in einem aktuellen psychotischen Schub sind, würde ich von einer ambulanten Behandlung abraten.

P: Kommen wir zum vorletzten Punkt: In welchem Verhältnis steht Ihr Behandlungsverfahren zur «New-Age-Bewegung»?

G: Ich denke, das wichtigste gemeinsame Moment von New-Age-Bewegung und Reinkarnationstherapie ist wohl der ganzheitliche Aspekt. Das heißt: Wenn jemand zur Tür hereinkommt, ist mir bewußt, daß dieser Mensch nicht nur aus seinem Körper besteht, der da hereinspaziert, sondern auch aus Geist und Intellekt, aus Gefühlen und einer Menge anderer Ebenen. Und entsprechend dieser Einsicht therapiere ich auch, das heißt, ich bemühe mich, in meiner Behandlung ganzheitlich vorzugehen, das heißt, nicht nur rein psychotherapeutisch mit dem Patienten zu arbeiten, sondern auch somatisch, zum Beispiel mit Ernährungsberatung, Ausleitungsverfahren, Homöopathie und anderem sowie spirituell mittels Yoga-Übungen, Meditationen und Entspannungsverfahren. Diesen umfassenden und ganzheitlichen Therapieansatz halte ich für überaus wichtig. Denn am Ende seiner Therapie sollte der Patient in der Lage sein, selbst die Verantwortung für seine Gesundheit zu übernehmen, für sein psychisches und körperliches Wohlbefinden, das ihn langfristig auf allen Ebenen gesundhält. Das bedeutet: Während der Behandlungszeit führe ich den Patienten zu prophylaktischen Methoden hin, die ihm helfen, in der Therapie und Beratung Erkanntes auch in seinem Alltag umzusetzen. Oder um es mit einem Schlagwort aus der New-Age-Bewegung zu formulieren: Ich versuche, den «inneren Arzt», den «inneren Heiler» zu stärken und den

Patienten anzuleiten, mit dieser inneren Instanz mehr und mehr in Kontakt zu kommen, um wirklich spüren und wissen zu können, was für ihn in der jeweiligen Situation gut und richtig ist. Das kann die Ernährung sein, das kann die Auseinandersetzung mit der Täter-Opfer-Rolle sein, die am Ende der Therapie von der Beobachterrolle abgelöst werden sollte. Das heißt, der Patient soll bewußt erleben, mitfühlen können, aber er soll nicht mehr leiden müssen. Das Opfer leidet, der Beobachter fühlt mit: Das ist der große Unterschied. Und schließlich: Es geht in unserer therapeutischen Praxis um die Wiederbelebung der verschütteten Neugierde, die kaputtgemacht wurde in früher Kindheit, damit der betreffende Mensch wieder imstande ist, den Weg, den er hier begonnen hat, nach der Therapie alleine weiterzugehen. Ich meine, auch in dieser Hinsicht gibt es starke Verbindungslinien zum New Age.

P: Letzter Punkt: Was halten Sie von der astrologischen Zeitenrechnung des New Age?

G: Hierzu ein Beispiel aus der Atomphysik: Der Aufenthaltsort eines Elektrons im Atom ist nur mit einer gewissen Wahrscheinlichkeit und Unschärfe zu ermitteln. Ebenso gibt es auch zum Beginn des Wassermannzeitalters unscharfe, unterschiedliche Auffassungen. Da es Rhythmen in der gesamten Natur gibt, halte ich auch Entwicklungszyklen entsprechend der astrologischen Zeitrechnung für sehr wahrscheinlich. In bezug auf die persönliche, individuelle Astrologie bin ich der Ansicht, daß die Planetenstellung zum Zeitpunkt der Geburt einen bestimmten Einfluß auf den Menschen hat. Aber ich meine – wie bei der Karma-Theorie –, daß alles zum Besseren veränderbar ist. Das heißt: Sobald wir an uns zu arbeiten beginnen, nimmt der Einfluß der Gestirne ab. Und das habe ich bei meinen Therapien auch beobachten können! Es können sich Stimmlage, Körperhaltungen oder auch Gesichtsfalten ändern. Des weiteren habe ich beobachten können, daß sich die Handlinien zu ändern vermögen, Wirbelsäulenverkrümmungen, Schmerzattacken und so weiter und so fort. Nichts ist nur vorgegebenes Schicksal, alles liegt auch in unserer Hand. Wir müssen nur die entsprechende Entscheidung treffen.

«In keinem Archiv gibt es ... eine Liste der Häftlingsnummern aus Auschwitz»

Professor Dr. Eberhard Jäckel, Historiker an der Universität Stuttgart und Experte vor allem auf dem Gebiet der Geschichte von NSDAP und «Drittem Reich», hält die Angaben des vom Kölner Reinkarnationstherapeuten Wilhelm Gabler erwähnten Wiedergeburtsfalles, was die historisch überprüfbaren Fakten angeht, für äußerst fragwürdig bis falsch. Hier Jäckels Begründung:

> Nach meiner Kenntnis wurden die Häftlingsnummern im KZ Auschwitz in der Regel in den Unterarm, nicht in den Oberarm eintätowiert.
>
> Besondere Skepsis ruft die Bemerkung über ein amerikanisches Zentralarchiv hervor. Es wird nicht gesagt, um welches Archiv es sich handelt. Insoweit ist die Aussage nicht nachprüfbar und damit wertlos. Es gibt aber auch gar kein Zentralarchiv in den USA, sondern mehrere verschiedene Archive. In keinem Archiv gibt es nach meiner Kenntnis eine Liste der Häftlingsnummern aus Auschwitz.

LEXIKALISCHES STICHWORT:

«Transpersonale Psychologie»

Die «Transpersonale Psychologie» wurde gegen Ende der sechziger Jahre im kalifornischen Therapiezentrum Esalen von den humanistischen Psychologen Anthony Sutich und Abraham Maslow zusammen mit dem Mediziner und LSD-Experimentator Stanislav Grof aus der Taufe gehoben, eine Psychologie, die, so Grof, «die spirituelle Dimension der Psyche fördert, ohne sich auf eine bestimmte religiöse Richtung festzulegen» (Zundel). Die «Transpersonale Psychologie» wurde vom Mitbegründer Sutich im ersten Heft der Zeitschrift «Journal of Transpersonal Psychology» im Frühjahr 1969 als «vierte Kraft» neben dem Behaviorismus, der Psychoanalyse und der Humanistischen Psychologie bezeichnet (als deren Kind oder Fortentwicklung die «Transpersonale Psychologie» oft ausgegeben wird) und in ihren Zielen von Sutich folgendermaßen definiert:

> «Die ... Transpersonale Psychologie ... befaßt sich ganz speziell mit dem empirischen, wissenschaftlichen Studium ... hinsichtlich der sich entfaltenden individuellen und der spezifischen menschlichen Meta-Bedürfnisse (= ein Ausdruck Maslows für die Bedürfnisse nach «Wahrheit, Gerechtigkeit, Schönheit» und «Vollkommenheit» sowie nach «Erleuchtung», «mystischer Wahrnehmung» und «Gipfelerfahrungen» – siehe Walsh/Vaughan, H. P.), der Grundwerte, des All-Bewußtseins, der Gipfelerlebnisse, der B-Werte (identisch mit den Meta-Bedürfnissen – siehe Walsh/Vaughan, H. P.), der Ekstase, des mystischen Erfahrungsbereichs, des Numinosen, des Seins, der Selbstverwirklichung, des Essentiellen, der Seligkeit, des Wunders, des letzt-

gültigen Sinns, der Transzendierung des eigenen Ichs, des spirituellen Bereichs, des Einsseins, der kosmischen Bewußtheit, der individuellen und artspezifischen Synergie (= Zusammenwirken von Energien zu einer gemeinsamen Leistung, die mehr ist als die bloße Summierung dieser Energien – siehe Gruber/Fassberg), der intensivsten zwischenmenschlichen Begegnungen, der Heiligung des Alltagslebens, der transzendentalen Phänomene, des für den Kosmos charakteristischen spielerischen Humors, der aufs höchste gesteigerten sinnlichen Wahrnehmung, der Reaktions- und der Ausdrucksfähigkeit sowie der wechselseitig aufeinander bezogenen Vorstellungen, Erfahrungen und Aktivitäten» (zitiert nach Tart).

Den Begriff des «Transpersonalen» definiert diese Psychologie im Sinne von «jenseitig» von Personen oder «über die Person hinausgehend». Sutich hat die Psycho*therapie* dieser psychologischen Richtung 1973 mit den folgenden Worten gekennzeichnet:

«Transpersonale Psychotherapie ist die Therapie, die direkt oder indirekt mit der Erkennung, Akzeptierung und Realisierung von Grenzerfahrungen befaßt ist. Es geht also um die psychologischen Prozesse, die sich auf die Verwirklichung solcher Zustände beziehen wie ‹Erleuchtung›, ‹mystische Vereinigung›, ‹kosmische Einheit› usw., und ebenso um die psychologischen Bedingungen und psychodynamischen Prozesse, die direkt oder indirekt eine Barriere für solche transpersonale Realisierung sind» (zitiert nach Kraiker/Peter).

Letztlich geht es der «Transpersonalen Psychologie» um das «Identitätsgefühl» des Menschen «weit über die Sphäre der Individualität und Personalität hinaus» oder um «Entdeckung» einer ganz realen, nicht nur den Gefühlen nach, existierenden Identität von «Ich» und «Nicht-Ich», zum Beispiel dem Weltall.

Die «Transpersonale Psychologie», die gemeinhin als *die* New-Age-Psychologie bezeichnet wird, geht zum einen auf Traditionen des Schamanismus, Sufismus, Buddhismus und der christlichen Mystik zurück – auf Traditionen, die vom Chefdenker der «Transpersonalen Bewegung», Ken Wilber, als «Psychologia perennis» bezeichnet werden; und sie betrachtet zum anderen bestimmte Richtungen der Psychotherapie als ihre Vorläufer: so die «Analytische Psychologie» Carl Gustav Jungs (1875–1961), die «Anthroposophie» Rudolf Steiners (1861–1925), die «Initiatische Therapie» von Karlfried Graf Dürckheim und Maria Gräfin Hippius-Dürckheim, die «Daseinsanalyse» von Medard Boss, die «Existenzanalyse» von Ludwig Binswanger (1881–1966) und die «Psychosynthese» Roberto Assagiolis (1888–1974).

Als derzeit wichtigster Psychologe der «Transpersonalen Psychologie» gilt neben Charles Tart, Professor an der University of California in Davis, der in der Tschechoslowakai gebürtige, heute in den USA/Kalifornien praktizierende Psychiater Stanislav Grof, der sich nach Experimenten mit LSD der «Hyperventilationstechnik» zuwandte und auf dieser Grundlage seine sogenannte «Holotrope (= ‹auf das Ganze zutreibende›) Therapie» entwickelte: eine Kombination von Atemtechnik und Musikbeeinflussung, Massage und Mandala-Malen. Grof, der mit seiner Frau Christina Grof darüber hinaus das «Spiritual Emergency Network» (SEN) ins Leben rief, eine Hilfsorganisation für «spirituelle Krisenfälle», unterscheidet bei den «veränderten Bewußtseinszuständen», die mit Hilfe seiner «Holotropen Therapie» erreicht werden sollen, vier Aspekte: den «ästhetischen», «biographischen», «perinatalen» (= auf die Geburt bezogenen) und den «transpersonalen» Bereich. Diesen «holotropen Bewußtseinszuständen» stellt Grof das «Normalbewußtsein» als sogenannten «hylotropen (= ‹auf die Materie zutreibenden›) Bewußtseinszustand» gegenüber. Im «holotropen Bewußtseinszustand» lösen sich Grof zufolge die Dreidimensionalität des Raumes, die Zeitlinearität und die Grenzen des abgetrennten Ich-Zustandes auf. In den «holotropen Zuständen» kann es demnach zu Rückwanderungen in frühere Inkarnationen kommen oder zu Ausflügen in die Zukunft, zu Geist-Reisen in andere Länder oder auf weit entfernte Planeten, zu Fahrten ins Innere von Steinen, Pflanzen, Tieren und anderen Menschen, zu Begegnungen mit Gottheiten, Dämonen oder dem «Universalen Geist» und zur Erfahrung der «Synchronizität» – nach C. G. Jung.

Die Kritik an solchen «paranormalen» Erfahrungen wird vom Haupttheoretiker der «Transpersonalen Psychologie», Wilber, als pathologisch angesehen. Mittlerweile ging Wilber allerdings auf eine gewisse Distanz zur «Transpersonalen Bewegung»:

> «Für mich ist es eine große persönliche Enttäuschung zu sehen, daß so viele ‹humanistische› Therapien, die mit der vielversprechenden Erkenntnis begannen, daß die Bewußtheit sich nunmehr über den Verstand hinaus bewegen sollte, zu diesem Zweck den Marsch nach rückwärts angetreten haben ... Die ‹New-Age›-Bewegung ist daher meines Erachtens eine seltsame Mischung einer Handvoll wahrhaft transpersonaler Seelen mit Massen von präpersonal Süchtigen» (1984).

Freilich: Ob die verachtungsvoll beschworenen «Massen» so einfach von ihrer «Elite» zu unterscheiden sind, wie Wilber es tut, muß an dieser Stelle offenbleiben. Vielleicht demonstrieren die Plagiatoren ja nur die Qualität des Originals.

«... mit dem Ziel der ‹Erleuchtung› etwas bescheidener werden!»

Die Bonner Psychologieprofessorin und Psychotherapeutin Edith Zundel zur «Transpersonalen Psychologie»

Edith Zundel ist in ihrem Hauptberuf Professorin für Allgemeine Psychologie an der Fachhochschule Köln und betreibt daneben «eine kleine psychotherapeutische Praxis» (Zundel) in Bonn. Sie promovierte nach einem Studium der Psychologie und Soziologie über «Körperbehinderung als psychologisches Problem». Ihre Habilitationsschrift galt dem Thema «Einstellungen zum § 218». Edith Zundel hat Zusatzausbildungen in «Sozialer Gruppenarbeit und Gruppendynamik», in «Katathymem Bilderleben» (bei Hanscarl Leuner) und in «Wissenschaftlicher Gesprächspsychotherapie» (bei Carl Rogers) absolviert. Sie ist stellvertretende Vorsitzende der «Deutschen Transpersonalen Gesellschaft» und hat mit Bernd Fittkau das Buch «Spirituelle Wege und Transpersonale Psychotherapie» herausgegeben (Paderborn 1989). Einer breiteren Öffentlichkeit bekannt geworden ist sie mit der Publikation «Leitfiguren der Psychotherapie» (1988 und München 1991, gemeinsam geschrieben mit ihrem 1988 verstorbenen Ehemann und ZEIT-Redakteur Rolf Zundel).

PLATTA: Sie sind an der Fachhochschule Köln Professorin für Psychologie und Koordination des Arbeitsfeldes «Resozialisierung Straffälliger». Außerdem betreiben Sie eine kleine therapeutische Praxis. Sie haben Psychologie studiert. Haben Sie auch therapeutische Zusatzausbildungen?

ZUNDEL: Ich habe viel Erfahrung mit Gruppendynamik. Die Deutsche Bewährungshilfe, zu deren Team ich lange gehörte, hat als erste Institution in der Bundesrepublik gruppendynamische Fortbildung gemacht. Später kam ich, wie auch andere meiner Kollegen, zur Einzeltherapie – es war auch persönlich eine Wendung nach innen – und machte eine jeweils mehrjährige Ausbildung in wissenschaftlicher Gesprächspsychotherapie nach Rogers und in Katathymem Bilderleben, einer Therapie mit dem Tagtraum nach Leuner. Das Katathyme Bilderleben arbeitet auf der Basis des psychoanalytischen Grundkonzepts, wobei vor allem auch neoanalytische Theorien der Ich-Entwicklung (Mahler, Kernberg) einbezogen werden; die Wissenschaftliche Gesprächspsychotherapie nach Rogers ist eine der Hauptrichtungen der Humanistischen Psychologie. Es war gar nicht so leicht, beides zu verbinden, aber ich glaube, eine Form gefunden zu haben, die für meine Klienten und mich sinnvoll ist.

P: Und wie kamen Sie dann zur «Transpersonalen Psychologie»?

Z: Unsere erste intensive Bekanntschaft mit dieser Richtung machten mein Mann und ich 1982 im Schwarzwald, in Todtmoos-Rütte, wo Karlfried Graf Dürckheim und Maria Hippius Gräfin Dürckheim nach dem Zweiten Weltkrieg das «Zentrum für Initiatische Therapie» gegründet haben. Starke Impulse, mich mit diesen Dingen zu beschäftigen, gingen dabei von meinem Mann aus. Er hatte nach einem Unfall lange liegen müssen und war dabei innerlich wohl besonders offen geworden für das, was es in Rütte zu erleben gab. 1983 waren wir dann vier Wochen bei Stanislav Grof in Esalen. Dort habe ich manches erlebt, was ich mir vorher kaum vorstellen konnte. Die theoretischen Grundlagen der «Transpersonalen Psychologie» fand ich am klarsten bei Ken Wilber. Ich habe ihn 1985 in San Francisco kennengelernt. 1988 war er dann drei Monate in Bonn – eine willkommene Gelegenheit, viel miteinander zu diskutieren.

P: Sie nennen hier neben zwei amerikanischen auch eine europäische Quelle – betreibt man denn in Rütte transpersonale Psychotherapie?

Z: Der Ausdruck «Transpersonale Psychologie» wurde in Amerika geprägt, von Sutich, Maslow und Grof. Nach Grof fördert die transpersonale Psychologie die spirituelle Dimension der Psyche, ohne sich auf eine bestimmte Religion festzulegen. Entsprechende Psychologie- und Psychotherapieformen gab es in Europa schon seit Anfang unseres Jahrhunderts. Ihr Klassiker ist C. G. Jung mit seiner Analytischen Psychologie; aber auch bei den Anthroposophen wird so gearbeitet, und man kann sicher auch Assagiolis Psychosynthese, Ludwig Binswangers Daseinsanalyse und besonders die Initiatische Therapie in Rütte dazu rechnen.

P: «Transpersonale Psychologie» – das heißt ja eine Psychologie jenseits der Person, jenseits des Menschen mit seiner Psyche. Das mutet doch eher eigentümlich an. Könnten Sie diese Benennung noch etwas genauer erklären?

Z: Lassen Sie mich zuerst etwas Praktisches dazu erzählen! Einer der Hauptvertreter der Transpersonalen Psychotherapie, Stanislav Grof, arbeitet mit einer Atemtechnik und Musik. Da liegt man auf einer Matte, neben sich jemand, der aufpaßt, und läßt kommen und geschehen, was kommt. Grof faßt die Fülle der Erfahrungen, die seine «Experiencer» machen, in drei Erlebnisebenen zusammen. Auf der ersten taucht, ähnlich wie in der konventionellen Psychotherapie, die Psychodynamik des persönlichen Unbewußten auf. Auf der zweiten erscheint Ungewöhnliches: Geburtserlebnisse, die

Einheit mit der Mutter, der glückliche Zustand im Uterus, in dem alle Bedürfnisse gestillt werden, dann der Druck der Wehen, eine Qual ohne Ausweg, noch intensiver dann die Austreibung, Höhepunkte des Drucks, der Spannungen und der Schmerzen, und schließlich die Geburt zum Licht dieser Welt. Es ist ein Vorgang nahe am Tod – vielleicht ist das Sterben ganz ähnlich. Er öffnet oft die Pforte zum eigentlichen transpersonalen Erleben, das über die Grenzen des Ichs hinausgeht, in dem Raum- und Zeitreisen und außersinnliche Erfahrungen möglich sind, in dem man sich eins fühlen kann mit anderen Geschöpfen, mit der Erde, dem Kosmos. Vieles läßt sich dabei kaum mit Worten fassen. Das «Weiße Licht» zum Beispiel: Akzeptiert- und Geborgensein bis in die letzte Körperzelle, den letzten Seelenwinkel hinein. – Das höchste Erlebnis ist die Leere, die das ganze Sein enthält. Fragt man den areligiös erzogenen Grof, warum in seinen Sitzungen so viel Religiöses auftauche, erklärt er: «Das ist eine angeborene Fähigkeit der Seele.» Und zur Möglichkeit transpersonalen Erlebens überhaupt zitiert er oft eine hinduistische Sutra, einen religiös-philosophischen Lehrsatz: «Im Himmel Indras, so sagt man, hängt ein Perlennetz, so angeordnet, daß du beim Anblick einer Perle alle anderen in dieser widergespiegelt siehst. Genauso ist jeder Gegenstand in der Welt nicht bloß er selbst, sondern ein Teil jedes anderen, er ist in Wirklichkeit alles andere.»

P: ... eine Auffassung, die auch von bestimmten Strömungen in der New-Age-Bewegung vertreten wird, wenn auch dort ungleich prosaischer formuliert: als sogenanntes «Holographisches Weltbild», nach David Bohm, oder als «Prinzip der Holonomie». Das Ganze ist in jedem seiner Teile enthalten ...

Z: Ähnliches Erleben und ähnliche Vorstellungen finden sich auch in der christlichen Mystik, bei Meister Eckhart und anderen. Und nicht nur hier. Ein Strom gemeinsamer Erfahrung speist offenbar bei aller kulturellen Verschiedenheit der Weltreligionen deren mystische Richtungen, die Richtungen, in denen es um persönliche Erfahrung des Numinosen geht. Leibniz hat ihn «Die ewige Philosophie», Schiller die «Religion hinter den Religionen» genannt. Die höchste Erfahrung in dieser ewigen Philosophie ist die Vereinigung mit Gott in der jüdischen, islamischen und christlichen Tradition oder das Einswerden mit dem Urgrund des Seins, der Leere, der alle Form entspringt, in den nontheistischen Glaubenssystemen. Man kann auch umgekehrt den «göttlichen Funken» (Meister Eckhart) in der eigenen Seele entdecken. Diese Erfahrung ist überwältigend. Sie hebt die Isolierung und Entfremdung der menschlichen Existenz auf, «als ob man plötzlich aus einem dumpfen, schweren Traum aufwacht». Es kann sie aber nur machen, wer offen ist dafür, leer von persönlichen Wünschen, Ängsten und dem Gefühl der eigenen Wichtigkeit, wer sein «Ego loslassen» kann. Es gibt viele Wege dahin. Wege der Stille und Wege der Ekstase, Wege der Todesnähe und solche der Hingabe und nicht zuletzt den Weg der christlichen Kontemplation und des Gebets.

Die transpersonale Psychologie und Psychotherapie nehmen dieses uralte Gedanken- und Erfahrungsgut wieder auf und bringen es in Verbindung mit der konventionellen Psychotherapie. Die modernste und umfassendste Zusammenschau stammt von dem Amerikaner Ken Wilber. Er macht daraus in Anlehnung an die «Große Kette des Seins» der ewigen Philosophie eine Entwicklungspsychologie des Bewußtseins: «Gott (das Bewußtsein) schläft im Stein, atmet in der Pflanze, träumt im Tier und erwacht im Menschen.» Und die Entwicklung wird wohl noch über viele Stufen weitergehen, die wir uns jetzt gar nicht vorstellen können. «Der Mensch auf dem Weg vom Tier zu den Göttern», nennt das Plotin.

Wilber teilt diese Entwicklung in drei große Bereiche ein. Der erste ist der präpersonale, weitgehend unbewußte, in der Individualentwicklung die Zeit von der Geburt bis etwa zum Schulbeginn, in der Menschheitsentwicklung etwa bis zweieinhalb Jahrtausende vor Christi Geburt. Dann beginnt eine neue Stufe, die personale, bewußte, mental-ichhafte. Wenn wir uns einen Erwachsenen als einen eigenständigen, vernunftgeleiteten, selbstverantwortlichen und moralisch integren Menschen vorstellen, so beschreiben wir damit das Ideal dieser Stufe (dem wir durchaus noch nicht immer entsprechen). Aber für Wilber ist die Entwicklung damit noch nicht zu Ende. Einzelne seiner «Helden» – das sind für ihn nicht Könige und Feldherren, sondern Heilige und Weise – kamen immer schon weiter; vielleicht nähert sich zur Zeit auch die Menschheit einem Übergang zur dritten, der transpersonalen, überbewußten Phase. Wilber unterteilt diese Phase wiederum in drei Stufen: den Weg der Yogis und Schamanen – hier geht es um paranormale Kräfte, Hellsehen, Heilen und so weiter; den Weg der Heiligen – sie suchen und finden oft den persönlichen Kontakt mit einem persönlichen Gott; und schließlich den Weg der Weisen, an dessen Ende auch die letzte Dualität zwischen Mensch und Numinosem aufgehoben ist.

P: Das ist eine sehr umfassende Sicht von Welt und Mensch. Aber was passiert eigentlich dieser Theorie zufolge in der transpersonalen Phase mit der Eigenständigkeit, der Vernunft, der Selbstverantwortlichkeit des Menschen? Gehört das alles nicht auch zu dem Ich, das ja losgelassen werden soll? Und sind dies nicht wichtige Eigenschaften des Ichs?

Z: Grundsätzlich bleibt alles erhalten, was auf früheren Stufen der Entwicklung erworben wurde. Selbstverständlich sollten auch Verstand und Eigenständigkeit und Steuerungsfähigkeit beim Übergang vom personalen zum transpersonalen Bereich erhalten bleiben und genutzt werden. Der neue Bereich umgreift jeweils den alten und bringt Höheres dazu.

P: Das erinnert mich in gewisser Hinsicht an den Begriff der «Aufhebung» im Hegelschen Sinne, an die drei Stufen der Dialektik: von der These zur Antithese zur Synthese, welche den früheren Gegensatz auf einer höheren Ebene zu vereinigen vermag. – Doch nunmehr ganz praxisbezogen gefragt: Wie sieht das alles denn in der Psycho*therapie* der transpersonalen Richtung aus?

Z: Da gibt es unterschiedliche Ansätze. Bei Grof liegt der Akzent klar auf dem Wiederdurchleben traumatischer Ereignisse und traumatisierender Situationen, um sie damit zu bewältigen, wobei ein Ereignis auf verschiedenen Ebenen relevant sein kann. Schwierigkeiten mit Vorgesetzten lassen sich zurückführen auf Schwierigkeiten mit dem Vater, Schwierigkeiten bei der frühen Ich-Entwicklung, beim Geburtsvorgang und so weiter. Je tiefer die Schicht ist, in die man erlebnismäßig kommt, desto größer ist nach Grof die Heilungschance. Und dann sind natürlich die eigentlichen transpersonalen Erlebnisse die Hauptattraktion bei Grof; sie können Sinn geben und tragenden Grund. Verbal er- und verarbeitet werden diese Erlebnisse nur wenig, ich denke, zu wenig.

Wilber beschreibt die Entwicklung im präpersonalen und im personalen Bereich sehr umfassend mit den Konzepten der konventionellen Entwicklungspsychologie (Mahler, Kernberg, Piaget, Kohlberg u. a.), auftretende Störungen nach psychoanalytischen und humanistischen Erklärungsmodellen. In den transpersonalen Bereich reicht die Jungianische Analytische Psychotherapie hinein, wesentlich sind hier aber Meditationserfahrungen und, bei Störungen, die Hilfe erfahrener Meditationslehrer.

Ich teile mit Wilber die Überzeugung, daß eine gesunde Entwicklung auf der präpersonalen und der personalen Ebene wesentliche Voraussetzung für ein gesundes Weiterwachsen im transpersonalen Bereich ist. Sind im präpersonalen und personalen Bereich Störungen entstanden – und wer wäre völlig frei davon –, ist konventionelle Therapie angebracht. Die Bereiche lassen sich allerdings in der Praxis nicht so einfach trennen.

P: Können Sie das an einem Fall aus Ihrer Praxis schildern?

Z: Da fällt mir eine Klientin ein, die in ihrer Kindheit eine sehr gute Beziehung zu ihrem Vater gehabt hat. Er starb, als sie vierzehn Jahre alt war. Sie hat damals zwar heftig, aber nur kurz getrauert und war, als sie in die Therapie kam, weit davon entfernt zu glauben, daß dieses Ereignis noch Bedeutung für sie haben könnte. Allerdings hatte sie eine halbbewußte Ahnung, daß sie wohl nicht viel älter als ihr Vater werden würde; dieser Zeitpunkt stand kurz bevor. In einigen sehr intensiven Stunden mit Tagtraumtherapie erlebte sie dann aber doch noch einmal mit aller Heftigkeit das Sterben und die Beerdigung ihres Vaters. In der Nacht danach, sie war wach, stand plötzlich der Vater vor ihr, in einer schrecklichen, halbverwesten Gestalt, und sagte: «Wenn du mich wirklich so liebhast, dann komm doch jetzt, komm zu mir!» In panischer Angst knipste die Klientin ihre Nachttischlampe an und begann, irgend etwas zu lesen, jeden Punkt und jedes Komma, nur um in dieser Realität zu bleiben.

Man kann die starke Vaterbindung dieser Frau sicher auf der präpersonalen Ebene psychoanalytisch deuten als nicht ganz bewältigten Ödipus- beziehungsweise besser Elektrakomplex oder auch auf der personalen als nicht ausreichend vollzogene pubertäre Emanzipation. Auf der transpersonalen Ebene könnte man es als spirituelles Ereignis deuten, als wirkliche Erscheinung des verstorbenen Vaters, der nur halb verwest ist und nicht völlig in eine andere Daseinsform übergehen kann, weil die Tochter ihn innerlich festhält. Auf allen drei Ebenen ist in diesem Fall die Botschaft die gleiche: loslassen, eigenständiger werden.

P: Und ist das nun für Sie eine offene oder eine beantwortete Frage: War der Vater wirklich da oder nicht?

Z: Ich weiß das nicht. Ich würde im Gespräch auch immer deutlich machen, daß diese Frage offen ist.

P: Nun sehe ich bei solcher Offenheit aber auch eine Gefahr: Könnte es nicht sein, daß Sie mit einer Interpretation dieses Ereignisses auf *transpersonaler* Ebene psychotische Tendenzen verstärken, die womöglich bei dieser Patientin vorhanden sind? Ich meine in diesem Falle den Umstand, daß die Betreffende bei dieser «Erfahrung» offenbar nicht mehr zu unterscheiden wußte zwischen Traum und Wirklichkeit, zwischen innerer und äußerer Realität. Werden nicht womöglich gerade solche Patienten angezogen von dieser Therapie, die man im allgemeinen als «Borderline»-Fälle zu bezeichnen pflegt?

Z: Was die konkrete Klientin betrifft, so sagte sie ganz eindeutig, daß ihre Erfahrung kein Traum war. Man könnte sie vielleicht «Vision» nennen, ein Psychiater würde «Halluzination» sagen. Aber auch ein guter Psychiater würde, wenn es sich wie in diesem Fall um ein einmaliges Ereignis handelt, nicht sofort an eine Psychose denken. Dieser Klientin hätte man, glaube ich, kaum etwas Schlimmeres antun können, als sie als Psychotikerin zu betrachten, ihr entsprechende Medikamente zu geben und sie in eine Klinik zu stekken. Die Klientin hatte nach dieser «Vision» noch eine ganze Weile Angst, nachts allein in der Wohnung zu sein, und schottete sich ganz bewußt gegen weitere ähnliche Erfahrungen ab. Erst nach einem halben Jahr wagte sie noch einmal, sich im Tagtraum mit Sterben und Tod des Vaters zu beschäftigen. Diesmal sah sie sich als Erwachsene, und sie konnte sich wirklich vom Vater verabschieden.

Danach war sie deutlich ausgeglichener, weniger depressiv, gleichzeitig gelassener und aktiver. Und sie hatte neues religiöses, in ihrem Fall undogmatisch-christliches Interesse.

Generell finden Grof und andere transpersonale Psychologen recht häufig, daß spirituelle Erfahrungen als Psychose mißdeutet und so falsch behandelt werden, daß daraus dann erst eine Psychose wird. Um in solchen Fällen die richtige Hilfe geben zu können, haben Christina und Stanislav Grof das Spiritual Emergency Network, kurz SEN, gegründet. Natürlich kann auch umgekehrt ein psychotischer Schub als spirituelle Erfahrung mißdeutet werden. Die Unterscheidung ist nicht immer leicht. Grof sagt: «Ein Mystiker und Psychotiker können dieselben Erlebnisse haben, nur weiß der Mystiker, wann, wo und wie er davon erzählen kann, der Psychotiker nicht.» Es ist also eine Frage der klaren Unterscheidung verschiedener Wirklichkeitsebenen und eine Frage der Steuerungsfähigkeit. Daß unsere Fähigkeit, die «eigentliche Wirklichkeit» wahrzunehmen, begrenzt ist, wußte schon Kant. Die Ergebnisse der modernen konventionellen Sozialwissenschaft dazu bestätigen diese Skepsis. Generell bestehen aber ihre Bedenken völlig zu Recht: Unter dem Eindruck des New-Age-Denkens und -Erlebens haben viele Menschen versucht, ein Ego loszulassen, das noch gar nicht recht entwickelt war. Ich-Entwicklungsstörungen stecken sowohl im Kern von Psychosen wie auch von Borderline-Problemen. Ken Wilber warnt sehr eindrücklich vor einem «Bypass» vom Präpersonalen zum Transpersonalen. Man muß auf der personalen Ebene ein ausreichend stabiles Ich, das heißt ausreichend viel Steuerungsfähigkeit, Vernunft, Eigenständigkeit und moralische Integrität entwickelt haben, um auf der transpersonalen bestehen zu können. Hat man dies nicht, entsteht «transpersonale Süchtigkeit». Das «Ego loslassen» bezieht sich allenfalls zeitweise auf Steuerungsfähigkeit; wesentlich ist, sich frei zu machen von der ach so großen Bedeutung unserer Person, von unseren Eitelkeiten, Ängsten, Begierden, um offen zu werden für das Numinose.

P: Bevor wir auf diesen letzten Punkt eingehen – Stanislav Grof arbeitet in Workshops mit dreißig, fünfunddreißig Leuten, manchmal auch mit sehr viel mehr, ein oder mehrere Tage, maximal vier Wochen. Sie arbeiten offenbar mit dem konventionellen therapeutischen Setting – ein Klient/ein Therapeut – über viel längere Zeit. Warum?

Z: Ob man in der einen oder anderen Form arbeitet, hat zunächst einmal mit «transpersonal» oder «nicht transpersonal» wenig zu tun. Die Jungianer, die initiatischen Therapeuten und andere Europäer arbeiten fast alle im Eins-zu-eins-Verhältnis oder in kleinen Gruppen. Daß Grof, die meisten Amerikaner und mittlerweile auch viele moderne Europäer anders arbeiten, hat viel mit der amerikanischen Workshop- und Kongreß-Kultur zu tun. Sie hat in den letzten zwanzig Jahren dem New-Age-Denken eine weltweite Verbreitung verschafft, hat aber wohl auch zu einer gewissen Oberflächlichkeit beigetragen. Für den Therapeuten hat sie sicher den Vorteil, daß sehr viel mehr Klienten gleichzeitig erreicht werden können und daß man sich nicht so lange zuverlässig an einem Ort aufhalten muß wie bei mehrjährigen Einzeltherapien. Ich halte an den konventionellen Formen fest – übrigens nicht ohne zeitliche Probleme –, weil ich die dort mögliche Genauigkeit des Arbeitens schätze und eigentlich auch mehr an Wachstumsprozesse als an therapeutische «Paulusererlebnisse» glaube. Solche Erlebnisse sind wichtig als eine Art Initiation und als Wegmarken. Aber mindestens so wichtig ist die Vorbereitung, der Prozeß, mit sich selbst ins reine zu kommen, mit sich selbst Frieden zu schließen, das also, was weitgehend in der konventionellen Therapie geschieht. Und ebenso wichtig ist auch die Verarbeitung großer Erlebnisse. Man kann sie manchmal vergleichen mit einem Flug über die Alpen, man sieht unglaublich Schönes, aber der Blick von oben und außen reicht nicht, man muß es nachher mit dem Rucksack erwandern, in täglicher Meditation, Yoga, Gebet. Transpersonale Psychologie kann dabei einiges an Orientierung bieten, Therapie und Meditationslehre, wo notwendig, einiges an Hilfe. Wie weit ein Therapeut auf dem spirituellen Wege helfen kann, hängt eng damit zusammen, wie weit er selbst gekommen ist. Zumindest sollte er Gespür dafür entwickeln, was eine spirituelle Entwicklung sein kann, und gegebenenfalls an einen Fachmann überweisen, wo er selbst nicht weiterkommt. Wie umgekehrt auch der Meditationslehrer den Therapeuten zu Rate ziehen sollte, wo es um schwierige Prozesse auf der personalen oder präpersonalen Ebene geht.

P: Wenn ich Ihr Bild vom Flug über die Alpen noch einmal aufgreifen darf: Ist das nicht eine der großen Gefahren – vielleicht auch nur Mißverständnisse – bei diesen neuen Formen von Therapie? Daß man, wie es der Frankfurter Psychotherapeut Jörg Bopp ausgedrückt hat, aus seinen Problemen mit diesen Methoden gleichsam «herausfliegen» kann? Oder anders gefragt: Dienen diese «spirituellen» Erlebnisse nicht oft eher der Verdrängung von Problemen statt ihrer Erhellung?

Z: Die transpersonalen Erlebnisse haben sicher oft Einfluß auf die neurotischen Störungen, ebenso sicher gibt es aber auch Verdrängungen ins Transpersonale. Im Idealfall beeinflussen sich beide Ebenen positiv. Ich denke an eine junge Frau, die viel und ernsthaft meditiert hat. In ihrer Therapie tauchte dann ein stark verdrängtes Erlebnis auf: Ihr Vater hatte sie in ihrer Kindheit mißbraucht. So etwas ist immer schwer zu bearbeiten und zu verkraften. Ihr half bei diesem Prozeß sehr die Meditationserfahrung, daß die Schuld und Scham und Minderwertigkeit, daß der verzweifelte Zorn und die Ohnmacht des mißbrauchten Kindes nicht alles war, was sie in sich hatte. Daß es da noch etwas Unzerstörbar-Heiles in ihr gab, von dem aus sie überhaupt erst den Mut fand, all den Schmutz und Ekel anzusehen, um ihn so innerlich zu bewältigen.

P: Wenn solche Selbstvergewisserung und Selbstwiedergewinnung Ergebnis transpersonaler Prozesse sind, ist das natürlich von großer Bedeutung. Doch mir scheint der Akzent zumindest in manchem, was ich darüber gelesen habe, ganz anders gesetzt – zum Beispiel, wenn da von der «Vereinigung mit dem Numinosen» die Rede ist. Das erscheint mir ungleich numinoser als das, was Sie beschrieben haben. Frage: Wie sieht denn so etwas praktisch aus? Kaschieren solche Formulierungen nicht nur Tendenzen zur Welt- und zur Ich-Flucht?

Z: Ich glaube, mit dem Ziel der «Erleuchtung» muß man etwas bescheidener werden, als man es lange im New Age war. Spirituelle Erlebnisse haben wahrscheinlich viele Menschen in der Natur, in der Kunst, bei Unglücksfällen oder dem Tod eines nahen Angehörigen. Das Erleben der Einheit mit dem Numinosen gibt es nicht oft. Und in jeder Generation gibt es gewiß nur sehr wenige Menschen, die einen ständigen oder ständig wiederaufnehmbaren Kontakt mit ihrem Gott oder dem Göttlichen haben wie etwa Theresa von Avila in «immerwährendem Herzensgebet». Aber auch große Heilige wie sie klagen über lange Phasen der Gottferne, der «Trockenheit». Die Notwendigkeit, bei der Meditation oder ähnlichem in sich zu gehen, birgt natürlich immer auch die Gefahr der Weltflucht. Aber die großen Heiligen unserer westlichen Tradition waren fast alle auch große Organisatoren, haben Klöster gegründet, sich in Politik eingemischt. Und das gibt es auch im Osten. Gandhis gewaltlose Befreiung Indiens von der Kolonialregierung ist ein eindrucksvolles Beispiel dafür, wie ein Hindu Politik machen kann. Seine Erkenntnis lautet: «Gott verlangt nichts Geringeres als totale Selbstaufgabe für die einzige Freiheit, die es wirklich zu erlangen lohnt. Wer sein Ego verliert, der findet sich unversehens im Dienst an allem, was da lebt, und es wird ihm eine Freude und ein Entzücken sein. Er wird zu einem neuen Menschen und wird nie müde werden, sein Leben in den Dienst an Gottes Schöpfung zu stellen.»

«Der Prozeß hat seine eigene Weisheit ...»

Gespräch mit dem Freiburger Psychotherapeuten Ingo Jahrsetz über das «Holotrope Atmen» nach Stanislav Grof

Ingo Jahrsetz, Jahrgang 1943, praktiziert in Freiburg im Breisgau als «Holotroper Therapeut». Er promovierte nach einem PH- und Universitätsstudium (Erziehungswissenschaft, Psychopathologie, Soziologie) in Heidelberg zum Dr. phil. mit einer Dissertation zum Thema: «Identität und Veränderung. Wahnsinn und Vernunft und der Ödipuskomplex». Nach seiner Ausbildung zum Grund- und Hauptschullehrer wandte sich Jahrsetz der Psychotherapeuten-Laufbahn zu. Es folgte seine Ausbildung in «psychoanalytisch orientierter Therapie» (bei Ernst Göring), Familientherapie (bei Helm

Stierlin) und «Psychodrama» (am Stuttgarter Moreno-Institut). In den Jahren 1986 bis 1989 absolvierte Jahrsetz bei Stanislav und Christina Grof eine Ausbildung zum «Certified Holotropic Breathworker» und ist seit «vier, fünf Jahren» (Jahrsetz) als «Holotroper Therapeut» in Freiburg/Breisgau und Umgebung tätig. Jahrsetz ist in Deutschland «Kontaktperson» für das von den Grofs in Esalen, USA, gegründete Netzwerk «Spiritual Emergency Network» (SEN), das bei sogenannten «transpersonalen Krisen» Hilfe leisten soll, und bietet seine psychotherapeutische Tätigkeit in Einzel- und Gruppensitzungen an.

PLATTA: Sie haben mir im Vorgespräch gesagt, daß Sie eigentlich von der Psychoanalyse herkommen. Sie waren vor allem von ihrer Theorie sehr begeistert gewesen, aber auch andere Behandlungsverfahren haben Sie beeindruckt – Psychodrama zum Beispiel, Gestalttherapie, Bioenergetik. Was brachte Sie schließlich von diesen Verfahrensweisen ab?

JAHRSETZ: Nun, um es auf den Punkt zu bringen: Immer, wenn's ans wirklich Eingemachte geht, passen diese Therapien. Oder um es in einem anderen Bild zu sagen, am Beispiel der Psychoanalyse, die ja durchaus ganz gute Resultate erbringen kann: Es kam mir immer stärker so vor, daß ich nach Grundwasser bohrte und dachte, wenn ich auf ein bißchen Feuchtigkeit stieß, das wär's schon gewesen, doch hundert Meter tiefer lag erst der eigentliche unterirdische See.

P: Können Sie das konkretisieren?

J: Ich denke, die meisten psychoanalytischen und humanistischen Psychotherapien reagieren ausgesprochen allergisch, wenn es um das sogenannte Psychotische geht. Jeder Therapeut weiß, daß es psychotische Menschen gibt, Menschen, von denen viele Therapeuten meinen, daß sie «krank», «defizitär» seien und psychiatrisch-medizinisch behandelt werden müßten. Fragen diese Leute um Psychotherapie nach, so werden sie häufig abgeschoben. Das Interessante aber ist, daß aus meiner Sicht alle Menschen – wenn sie nur intensiv genug Selbsterfahrung machen würden, was auch aus der Sicht der klassischen Therapiemethoden überaus wünschenswert ist – an den Punkt gelangen, wo in ihnen das sogenannte Verrückte aufbricht. Also, das «Verrückte» betrifft nicht nur eine bestimmte Gruppe von Menschen, sondern diese Strukturen existieren in jedem von uns. Das heißt, wir stehen vor dem Paradox, daß bei gründlicher Therapie, ganz gleich, bei welcher, jeder zu dem Punkt vorstoßen würde, an dem die Therapeuten ihn abschieben müßten in die Psychiatrie.

P: Sonst wäre diese Therapie nicht konsequent gewesen?

J: Sonst wäre sie nicht konsequent gewesen! – Ich jedenfalls habe das immer wieder erlebt, und das hat mir bei meiner Arbeit sehr viel Unbehagen bereitet. Im übrigen kamen persönliche Erfahrungen hinzu, Erfahrungen mit mir und Arbeitskollegen. Wenn da was aufgeblitzt wäre, wäre ich selber zum Patienten geworden – und das darf man in den klassischen therapeutischen Kollegenkreisen natürlich nicht sein.

P: Können Sie Ihr Verständnis des «Verrückten» genauer beschreiben?

J: Ich komme noch darauf, wenn ich das «Holotrope Atmen» erläutere. Hier nur soviel: Ich habe immer das Gefühl gehabt, bei der Psychoanalyse wie bei der humanistischen Psychologie, daß um das sogenannte Verrückte ein Angstkreis gezogen wird. Entsprechend erlebte ich auch die erste Arbeitssitzung bei Stanislav Grof. Ich habe gedacht, das ist total verrückt. Denn was man in einer solchen Atemsitzung erlebt, scheint psychotisch zu sein, nichts anderes. Der Unterschied wäre nur darin zu sehen, daß «Psychotiker» unfreiwillig in solche Zustände geraten sind. Menschen, die am Holotropen Atmen teilnehmen, begeben sich in ihre Verrücktheit, um sich zu reinigen. Sie betrachten diesen Prozeß quasi als «rites de passage» und tun es um ihrer Entwicklung willen. Damit zu Ihrer Frage direkt. Ich denke, das erste und Wichtigste, was festgestellt werden muß, ist die Erfahrung, daß dieses sogenannte Verrückte nicht chaotisch ist, sondern seine Ordnung besitzt. Es existiert eine Ordnung, die sich, mit Grof gesprochen, um die sogenannten «perinatalen Matrizen» gruppiert. Das sind Ordnungsmuster, die in Beziehung gesetzt werden können zur menschlichen Geburt, genauer gesagt, zur ersten Phase der Konzeption bis hin zur eigentlichen Geburt, welche diesen Gesamtprozeß abschließt. Da entspricht also der ersten Phase als Fötus das Erleben, mit allem verbunden zu sein, versorgt zu sein und so weiter, und wenn ein Mensch so etwas wiedererlebt, wird er entsprechende Gefühle der Verschmelzung und Geborgenheit wiedererleben. Da entspricht der zweiten Phase, dem Geburtsbeginn, das Empfinden totaler Wehrlosigkeit und Ausweglosigkeit; da korrespondieren der dritten Phase, dem eigentlichen Geburtsvorgang selbst, Gefühle des titanischen Kampfes – bis hin zu Empfindungen des Wahnsinns oder der Todesangst; und der vierten Phase, der Austreibung und dem Abschluß der Geburt, entsprechen die großen Glücksgefühle eines überstandenen Befreiungskampfes.

P: Zwei Fragen dazu: Was hat diese Typologie von Empfindungen mit «Verrücktheit» zu tun? Und wie erleben eigentlich Kaiserschnitt-Geborene ihre Geburt?

J: Was Ihre zweite Frage angeht: Die erleben das Ende anders – mit der Spätfolge zum Beispiel, daß Kaiserschnitt-Geborene intuitiv gern Männer als Begleiter haben, wenn es um die «Austreibungsphase» bei irgendwelchen Lebensproblemen geht. Zumeist war ja ein Arzt die erste Vertrauensperson, die sie in diesem Leben gesehen haben, nicht wahr? Des weiteren zeigen Kaiserschnitt-Geborene sehr oft die Tendenz, daß sie, wenn's um Anstrengung des Durcharbeitens von irgendwelchen Konflikten geht, schlappmachen.

P: Und was die «Verrücktheit» dieser Erlebnismuster betrifft?

J: Nun, wenn Sie die erste Phase nehmen: Es können bei der Holotropen Therapie, wenn diese perinatale Matrize auf der Tagesordnung steht, die verrücktesten Visionen auftreten, man kann auch sagen, Halluzinationen: wunderbare Visionen von Verschmelzung mit dem Weltall oder von Verschmelzung mit Tieren und Bäumen, starke Lichterlebnisse oder Erfahrung des göttlichen Lichts – gerade bei Psychotikern sehr häufig festzustellen und bei denen oft als «undifferenzierte Identitätskonfusion» abqualifiziert. Schließlich: Sie können archetypische Szenen wiedererleben, den Anschluß des eigenen Unbewußten an ein vergangenes Leben, an den Kosmos – und dies alles fühlt sich im sogenannten normalen Leben unheimlich verrückt an, nicht zuletzt, weil das mit sehr starken Empfindungen gepaart ist, mit Empfindungen jedweder Art, mit Ekstasegefühlen oder mit tiefster Depression, mit Zuständen der katatonen Starre, der totalen Sprachlosigkeit oder mit total agitierten Situationen voller Aggressivität. Eine kleine zierliche Frau kann dabei eine Stärke entwickeln, daß vier starke Männer sie nicht mehr halten können.

P: Nun finde ich das alles – vielleicht überrascht Sie das – noch gar nicht verrückt. Allerdings unter einer Voraussetzung: daß alle diese Erfahrungen zwar als Erfahrungen durchlebt werden können in dieser therapeutischen Situation, aber die Menschen schon in der jeweiligen Situation wissen, es handelt sich um Halluzinationen, oder sie finden hinterher zur alten Einschätzung zurück. Wie sehen Sie dieses Problem?

J: Nun, wie Sie wissen, unterscheidet Stan Grof zwei Bewußtseinszustände, den «hylotropen» und den «holotropen» Bewußtseinszustand. Der «hylotrope Zustand» ist eigentlich das, was unsere Alltagswelt umfaßt, die Konsensusrealität, und der «holotrope Zustand» schließt das Ganze unserer Erfahrung mit ein – eigentlich das, was man klassischerweise als «verändertes Bewußtsein» ansieht. Eine Erfahrung wie die Verschmelzung mit dem All gehört demnach dem holotropen Zustand an, und wenn Sie das auf der Matte erleben oder ansonsten in einer anderen geschützten Situation, dann kommt es selbstverständlich sehr darauf an, daß Sie anschließend wieder den Kontakt zur normalen Realität wiederherstellen können. Das ist auch der normale Verlauf bei unserer Therapie, und sinnvoll ist es zudem, weil sich bei diesen Prozessen auch viele Alltagsprobleme fast wie nebenbei lösen lassen. Freilich gebe ich zu: Es gibt sehr häufig Komplikationen bei diesem Prozeß, die Folge zum Beispiel, daß diese Erlebniskurve nicht aufgelöst wird und der holotrope Inhalt auch im Alltag ständig in Erscheinung tritt, gegen den Willen des Klienten. Kurzum, die unfreiwillige Vermengung und Überlappung holotroper Erfahrungen mit dem Alltagsbewußtsein wäre das, was herkömmlicherweise den Verrückten ausmacht. Denken Sie an einen Autofahrer zum Beispiel, der eine rote Ampel nicht mehr als Haltesignal deutet, sondern darin einen Archetypen erkennt und entsprechend mit sehr starken Gefühlen reagiert. Das bedeutet jedoch: Verrückt wäre meiner Meinung nach dieses Steckenbleiben zu nennen, diese Vermischung mit dem Alltag, nicht aber die Erfahrung selbst – ganz so, wie Sie es vorhin gesagt haben. Wir sind damit aber bei einem ganz entscheidenden Punkt: Die Arbeit mit dem holotropen Atem ist darauf ausgerichtet, einen Reinigungsprozeß zu vollziehen, einen Entwicklungsprozeß, der den Menschen in die Lage versetzt, das Holotrope und das Hylotrope wirklich voneinander unterscheiden zu können, ganzheitliche Bewußtseinszustände also von der Alltagsrealität. Und wenn Sie eine Weile mit dieser Atmung gearbeitet haben, werden Sie feststellen können, daß Sie im herkömmlichen Sinne ein sehr viel stärkeres Realitätsbewußtsein zu entwickeln vermögen, als das vorher der Fall gewesen ist – bereichert zudem durch alle möglichen Erfahrungen, die Sie während dieses Prozesses machen konnten.

P: Ein stärkeres Realitätsbewußtsein also, weil man beides in seiner Unterschiedlichkeit besser kennengelernt hat?

J: Richtig, weil man beides besser kennengelernt hat – vor allem aber, weil die Energieladungen aus den Inhalten des veränderten Bewußtseins nicht mehr die Realitätswahrnehmung belasten! Man kann mehr im Moment reagieren, unbelastet von der Vergangenheit – und das ist ja eigentlich die Weisheit aller Therapien.

P: Was heißt eigentlich «holotrop», wörtlich übersetzt, und was heißt «transpersonal»?

J: «Holotrop» heißt «die Ganzheit aller Erfahrung betreffend», und «transpersonal»…

P: … klingt doch merkwürdig, nicht wahr, daß Psychologie, die eigentlich an den einzelnen Menschen gebunden ist, plötzlich jenseits des Menschen existieren soll …?

J: In der Tat: Das ist für einen, der in der westlichen Kultur groß geworden ist, zunächst etwas befremdlich, daß es noch eine andere als personale Psychologie geben soll. Aber für einen Buddhisten wäre das überhaupt nicht verwunderlich. Ein Buddhist würde sagen: Mein Bruder Baum, ich bin auch der Baum, ich bin auch der Stein … Wir meinen: Wenn Sie im Selbsterfahrungsprozeß weit genug vorangekommen sind, werden Sie ganz unwillkürlich an einen Punkt gelangen, an dem das Personale überschritten wird, an dem Sie ganz unwillkürlich zum Beispiel die Probleme der Ökologie in sich selber entdecken. Ich denke, das Ich ist eine Illusion, zwar eine nützliche Illusion, aber dennoch eine Illusion.

P: Hm ...

J: ... klingt befremdlich, nicht wahr?

P: Sicher auch das! Aber ich möchte erst mal fragen – und sei es in der Form eines Widerspruchs. Also: Sie haben recht mit Ihrem Eindruck, daß es für mich in der Welt bislang folgendermaßen aussah: Es gibt das eine Ich, es gibt das andere Ich, es gibt das dritte Ich und so weiter, es gibt darum eine Dingwelt, und es gibt die Möglichkeit für die vielen Ichs, sich mit anderen zu identifizieren, sich zu solidarisieren, sich einzufühlen in den anderen und Empathie zu entwickeln. Gleichwohl aber sind es – um da mal einen philosophischen Begriff auszuleihen – getrennte Entitäten. Und das ist nun für mich der Punkt: Meines Erachtens changieren die Aussagen Grofs und anderer aus dem Bereich der «Transpersonalen Psychologie». Nehmen Sie beispielsweise deren Grundlagenbuch «Psychologie in der Wende»: die eine Richtung formuliert, alles ist mit allem verbunden – wie auch immer! –, im ökologischen Sinne etwa. Doch dann gibt's da auch noch eine andere Denkrichtung – und die formuliert: Alles ist mit allem identisch – und zwar nicht nur identisch im Sinne einer Fantasie oder einer psychischen Identifikation, sondern identisch in einem ganz realen und auch materiellen Sinn. Ich finde, diese Aussage steht im Widerspruch zu der Verbundenheitsthese. Am konkreten Beispiel gesagt: Wenn ich jetzt mit meinem Auto zusammenstoße mit einem anderen Auto, bin ich mit einem anderen Auto zusammengestoßen und nicht mit mir selbst. Also ist die Zweiheit die Voraussetzung für diesen Unfall ...

J: Dem würde ich widersprechen ...!

P: Aha?

J: Ich denke, auf der einen Ebene haben Sie natürlich recht. Es gibt die verschiedenen Ichs, wenn wir uns in unserer Alltagsrealität bewegen. In ihr geht es darum, daß ich zu lernen vermag, mich abzugrenzen, meine Meinung zu sagen, meine Wünsche zu äußern, Konfrontationen einzugehen, und zwar immer aus der Position der Getrenntheit heraus. Also, das ist vollkommen selbstverständlich,

und das Holotrope Atmen oder die Transpersonale Psychologie verleugnen nicht die Erkenntnisse der klassischen Psychotherapie...
P: Ich könnte Ihnen Sätze vorlesen, da wird das ganz ausdrücklich bestritten...
J: ... mag sein! Ich tue es jedenfalls nicht, und Stan Grof übrigens auch nicht! Also, das heißt: Wenn Sie jetzt in Ihrem Auto mit einem anderen Auto zusammenstoßen, muß das Problem erst gelöst werden nach den Gesetzen der Getrenntheit und der Konfliktlösung, die dafür gelten. Aber auf der anderen Seite: Wenn Sie nachher nach Hause kommen mit Ihrem zerbeulten Auto und zu überlegen beginnen, warum Ihnen das nun wieder passiert ist, werden Sie vielleicht bemerken, daß Sie mit sich selber zusammengestoßen sind.
P: Na jaaa... Bleiben wir also noch bei diesem Fall: Natürlich ist in meinen Augen richtig, daß es Unfälle gibt, die man aus der eigenen Latenz heraus «baut». Freud hat das ja schon in seiner «Psychopathologie des Alltagslebens» beschrieben. Aber wie sieht es denn bei einem Unfallverlauf aus, bei dem ich vor der roten Ampel stehe, und von hinten fährt mir ein anderer Autofahrer auf, weil er den Sicherheitsabstand nicht eingehalten hat oder betrunken war? Bin ich auch in diesem Fall mit mir selber zusammengestoßen, mit meiner eigenen Latenz, war womöglich selber betrunken? – Bleibt es nicht auch hier bei der Tatsache, daß es zumindest zwei Beteiligte an diesem Unfallgeschehen gibt? Ich denke, da funktioniert das mit einer Erklärung auf dieser ominösen zweiten Ebene nicht mehr.
J: Gut – wir wollen das Beispiel nicht übertreiben! Aber lassen Sie es mich anders versuchen: am Beispiel der klassischen Physik etwa und der neueren Erkenntnisse, die in den zwanziger Jahren von Einstein ausgegangen sind. Da kann man sagen: Das, was vor uns steht, ist ein Tisch, eine getrennte Entität, und das ist sehr wichtig, denn sonst könnten wir auf ihm keine Gläser abstellen. Aber: Wenn wir ganz genau schauen, löst sich diese materielle Ganzheit Tisch in einer Wellenbewegung auf! Und die unterscheidet sich nicht mehr sehr von uns beiden! Oder von der Natur, die wir hier draußen sehen. Also, in diesem Sinne werden wir hier alle zu einer Einheit von Energie.
P: Unterliegen Sie da nicht einem Mißverständnis, für das nach mei-

nem Eindruck vor allem Fritjof Capra in der New-Age-Bewegung verantwortlich ist? Zum einen: Obwohl man Materie und Energie in einer übergreifenden Betrachtungsweise als zwei Erscheinungsformen von etwas gleichem betrachten kann, mit der Möglichkeit des Umschlags der einen Erscheinungsform jeweils in die andere Erscheinungsform, sind dies trotzdem und bleiben das trotzdem zwei verschiedene Erscheinungsformen. Das bedeutet: Wenn wir von der materiellen Abgetrenntheit sprechen, können wir nicht mit der energetischen Verbundenheit kommen – oder gar Identität – und sagen, diese materielle Abgetrenntheit gäbe es nicht. Und wenn wir von den energetischen Zusammenhängen sprechen, können wir nicht mit der materiellen Abgetrenntheit kommen und behaupten, diese Zusammenhänge seien Fantasien. Und zum anderen: Wenn man von der angeblichen Ununterscheidbarkeit zwischen Beobachter und Beobachteten spricht – etwas aufgedonnert gesagt: zwischen Subjekt- und Objektwelt –, so ist das – Stichwort «Heisenbergsche Unschärferelation» – von der modernen Physik festgestellt worden für Phänomene des *subatomaren* Bereichs – und gemeint war auch da nicht die *Identität* von beiden. Also: auch hier wieder Ungenauigkeit bei der Rezeption dieser Erkenntnisse durch die Denker des «Neuen Zeitalters»: Capra und andere haben das nämlich flugs übertragen auch auf den *supraatomaren* Bereich und dann etwa geschrieben – zum Beispiel in dem Buch «Psychologie in der Wende» –, man könne *überhaupt* nicht mehr einen Unterschied machen zwischen Beobachter und Beobachteten, zwischen Ich und Außenwelt. Also: Wenn es in diesem Manifest der Transpersonalen Psychologie heißt, es sei ein überholtes Denken, noch von einem «Dualismus zwischen Subjekt- und Objektwelt» zu sprechen, dann ist das schlicht falsch. Und wenn es heißt, es sei ein überholtes Denken, noch zu meinen, es gäbe ein Ich und abgetrennt davon ein Nicht-Ich, dann ist das ebenfalls falsch. Mir ist das alles etwas zu grandios dahergeredet.

J: Ich denke, Sie haben recht! Es dürfte sehr schwierig sein, diese neueren Erkenntnisse in unser Alltagsleben zu integrieren, und wir stoßen da unaufhörlich auf Mißverständnisse. Auch ich höre in meinen Therapiegruppen die Leute immer wieder sagen, daß sie nun ihr Ich loswerden wollten. Ein großer Quatsch! Viele Menschen müssen erst mal lernen, sich abzugrenzen, und ein Stück Persönlichkeit entwickeln, bevor sie darangehen könnten, davon auch wieder etwas aufzugeben. Andererseits sind diese Erfahrungen, wie sie zum Beispiel von Capra aufgearbeitet worden sind, in veränderten Bewußtseinszuständen auch vorstellbar. Sie können sich beim Holotropen Atmen zum Beispiel als Frau erleben.

P: «Erleben» ja – aber ich bin es nicht!

J: ... Sie sind es nicht, und Sie werden trotzdem in diesem veränderten Bewußtseinszustand bemerken, daß Sie eine Frau sind. Sie werden zum Beispiel spüren, daß Sie Brüste haben. Sie werden erleben, wie es sich anfühlt für eine Frau, ein Kind zur Welt zu bringen. Oder Sie können sich als ein Vogel erleben. Nicht? Zum Beispiel hat sich einmal eine Frau als Adler in einem Horst erlebt und dabei Erkenntnisse gewonnen über die Atmung des Adlers. Sie war keine Biologin, und es kam ihr ganz seltsam vor, daß ein Adler derart atmen soll, aber dann hat sie es nachgeprüft in der Literatur über die Atmung von Adlern, und ihre Wahrnehmung stimmte mit diesen Angaben überein. *So* ist die Einheit gemeint. Oder noch ein anderes Beispiel: Jemand erlebt in unserer Therapie eine frühere Inkarnation wieder, und die historischen Nachforschungen offenbaren eine erstaunliche Richtigkeit dieser Erlebnisse.

P: Nach dieser Literatur suche ich seit langem schon – ohne Erfolg freilich. Kennen Sie Veröffentlichungen, die – abgesehen vielleicht von einem Rest an Unsicherheit – darlegen könnten, daß wir mit höchster Wahrscheinlichkeit vom Faktum der Wiedergeburt ausgehen müssen? Gibt es Literatur, die glaubhaft zu machen vermag, daß die Reinkarnationserlebnisse nicht nur auf Fantasien beruhen?

J: Ich meine, es gibt inzwischen eine ganze Reihe solcher Untersuchungen. Das prominenteste Beispiel ist das Projekt, das der Dalai Lama in die Welt gerufen hat, wo er die Geschichte berühmter Persönlichkeiten hat überprüfen lassen. Dann gibt es die Bücher von Thorwald Dethlefsen ...

P: ... dessen ersten großen Durchbruchsfall aus seinem Buch «Das Leben nach den Leben» ich nachrecherchiert habe: mit völlig negativem Ergebnis. Ein Fall, bei dem ich sehr verwundert war, daß der

Autor nicht selber die Geschichte überprüft hat. Sollte das nicht skeptisch stimmen?

J: Ich bin selber skeptisch eingestellt – schon von meiner Biografie her. Aber ich meine, daß es bei der therapeutischen Arbeit eigentlich um etwas anderes geht – auch beim Holotropen Atmen und in der Transpersonalen Psychologie. Es geht immer um das Heute. Im Zentrum der Holotropen Therapie oder anderer verwandter Verfahren steht immer die Frage, wie ich meine Spontaneität und meine Kreativität erweitern kann, wie ich liebevoller in Beziehungen zu leben vermag, verbundener mit anderen Menschen, ökologisch verantwortungsvoller. Und wenn es um Erfahrung geht, die das sogenannte normale Bewußtsein in der westlichen Welt überschreitet, dann ist das eine interessante Erfahrung, zum Teil auch therapeutisch sehr heilsam, aber es geht im Holotropen Atmen überhaupt nicht darum, irgendwelche Dinge im Bereich der Kausalität und linearen Zeitlichkeit beweisen zu wollen. Ich denke sogar, daß sich die Art unserer Logik und unsere Beweisführung ändert, wenn wir die Todesgrenze überschreiten, daß wir dann leichter Anschluß haben an die verschiedenen Ebenen des kollektiven Bewußtseins und an die vergangenen Zeiten.

P: Gut, kommen wir zu einem anderen Punkt dieser New-Age-Glaubensinhalte! Ich meine festgestellt zu haben, daß diese Bewegung proklamativ mit dem Anspruch großer Bescheidenheit auftritt. Da heißt es dann zum Beispiel, wir sollten unsere alten Macherideologien über Bord werfen, da sie uns nicht geholfen und weitergebracht hätten, sondern im Gegenteil für die Krisen auf dieser Erde erheblich mitverantwortlich sind; da heißt es, wir sollten bescheidener leben und identischer denken mit der Welt insgesamt, sanfter auch, weicher und weiblicher. Aber dann stelle ich fest, daß gerade im Umkreis von New-Age Therapien angeboten werden, deren Grundideen und Grundfantasien geeignet sind, die Unbescheidenheitsfantasien und Macherallüren der Menschen zu steigern. Also die Auffassung etwa, daß wir Menschen in Wahrheit unsterblich seien – siehe Reinkarnation oder das Projekt «Eternal Flame» von Leonard Orr! –; oder die Ansicht, übrigens auch im Bereich der Transpersonalen Psychologie, daß wir mit Hilfe neuer Atemtechniken all das erlernen könnten, was man unter dem Stichwort Psi zusammenzufassen pflegt: Präkognition, Psychokinese, Telepathie. Mein Eindruck ist, daß gerade diese Versprechungen für viele Menschen sehr anziehend sind – und zwar deswegen vielleicht, weil wir uns in unserer Realität ziemlich klein und ohnmächtig fühlen. Wie sehen Sie das?

J: Ich stimme Ihnen zu. Diese Größenfantasien haben in alle möglichen Therapieformen Einzug gehalten, aber ich widerspreche dem Eindruck, daß wir im Holotropen Atmen mit diesen Fantasien operieren. Sie müßten nur eine einzige Sitzung des Holotropen Atmens mitgemacht haben, und Sie würden feststellen können, daß solche Größenfantasien keinen Platz haben in unserer Therapie. Dazu ist unsere Arbeit schlichtweg zu konfrontativ.

P: Nun, in dem Buch «Psychologie in der Wende» werden all die von mir genannten Psi-Fertigkeiten als Therapieziele aufgezählt. Würden Sie also sagen: Ich distanziere mich davon?

J: Ich distanziere mich immer von therapeutischen Versprechungen. Wenn ein Therapeut den Absolventen seiner Therapie außergewöhnliche Dinge verspricht, ist er wahrscheinlich kein guter Therapeut.

P: Dann gibt es offensichtlich von «Holotropen Therapeuten» schlechte Bücher über die «Holotrope Therapie»?

J: Allerdings möchte ich feststellen: Wenn Sie in veränderte Bewußtseinszustände hineinkommen und ganz normale Selbsterhaltungsprozesse immer weiter vertiefen, kommen Sie auch in Bereiche hinein, in denen Sie entdecken werden, daß Hellsehen zum Beispiel eine menschliche Möglichkeit ist. Aber: Sie können es nicht als Ziel definieren oder anstreben wollen. So geht das nicht.

P: Das heißt: Sie halten den Menschen schon für fähig, telepathisch mit anderen in Verbindung zu treten und durch Gedankenkraft Dinge in Bewegung zu versetzen, hellzusehen und in die Zukunft zu schauen? Und: Sie persönlich glauben durchaus an die Tatsächlichkeit der Reinkarnation?

J: Ich halte es nicht für *möglich*, sondern ich habe es bei sehr vielen Menschen – einschließlich meiner eigenen Person – selbst *erlebt*. Es ist ein Erfahrungswert. Es ist damit nicht bewiesen, aber es ist ein

Erfahrungswert, und gerade Hellsehen oder Telepathie lassen sich am leichtesten beweisen.

P: Sie haben das Wort «Erfahrung» gebraucht. Ein wichtiger Begriff. Nun ist aber «Erfahrung» in wissenschaftlicher Sicht mehr als nur «Alltagserfahrung», die kein anderer nachprüfen kann. Schreckt Sie die Kritik, daß solche Erfahrungen, wie sie von Ihnen geschildert worden sind, auch überprüfbar gemacht werden sollten? Und daß man bis zu diesem Beweis die Möglichkeit des eigenen Irrtums nicht ausschließen sollte, die Verwechslung nämlich von Wunsch und Wirklichkeit?

J: Wissen Sie, das erschreckt mich überhaupt nicht. Die Psychotherapieforschung versucht das schon lange, aber gesicherte Resultate stehen da meines Erachtens noch aus. Was diese «Erfahrungen» angeht: Sie sind im Sinne einer positivistischen Erforschung, die mit strengen Kriterien zu arbeiten hat, tatsächlich nicht überprüfbar. Sie sind nicht wiederholbar, sie sind nicht falsifizierbar, sie fallen durchs Raster. Völlig richtig, wenn man das sagt. Aber auf der anderen Seite habe ich mit sehr vielen Menschen gearbeitet, habe ich sie in ihren veränderten Bewußtseinszuständen erlebt, habe gesehen, daß diese Dinge passieren und nachweisbare Folgen haben im Alltag danach. Das kann ich doch ebensowenig verleugnen. Und wenn ich nochmals aufs Hellsehen zurückkommen darf, obwohl ich das nicht so gerne mag, weil damit so viel Schindluder getrieben wird: Das kann man überprüfen, indem man abwartet und sieht, traf das erwartete Ereignis ein. Oder wenn Sie vor einem telepathischen Phänomen stehen: Auch da können Sie leicht überprüfen, ob die Gedankenübertragung funktioniert hat oder nicht.

P: Darf ich das so verstehen, daß Sie solche Überprüfungen vorgenommen haben? Oder sprachen Sie jetzt nur von der prinzipiellen Möglichkeit?

J: Ja, ich habe mit Menschen gesprochen, die Ereignisse persönlicher oder auch gesellschaftlicher Art vorhergesehen haben. Ich habe eine Vielzahl von eigenen Erfahrungen, die ich überprüft habe. Aber solche persönlichen Überprüfungen sind natürlich im Sinne einer kartesianischen Objektivität immer auch recht fragwürdig. Was diesen Kriterien schon sehr viel näher kommt, sind Experimente in Gruppen zum Beispiel, bei denen Teilnehmer innerhalb eines Raumes Gegenstände schriftlich zu beschreiben oder bildlich darzustellen haben, die eine Person außerhalb des Raumes zur gleichen Zeit gesammelt hat. Bei geübten Teilnehmern und Teilnehmerinnen kann die Erfolgsquote über achtzig Prozent betragen!

P: Herr Jahrsetz, kommen wir damit zum Heilungsverfahren der «Holotropen Therapie» selbst. Stimmt mein Eindruck, daß die Atemtechnik des Rebirthing benutzt wird, unter Hinzufügung von Musik oder Massage – wobei Holotrope Therapie insgesamt kathartischer angelegt ist?

J: Nun, was die Frage nach dem Rebirthing betrifft: Ich meine, es gibt nicht *das* Rebirthing! Es gibt sehr unterschiedliche Rebirther, aber *das* Rebirthing gibt es nicht. Insofern gibt es nur eine Ähnlichkeit mit diesem Verfahren, und auch nur mit seiner klassischen Version: die Atemmethode nämlich – oder, genauer, die Hyperventilation. Damit endet's aber auch schon. Und wenn ich jetzt das Holotrope Atmen ohne Vergleiche beschreiben soll: Sie schaffen einzeln oder in Gruppen eine wirklich sichere Situation für die Menschen, die in diese Erfahrungen hineingehen – sicher in dem Sinne, daß Sie eine gute Beziehung herstellen, eine Vertrauenssituation aufbauen, Angst mindern, weil es ja um sehr konfrontative Erfahrung geht. Und dann bitten Sie, wenn das in einer Gruppe geschieht, daß sich Paare bilden, die für eine Sitzung zusammenarbeiten sollten, wobei die eine Person als Begleiter für den anderen Menschen auf der Matte fungiert. Man könnte auch sagen: Der Begleiter oder die Begleiterin nehmen die Aufgaben eines Babysitters wahr, und das können Sie durchaus ganz wörtlich verstehen. Sie haben also die Aufgabe, die Person, die auf der Matte arbeitet, in tiefen regressiven Zuständen zu begleiten, ihr die Spucke abzuwischen, sie in den Arm zu nehmen, ihr die Hand zu halten, die Tränen abzuwischen und all diese Dinge – so wie man es bei einem Baby auch macht. Das zum Setting, zum Grundarrangement der Gruppensitzungen. Was nun den Verlauf der Therapiestunden betrifft, so beginne ich meistens mit einer Entspannungsübung, die dann in die Anweisung übergeleitet wird, tiefer und schneller als gewöhnlich zu atmen. Das ist die Anweisung des Holotropen Atmens ...

P: Wie sieht dieses Atmen aus? Wird ohne Unterbrechung in den Brustraum geatmet – wie bei einigen Rebirthern zumindest?

J: Nein! Darin ist ein ganz wesentlicher Unterschied zum Rebirthing zu sehen: Es gibt keine spezifische Anweisung, sondern wir vertrauen darauf, daß der Prozeß individuell ist und seine eigene Weisheit hat. Das einzige, was wir den Teilnehmern sagen, ist, schneller und tiefer zu atmen. Manche atmen durch die Nase, manche atmen durch den Mund, manche fangen zu hecheln an, manche atmen relativ langsam. Nach meiner Erfahrung hängt das sehr vom Prozeß ab, welcher Atem jeweils gewählt wird. Wir unterstützen dabei das Atmen mit provokativer Musik, das heißt, mit einer Musik, die am Anfang treibend ist, damit die Schwelle vom Wachbewußtsein zum veränderten Bewußtseinszustand überschritten werden kann ...

P: ... können Sie Musikbeispiele nennen?

J: Es ist in der Anfangsphase meistens eher eine beschwingte Musik, Keith Jarrett, Oxygene, Michel Jarre ...

Und nach zwanzig Minuten etwa oder einer halben Stunde werden Sie bemerken, daß eine andere Musik erforderlich ist, weil in den Teilnehmern die Erlebnisse aufzusteigen beginnen, aggressive oder verführerische Inhalte, und je nach dem Charakter dieser Erlebnisse werden Sie die entsprechende Musik auflegen. Kurz: Wir versuchen weniger, mit der Musik bestimmte Erlebnisse zu initiieren, als mit ihr auf den Ablauf der Gruppe zu reagieren. Das finde ich sehr wichtig. Was nun die Hyperventilationsphase betrifft, so dauert sie bei den meisten nur eine Viertelstunde oder zwanzig Minuten, weil dann der Prozeß sich zu automatisieren beginnt und Sie in diesem Zustand des veränderten Bewußtseins von den Bildern geleitet werden, die aus Ihrem Inneren aufsteigen. Von diesem Moment an wird der Prozeß von den Inhalten selber gesteuert.

P: Eine Frage noch mal zur Musik: Sie haben gesagt, die Musik reagiert, statt daß sie manipuliert. Geraten denn alle Patienten in Ihren Gruppen zur gleichen Zeit in die gleiche Stimmungslage? Und die zweite Frage: Sagen die Patienten während all dieser Phasen etwas? Teilen sie mit, was sie da sehen oder erleben?

J: Die Leute – ich will nicht Patienten sagen – sprechen in der Regel nicht, sie haben die Augen geschlossen, aber sie drücken es mit ihrem Körper aus. Und wenn Sie einige Jahre Erfahrungen haben, können Sie sehr genau die Qualität des Inhaltes erfassen. Sie können sehen, ob die entsprechende Person gerade durch ein depressives Erlebnis geht und sich etwa mit der eigenen Lebenssackgasse oder ähnlichem auseinandersetzt oder ob es ein Kampf oder Krieg ist, in dem sich der Betreffende gerade befindet. Außerdem gibt es auch so was wie eine Gruppendynamik – durchaus vergleichbar mit anderen Gruppentherapien – in dem Sinne, daß sich die Dinge in einer bestimmten Weise wechselseitig beeinflussen. Insgesamt kann man feststellen, daß es beim Holotropen Atmen eine Erlebniskurve gibt, ähnlich der Orgasmuskurve. Es gibt einen Anstieg, eine Phase des Höhepunkts, der größten Konflikte, der größten Katharsis, und dann eine Phase des friedlichen Ausgangs. Modell für die Entwicklung bei einer solchen Sitzung im Holotropen Atmen ist für die meisten, die mit dieser Methode arbeiten, Stan Grofs Modell der perinatalen Matrizen. Das heißt: Wir sorgen dafür, daß die Leute möglichst in eine friedlich-befreite Phase gelangen und wieder in den Alltagszustand reinkommen – was übrigens auch die Integration dieser Erfahrungen in den Alltag erleichtert. Was nun Ihre andere Frage angeht, die Frage nämlich, ob die Teilnehmer einer Gruppensitzung immer ähnliche Dinge erleben, so daß wir uns mit der Musik entsprechend verstärkend darauf einstellen können, so stimmt das natürlich nicht im wörtlichen Sinne. Die Erfahrungen und die Prozesse sind immer höchst individuell. Ich habe noch nie zwei gleiche Erfahrungen verschiedener Personen im Holotropen Atmen erlebt. Auf die unterschiedlichen Erfahrungs*inhalte* können wir mit der Musik nicht reagieren. Auf der anderen Seite gibt es charakteristische Stimmungen – depressive Stimmungen, Angststimmungen, Kampfeslust, liebevolle Verschmelzung und so weiter –, die bestimmten Phasen des Prozesses entsprechen können. Diese werden im Gruppenprozeß auch noch dadurch gestaltet, was die klassische Psychotherapie als «Gruppenfantasien» bezeichnet. Auf diese Weise kann sich im Prozeß des Holotropen Atmens in einer Gruppe zu einer bestimmten Stunde eine heitere, beschwingte Stimmung einstellen, eine andere kann sich bedrohlich anfühlen, eine Weltuntergangsstimmung, die zum befreienden Durchbruch führen kann ... und so weiter. Auf diese Stimmungen und Prozeßphasen versuchen wir mit der Musik zu reagieren.

P: Wie lange dauern diese Sitzungen im Schnitt?

J: Meistens drei bis vier Stunden. Es kann aber auch sein, daß jemand sechs Stunden oder noch länger arbeitet.

P: Laufen diese Sitzungen immer so «modellgerecht» ab? Kommt es immer zu diesem friedlichen Abschluß?

J: Dieser Verlauf der Kurve ist in der Tat nur ein Idealverlauf, der nicht jedesmal erreicht werden kann. Es kommt also durchaus vor, daß manche Teilnehmer in der Schlußphase nicht zu dieser Entspannung gelangen. In diesen Fällen setzen wir eine spezielle Art von Körperarbeit ein, die eigentlich nach einem homöopathischen Muster funktioniert, obwohl es witzig erscheinen mag, bei diesen stark konfrontativen Prozessen von Homöopathie zu sprechen. Beispiel: Wenn jemand unter Schmerzen in der Schulterpartie klagt, erhöhen wir diesen Schmerz zunächst noch einmal. Sie sehen, ein homöopathisches Muster, das Gleiche wird mit Gleichem behandelt.

P: Ich kann mir gut vorstellen, daß dieses Verfahren bei *Körper*symptomen wirkt. Funktioniert das aber auch bei seelischen Konflikten, die ungelöst zu bleiben drohen? Gehen Sie damit in gleicher Weise um – mit dem Prinzip der Verstärkung nach dem Ähnlichkeitsmuster? Und wie muß man sich das vorstellen?

J: Nun, sehen Sie, der holotrope Bewußtseinszustand ist ein ganzheitlicher Bewußtseinszustand, und das Holotrope Atmen ist ein ganzheitlicher psychosomatischer Prozeß. Also geht es niemals nur um reine Körperarbeit und niemals nur um reine Seelenarbeit. Sie können deshalb mit der Arbeit an den psychischen Inhalten auch den Körperzustand verändern und mit der Arbeit am Körperzustand auch die Psyche. Wir achten in der Regel sehr darauf, daß der Prozeß «gut abgeschlossen» wird, das heißt, daß sich der Betreffende zum Schluß ganz entspannt fühlen kann, in Körper und Seele.

P: Wird abschließend mit den Teilnehmern über das Erlebte gesprochen?

J: Ja! Wir schlagen den Personen, die auf der Matratze gearbeitet haben, zum Abschluß meistens vor, ein Mandala zu malen – keine kunstvolle Gestalt, die irgendwelchen künstlerischen Ansprüchen genügen soll, sondern mit seinem Kreis lediglich verstanden als Gestaltungselement. Das hat die Funktion, daß sich diese Mandalas meist auf das Wesentliche, aufs Unbewußte konzentrieren – eine jungianische Einsicht. Das hat zumeist eine sehr integrierende Funktion, wenn es unmittelbar nach der Erfahrung passiert, noch vor den Gesprächen darüber, bei denen die Gefahr besteht, daß alles nur intellektuell zerpflückt wird. Am nächsten Tag gibt es meistens noch mehr oder weniger ausführliche «Sharing-Runden», bei denen noch einmal über die Erfahrungen gesprochen wird und wo noch mal eine Integration in den Alltag stattfindet – zum Beispiel die Rückbeziehung der Prozesse auf aktuelle Partnerprobleme und so weiter. Das hat zur Folge, daß zum Schluß jeder bewußt und nachdenklich nach Hause geht. Es geht nicht immer jeder glücklich nach Hause – es gibt ja schließlich auch kritische Phasen im Leben –, wir können mit dieser Methode nicht einfach das Unglück von jemandem beseitigen, aber wir können die Liebesfähigkeit erweitern, die Kommunikationsfähigkeit, die Leidensfähigkeit, den Mut – das passiert sehr wohl bei dieser Therapie.

P: Mir scheint, das hat Freud schon einmal sehr gut formuliert: das neurotische Elend durch die normale Misere ersetzen ...

J: Na ja ... Menschen, die zum Holotropen Atmen kommen, haben oft schon mehrere, auch Freudsche Therapien hinter sich. Sie haben ihre normale Misere satt bekommen, und sie sehnen sich nach einer größeren Liebesfähigkeit, nach Freiheit, gedanklicher Klarheit und emotionaler Verbundenheit ... Dafür nehmen sie manchmal sehr anstrengende Prozesse und Lebensphasen in Kauf ... Man sollte Vergleiche mit der alten Freudschen Psychoanalyse nicht übertreiben! Außerdem sollten wir nicht übersehen, daß unser Verfahren des Holotropen Atmens der Jungschen Analyse verwandter ist als der Freudschen Psychoanalyse – wegen der Inhalte aus dem kollektiven Unbewußten und der Archetypen, die beim Holotropen Atmen zutage treten. Natürlich erreicht auch eine Psychoanalyse, was wir mit unserem Verfahren erreichen. Nur meine ich, daß wir bei unserer Therapieform solche Dinge meist auf einer tieferen Erfahrungsebene erleben können – mit der Folge, daß sich die emotionalen Qualitäten wirklich verändern. Im Gegensatz zu einer Jungschen Analyse zum Beispiel werden im Holotropen Atmen Archetypen nicht als Deutungen oder Träume erschlossen, sondern *direkt erlebt*. Das hat enorme Konsequenzen für die Wirksamkeit solcher Erfahrungen für das Alltagsleben der betreffenden Person. Das direkte Erleben von Archetypen oder anderen perinatalen und transpersonalen Erfahrungen kann lang ungeheilte Wunden heilen, frühkindliche zum Beispiel; nach solchen direkten Erlebnissen von Archetypen ändern sich meist im positiven Sinne auch emotionale Qualitäten. Wenn zum Beispiel ein Klient der Holotropen Therapie drei, vier Wochen nach einer Sitzung auf einen Menschen trifft, den er aus einer Konfliktsituation kennt, wird er ihn gänzlich anders erleben können. Wenn er ihn vorher immer gemieden hat und der andere ihm immer irgendwie ungeheuerlich vorkam, wird er nun plötzlich mit Selbstbewußtsein zu ihm sagen können: «Guten Morgen!» und: «Wir müssen noch mal über das und jenes sprechen!»

P: Verstehe ich das richtig, daß es sich beim Holotropen Atmen um eine *Erlebnistherapie* handelt und durch das intensive Wiedererleben von Gefühlen die Heilung stattfinden soll? Man könnte ja auch gegenteiliger Annahme sein und meinen, daß durch das Wiedererleben von Todesangst zum Beispiel diese Angst sich noch verstärken müßte?

J: Nein, es geht nicht nur darum, Gefühle noch einmal wiederzuerleben. Das entspräche der Grundannahme Morenos beim Psychodrama, daß jedes zweite wahre Erlebnis das erste falsche befreit. Es geht im Holotropen Atmen vor allem darum, daß Sie die in Ihrem Unbewußten unabgeschlossenen Gestalten von unbewußten Bildern *zum Abschluß bringen*. Und das kann – oder sollte vielmehr – auf mehreren Ebenen geschehen.

Ein Beispiel: Wenn ein kleiner fünfjähriger Junge seiner Mutter etwas Interessantes zeigen wollte, das er gerade hergestellt hat, und die Mutter kein Interesse zeigt, weil sie in diesem Moment mit anderen Dingen beschäftigt ist, kann daraus eine lange Geschichte mit allen möglichen Symptomen erwachsen. Und nun stellen Sie sich vor, daß bei uns in der Therapie gerade dieser Ausschnitt der Biografie wieder aufsteigt, bei dem mittlerweile erwachsenen Menschen. Da sieht sich der Betreffende plötzlich wieder in der Küche stehen, erlebt erneut diese Situation, den Schmerz. Dann wird er etwas finden, wie er diese Gestalt abschließen kann – zum Beispiel dadurch, daß der Schmerz des Abgewiesenseins durch die Mutter so groß wird, daß ihm gleichsam die Sicherung durchbrennt und er auf eine tiefere Schicht des Unbewußten stößt, auf die Ebene der Geburtserfahrung etwa, wo er schon einmal eine solche Erfahrung machen mußte, die Erfahrung, nicht angenommen zu sein, nicht rausgelassen zu werden. Die Mutter kann sich zum Dämon verdichten, archetypische Erfahrungen können sich melden, der Alptraum vertieft sich. Aber dann passiert das Entscheidende, das, was ich als «Abschluß» bezeichnet habe: Die sogenannte biologische Geburtsdynamik setzt ein. Der Klient wird das Erlebnis abschließen können durch das Wiedererlebnis seiner Befreiung von diesen Ängsten und so weiter durch die Geburt. Also: Wenn es nur darum ginge, Gefühle zu erleben, verliefe das ja nach dem Muster: «Geh mal in den Wald und schrei deine Wut heraus, oder hacke Holz, wenn du wütend bist!» Wissen Sie, wenn jemand, der wütend ist, deswegen Holz hacken geht, wird er am Abend zwar nicht mehr wütend sein – im äußerlichen Sinne –, aber vor allem wird er müde sein. Wir meinen hingegen: Die Wut muß dorthin gebracht werden, wo sie hergekommen ist, sie muß sich, wie ich zu schildern versuchte, mit Bildern verbinden, und nur, wenn die «offene Gestalt» – wie das die Gestalttherapie sagt – geschlossen wird, wird es Veränderung und Heilung geben.

P: Besteht die therapeutische Wirkung Ihres Verfahrens darin, daß die Horrorerfahrung quasi automatisch – ich formuliere das jetzt etwas zugespitzt – auf dieses Befreiungserlebnis zusteuert – und zwar deshalb, weil sich praktisch jede Angst- oder Horrorerfahrung aus dem späteren Leben bei Ihrer Therapie auf die perinatalen Matrizen zubewegt?

J: Nun ja, ich muß schon sagen, so linear, wie Sie das schildern, läuft das natürlich nicht ab. Nicht jeder muß erst durch Horrorerfahrungen hindurch – auch wenn das oft der Fall ist –, um zu dem Befreiungserlebnis zu gelangen. Eine solch einfache Dynamik gibt es nicht. Gerade Menschen mit einer sehr schwierigen Kindheit haben sehr häufig einen besonders leichten Zugang zu spirituellen und mystischen Erfahrungen. Und bei diesen Klienten verhält es sich vielfach so, daß sie bei den ersten Sitzungen zunächst einmal sehr erhebende Erfahrungen machen, lichtvolle Erfahrungen – Erfahrungen, in denen sie sich geborgen fühlen in einem Schoß von Liebe, gehalten fühlen und aufgehoben und eins mit allem möglichen. Das hat meistens die Funktion, daß diese Menschen erst mal Kraft schöpfen können, um dann leichter in der Lage zu sein, sich den Schattenseiten zu stellen – ich nenn's jetzt nicht Horrorerfahrungen. Das ist die Weisheit dieses Prozesses. Wenn jemand sich seinem Schatten zu stellen vermag bei unserer Therapie, hat er auch die Kraft dazu. Und noch einmal: Wir gehen im Holotropen Atmen davon aus, daß unsere Biografie nach der Geburt nur eine von mehreren Ebenen unserer Erfahrungen ist. Die perinatale Ebene betrachten wir als die viel wesentlichere Schicht, weil sie bedeutend körpernäher und körperlicher ist. Und besonders die zweite und dritte Phase unserer Geburt, der Beginn der Öffnungswehen und der Geburtskampf, stellen wirkliche Horrorerfahrungen dar. Das heißt jedoch, daß tatsächlich die meisten Menschen sich bei ihrem Befreiungsprozeß durch diese Phasen hindurchkämpfen müssen. Wenn der persönliche Selbsterfahrungsprozeß eine bestimmte Tiefe gewinnt, können die Schmerzen von unerträglicher Intensität sein, und es wäre nicht richtig, wenn wir das verschweigen würden. Das wirkliche Zentrum dieses Prozesses ist meist eine sehr schmerzhafte und konfrontative Arbeit, weshalb sich auch das Holotrope Atmen so schlecht zur Ausbildung von Größenwahn eignet. Dazu ist diese Arbeit schlichtweg zu hart.

P: Und was passiert bei dieser Hyperventilation eigentlich *physiologisch* im Gehirn und im Körper? Wie sieht es mit der Schädlichkeit oder Gefährlichkeit dieser Verfahrensweise aus – zumindest für manche Patienten, mit Herzschäden etwa, Asthma, Kreislaufbeschwerden?

J: Also, in der modernen biologischen Schulmedizin wird Hyperventilation nicht mehr als gefährlich angesehen. Viele Ärzte heute sagen in der Regel einem Patienten, der an einem Hyperventilationssyndrom leidet, daß er sich zu Hause ein bißchen hinlegen solle, dann höre das von alleine auf. Natürlich tritt durch die Hyperventilation ein Calciummangel im Blutgemisch ein, aber der läßt sich meistens sehr schnenll wieder beheben, so daß man sagen kann, daß die Hyperventilation vom Biologischen her gesehen völlig ungefährlich ist. Etwas anders stellen sich die *psychischen* Folgen der Hyperventilation dar, da ja in ihrem Gefolge dramatische Inhalte aufsteigen können. Diese Wirkungen zwingen selbstverständlich schon zur Vorsicht – etwa bei Klienten, die kurze Zeit davor eine Herzoperation hatten, oder bei Schwangeren, bei denen eine Fehlgeburt ausgelöst werden könnte. Schließlich sind wir sehr vorsichtig bei Patienten mit epileptischen Anfällen – mit denen nur nach genauer Anamnese gearbeitet werden sollte – oder bei Klienten, die unter Bluthochdruck leiden. Doch auch hier ist das Gefährliche nicht im Anatomischen zu sehen oder im physiologischen Bereich, sondern vor allem in der psychischen Wirkung dieser Atemmethode. Noch etwas anders verhält es sich mit Psychiatriepatienten. Da hängt es sehr von der Erfahrung des Therapeuten ab, ob er mit diesen Hilfesuchenden arbeiten kann. Prinzipiell läßt sich sagen, daß auch mit diesen Patienten Holotropes Atmen möglich ist, vorausgesetzt, daß man ein bestimmtes Umfeld zu schaffen vermag. Dann sind sogar Heilungen möglich, die bei einer psychiatrischen Behandlung ausgeschlossen erschienen.

P: Wer spricht eher positiv auf die Holotrope Therapie an: der Manisch-Depressive, der Schizophrene, der Paranoiker?

J: Wir orientieren uns in der Regel nicht so stark an den psychiatrischen Diagnosemustern. Nur ein Beispiel hier: Paranoiker haben in diesem Prozeß oft Schwierigkeiten, weil sie schwer mit ihrem Begleiter oder ihrer Begleiterin und den Therapeuten zusammenarbeiten können. Das Böse sehen sie meist «außen», und oft betrachten sie dann auch gerade die Hilfen, die ihnen am meisten nützen, als «gegen sich gerichtet». Im großen und ganzen gibt jedoch bei unserer Arbeit nicht so sehr die psychiatrische Diagnose den Ausschlag, sondern der präpsychotische Befund, der Umstand also, ob sich die betreffende Person vor dem Ausbruch des «psychotischen Zustandes» alleine versorgen konnte, ob sie noch arbeitsfähig ist, ob sie in Grenzen Beziehungen aufrechtzuerhalten vermag. Und was ganz besonders wichtig ist: Sind diese Menschen überhaupt motiviert für eine Therapie, können sie ihre Erfahrungen als eigenen Prozeß annehmen? Konkret: Wenn jemand Schmerzen hat und zu begreifen vermag, daß diese Teil seines Entwicklungsprozesses sind, stellt sich die Indikationsfrage viel positiver, als wenn jemand behauptet, daß alle diese Dinge von außen kämen und ihm die Schmerzen zufügen würden.

P: Beim letzteren entstünde nicht das, was Sigmund Freud das «Arbeitsbündnis» genannt hat?

J: Völlig richtig. So ist es.

P: Trotzdem noch einmal die Frage: Gibt es Probleme, die sich mit Ihrer Methode besser behandeln lassen, und andere, die sich eher resistent verhalten gegenüber Ihrer Therapie? Welche Neuroseformen sprechen besonders gut auf Ihr Behandlungsverfahren an? Mit welchem – auch prozentualen – Erfolg? Und wieviel Menschen schließlich kommen zu Ihnen, denen es mehr um Lebenserfahrung, Selbsterfahrung, Weiterentwicklung geht?

J: Ich möchte mal so sagen: Zu mir kommen sehr oft Leute, die schon jahrelang andere Therapieformen probiert haben ...

P: ... und von diesen Therapieformen enttäuscht worden sind?

J: Richtig! – Also, Leute zum Beispiel, die nach acht Jahren Analysye immer noch nicht imstande sind, ihre Beziehungen hinzukriegen. Überhaupt: Beziehungsprobleme sind das Problem Nummer eins, weswegen Leute sich heutzutage um eine Therapie bemühen. Dann gibt es natürlich auch andere Beschwerdebilder, Depressionen zum Beispiel, Schlafstörungen, Symptome psychosomatischer Art ...

P: ... und Sie würden da keinen Unterschied sehen bei der Wirksamkeit Ihres Verfahrens?

J: Nun ja, es gibt schon Gruppen, bei denen es leichter geht als bei anderen Gruppen. Extreme Schwierigkeiten bereiten uns immer wieder die Zwangsneurotiker. Da ist das Festhalten an der Kontrolle so stark, daß sie nach zehn Arbeitssitzungen immer noch keine Veränderung spüren. Und wenn sich etwas bewegt hat, formulieren sie schon nach einer halben Stunde alles wieder in Verstandessätze um, so daß sich wieder nichts bewegt hat. – Sehr gute Erfolge hingegen erleben wir bei Phobien und hysterischen Erscheinungen, bei sogenannten Frühstörungen und sexuellen Schwierigkeiten.

P: Wie sieht es mit narzißtischen Störungen aus?

J: Die sind heute derart weit verbreitet, daß man sie praktisch bei jeder anderen Symptomatik ausmachen kann.

P: Und wie sieht es – in quantitativer Hinsicht – mit Ihrer Erfolgsbilanz aus?

J: Ich habe inzwischen eine ganze Reihe von Leuten in ihrer Entwicklung mit dem Holotropen Atmen begleitet und die meist tiefgreifende Veränderung dabei beobachtet. Nach meinen Erfahrungen ist das Holotrope Atmen eine äußerst wirksame Hilfe für tiefgreifende Veränderungen in eine gute Richtung. Genaue qualitative Langzeituntersuchungen oder quantitative Überprüfungsverfahren kenne ich bisher noch nicht; besonders das erste würde ich jedoch als sehr interessant empfinden.

P: Kommen wir zu den letzten Fragen bei diesem Gespräch: Wie lange dauern Ihre Therapien? Und wie teuer sind diese Sitzungen eigentlich?

J: Die Dauer hängt natürlich sehr davon ab, an welchem Prozeß der Betreffende interessiert ist. Es kommen Leute, die wollen einfach mal eine tiefe Erfahrung für sich selber machen. Da ist ein Wochenende ausreichend. Für andere, die etwa ihre tiefliegende Beziehungsproblematik lösen möchten, genügt ein Wochenende natürlich nicht, die benötigen womöglich zehn oder fünfzehn Blockseminare. Wobei ich betonen möchte: Das ist schon eine gute Zahl, da kann sich schon sehr viel ereignen! – Was nun die Kosten angeht, hängt der Preis pro Arbeitssitzung davon ab, ob Sie an einer Gruppe teilnehmen oder eine Einzelbehandlung wünschen. Einzelsitzungen führe ich mehr bei Klienten durch, die einen besonderen Schutz benötigen, die Angst vor einer Gruppe haben, da kostet eine Arbeitssitzung von circa drei Stunden etwa 240 DM. Aber ansonsten ziehe ich eher die Gruppenarbeit vor. Die findet in der Regel am Wochenende statt, mit ungefähr fünf Stunden reiner Atemarbeit und fünf Stunden reiner Körperarbeit, wobei einmal der eine und dann der andere der Beisitzer ist. Dann schließen sich die bereits erwähnten Integrationsprozesse an. Für ein solches Wochenende vom Freitag nachmittag bis Sonntag nachmittag verlange ich meistens um die 250 DM.

KOMMENTAR:

Erkenntnisse der modernen Physik völlig falsch ausgelegt …

Auch zu diesem kontroversen Punkt bat ich den Göttinger Physiker, Herrn Professor Hubert Goenner, um Stellungnahme. Trifft zu, daß unser menschliches «Ich» als abgetrennte Entität nur eine «Illusion» darstellt und diese Illusionshypothese sich mit Recht auf die neuere Physik berufen darf, unter anderem auf Einstein? Hubert Goenner zu diesem Streit:

Wie schon bei der Behauptung, Zeit sei eine Illusion, festgestellt worden ist: Auch die These, daß unser «Ich» eine Illusion sei, kann sich nicht auf Erkenntnisse der heutigen Physik berufen. Auch hier liegen ganz offenkundig Mißverständnisse vor.

Selbstverständlich gibt es einen Unterschied in der Erscheinungsform der Materie: als Ruhemasse und als Energie. Obgleich alles in der Natur aus denselben subatomaren Bausteinen ohne Individualität aufgebaut ist, sind makroskopische Körper oder Lebewesen als voneinander abtrennbare Systeme organisiert. Nichts in der Physik kann zum Beweis der These dienen, daß die «Dualität von Subjekt und Objekt, Welle und Partikel, Geist und Körper» – so Ken Wilber in seinem Beitrag zur «Psychologie in der Wende» (S. 269) – «nur» noch «illusorischen Charakters» sei. Die Versuche zur Heisenbergschen «Unschärferelation» oder andere Forschungsergebnisse aus dem Bereich der modernen Physik sind hier von Jahrsetz ebenso mißverstanden worden wie von Dahlke die Einsteinsche Relativitätstheorie (auf welche hier Ingo Jahrsetz fälschlich anspielt). Der Freiburger Psychotherapeut legt – ich vermute: in der Nachfolge zu Fritjof Capras Darstellungen unseres Faches – die Erkenntnisse der modernen Physik völlig falsch aus. Bei Jahrsetz werden, wie vorher bei Dahlke schon, Annahmen formuliert, die sich zu Unrecht auf Erkenntnisse aus unserem Fachgebiet berufen.

Eine Erklärung für diese Mißverständnisse könnte sein, daß sich mancher aus unserem Fach – höchstrangige Wissenschaftler darunter wie Planck, Bohr, Einstein, Heisenberg – auch zu allgemeinphilosophischen oder allgemeinreligiösen Fragen geäußert hat. Doch Jahrsetz und Dahlke berücksichtigen in diesem Fall nicht, daß keiner der genannten Wissenschaftler diese Aussagen als wissenschaftlich fundierte und wissenschaftlich überprüfte Hypothesen ausgegeben hat. Mir scheint, daß hier die Fachautorität der genannten Experten mißverstanden wird als universale Autorität mit ganz generellem Geltungsanspruch – und dies gegen die ausdrücklichen Intentionen dieser «Autoritäten» selbst! Das bedeutet: Alles, was den Darlegungen des Autors von dessen Gesprächspartnern in Sachen moderner Physik entgegengehalten wird, beruht auf Mißverständnissen und unzulässiger Verallgemeinerung. Die zeitgenössische Physik kann von Jahrsetz und Dahlke nicht für ihre Bemühungen in Anspruch genommen werden.

2. TEIL

Die New-Age-Bewegung und ihre Psychotechniken im Kreuzfeuer der Kritik

«Aufhebung der Unbewußtheit statt nur ‹Bewußtseinserweiterung› ...»

Gespräch mit dem Münchner Psychoanalytiker Frieder Wölpert über die «New-Age-Bewegung» und ihre «Psychotherapien»

Frieder Wölpert, Jahrgang 1949, ist als Psychoanalytiker in München tätig und arbeitet mit seiner Frau, Dr. Thea Bauriedl-Wölpert, und anderen am dort von ihnen 1987 gegründeten «Institut für Politische Psychoanalyse München». Wölpert hat in München Psychologie studiert (Diplom: 1974) und promovierte 1980 an der Universität Braunschweig zum Dr. rer. nat.; Thema seiner Dissertation: «Sexualität und Beziehung – Notwendigkeit und Möglichkeit emanzipatorischer Sexualtherapie in unserer Gesellschaft». 1978 bis 1984 erfolgte an der «Akademie für Psychoanalyse und Psychotherapie München e. V.» seine psychoanalytische Ausbildung. Wölpert ist seither als selbständiger Psychoanalytiker tätig. Wichtige Veröffentlichungen von ihm sind: «Sexualität – Sexualtherapie – Beziehungsanalyse», München 1983, sowie – zum Thema dieses Buches – «Die Machbarkeit des Glücks – Psychoanalyse in der ‹Wendezeit›» (in: Anmerkungen aus dem Institut für Politische Psychoanalyse, München, Nr. 8, 2. Jahrgang).

PLATTA: Bevor wir uns mit unserem eigentlichen Thema befassen – den sogenannten New-Age-*Therapien* –, möchte ich Sie fragen: Was verstehen Sie unter dem generellen Begriff «New-Age-*Bewegung*», worin sehen Sie die Hauptursprünge dieser Bewegung?

WÖLPERT: Als erstes sollte man wohl problematisieren, allzu pauschal von *der* New-Age-Bewegung zu sprechen. Schon ein flüchtiger Blick zeigt, so meine ich, daß wir hier vor einem Sammelsurium der verschiedensten Ansätze stehen. Mein Eindruck ist, daß dieser Begriff den hier zu besprechenden Phänomenen eigentlich erst später übergestülpt worden ist. Generell, denke ich, muß man erst mal das folgende feststellen: Wir haben es bei dieser sogenannten New-Age-Bewegung mit dem Versuch einer Neuorientierung von vielen Menschen zu tun. Und dieses Bestreben scheint mir zurückzugehen auf die wachsenden Gefahren, denen wir uns global gegenübersehen, sowie das gewachsene Gefahrenbewußtsein. Wir sind in unserer Menschheitsentwicklung an einen Punkt gelangt, an dem wir mit unseren Technologien die Lebensgrundlagen für uns und unsere Nachkommen zu zerstören drohen. Das betrifft das große Thema Ökologie, das betrifft die Probleme der Dritten und Vierten Welt, das betrifft – ich meine: nach wie vor – den Fragenkomplex Frieden auf dieser Welt. Die Größe dieser Probleme und deren Globalität haben so etwas wie ein «Wendebewußtsein» erzeugt, die Empfindung, daß es ohne Katastrophe für diesen Erdball so nicht weitergehen kann – und in diesem Zusammenhang, scheint mir, spielt auch die New-Age-Bewegung eine Rolle.

P: Das hieße: Die New-Age-Bewegung und manches andere reagiert nicht auf eingebildete Gefahren, sondern auf reale Entwicklungstendenzen, denen tatsächlich etwas Neues entgegengestellt werden müßte. Die Angst, die hinter diesem «Wendebewußtsein» steht, ist ernst zu nehmen und sollte nicht als hysterische Panikmache abqualifiziert werden, wie es hie und da passiert?

W: Ja, so sehe ich das, wobei freilich von Bedeutung ist, daß die Antworten, die von der New-Age-Bewegung gegeben werden, selber äußerst problematisch sein könnten und womöglich auf seelische Verarbeitungsformen zurückzuführen sind, die selber erst einmal genauer angeschaut werden sollten. Angst und die damit oft verbundenen Gefühle totaler Ohnmacht und Wehrlosigkeit rufen ja nicht automatisch realistische Gegenkonzepte auf den Plan. Wenn mich mein Eindruck nicht täuscht: Oft kommt es in Reaktion auf solche Ohnmachtserfahrungen erst einmal zu sehr pauschalen Paradies- und Rettungsfantasien, und deren Unbewußtheit aufzuheben scheint mir von zentraler Bedeutung zu sein, um nicht Erlöserfiguren aufzusitzen und narzißtischen Abwehrgefühlen, die kaum geeignet sein dürften, die Probleme zu bewältigen, vor denen wir stehen. Ohnmachtsgefühle sind oft ein Nährboden für individuelle und kollektive Größenfantasien, die zwar imstande sind, ein Stück weit unsere Angst zu bannen und unser Wohlbefinden zumindest in Grenzen wiederherzustellen, aber sie stellen natürlich keine echte Bewältigung dieser Probleme dar. Ganz im Gegenteil: Sie können selber zum Teil dieser Probleme werden. Konkret: Wenn ich auf Nachrichten, deren Schrecklichkeit ich kaum aushalten kann, auf Meldungen über die Vernichtung der Regenwälder, über Fischsterben, Waldsterben, Pseudokrupp, gehäuftes Auftreten von Leukämie bei Kindern im Umkreis von Atomkraftwerken – um nur einige Beispiele zu nennen – mit der Fantasie reagiere, ich könne diese Gefahren «wegmeditieren», oder plötzlich wieder an meine Unsterblichkeit zu glauben beginne, dann setze ich diesen Produkten des technologischen Allmachtswahns eigentlich nur einen eigenen – in diesem Fall: magischen oder abergläubischen – Allmachtswahn entgegen.

P: Und dies geschieht Ihres Erachtens in der New-Age-Bewegung?

W: Sicherlich nicht überall! Aber bei vielen Strömungen verhält es sich so. Man glaubt an die eigene Auserwähltheit, Unsterblichkeit oder Wiedergeburt, man gerät in die Abhängigkeit von «Geistführern» und Gurus, die einem derlei versprechen, man revitalisiert zur Linderung der eigenen Ängste und Selbstunsicherheit ein Elitebewußtsein, von dem ich mir gewünscht hätte, daß es nicht mehr nötig wäre. Trotzdem möchte ich noch einmal betonen: Ich halte nicht nur die New-Age-Bewegung für das Problem, sondern auch die realen Gefahren, die den Nährboden für Paradiesfantasien bilden – und zwar weit über die Grenzen dieser Bewegung hinaus.

P: Und worin würden Sie nun das Spezifische dieser Bewegung sehen?

W: Also, mir scheint am bedeutsamsten der Versuch, dem einzelnen Menschen mit seinen Bedürfnissen und Ängsten wieder einen *Sinn* zu geben. Es geht um den «großen Zusammenhang», der mit dem Anbruch dieses «Neuen Zeitalters» gesetzt werden soll – eine Aufgabe, die früher von den Kirchen wahrgenommen wurde. Und auch die sogenannten Therapien im Umkreis des New Age dienen nach meinem Eindruck zu einem Teil diesem Zweck. Auch bei ihnen geht es oft um Lebenssinn und um Heil, nicht nur um Heilung und Linderung von seelischem Leid.

P: Nun ist ja das Angebot an solchen Behandlungsverfahren aus dem Umkreis des New Age mittlerweile riesengroß. Dennoch haben Sie – und ich denke, mit einigem Recht – diesen Strömungen in Ihrem Vortrag über die New-Age-Bewegung ein gemeinsames Ziel zugeschrieben: «Bewußtseinserweiterung». Und Sie haben dort diesem Ziel das Ideal der Psychoanalyse gegenübergestellt: «Aufhebung von Unbewußtheit». In Ihren Worten: «Ich verstehe die Ansätze zur ‹Bewußtseinserweiterung› oft als auf ein Ergebnis hin orientiert; dort will man weg von störenden Gefühlen und ersehnte Gefühle oder Erfahrungen erreichen; es ist dies, genau besehen, ein Versuch, Symptome zu beseitigen.» Dieser Zielsetzung stellen Sie das Verfahren der Psychoanalyse gegenüber: «Wo man dagegen versucht, Unbewußtheit aufzuheben, will man sich prinzipiell mit allem befassen, was aus der Verdrängung auftaucht, ganz gleich, was es ist. Man kann sich der Ergebnisse einer solchen Bemühung nie sicher sein. Das macht diesen Vorgang viel ängstigender als den der ‹Bewußtseinserweiterung›.» Das hieße, mit anderen Worten gesagt: Die «Psychologie» der New-Age-Therapien kennt ihre Ergebnisse im Grunde schon vorher, sie zielt auf Gewißheiten ab – und neu wäre im Verlauf dieser sogenannten Therapien nur das «Erlebnis» dieser Gewißheiten. Ist es das, was diese «Therapien» für geängstigte und selbstunsichere Menschen oft so anziehend macht?

W: Ja, in dem Maß, wie wir uns der Gefühle *in uns*, also auch unserer Wünsche und Ängste, nicht sicher sind oder wir diese nicht als *unsere* annehmen können, müssen wir eine Sicherheit *außerhalb* von uns suchen. Wer «Gewißheiten» verspricht, hat viel Zulauf in einer Zeit, in der viel Angst und Unsicherheit die Menschen erfaßt.

P: Könnte es *auch* so sein, daß die «alten», die «etablierten» Therapieformen manchen Menschen zu rationalistisch erscheinen, ganz unabhängig davon, ob dieser Eindruck zutreffend ist oder auch nicht? Sie selbst sprachen davon, es habe zu viel «Gehirn» gegeben und zu wenig anderes, sagen wir mal, «Erlebnis» und «Gefühl». Ein Vorwurf, der in der Szenesprache manchmal mit dem Begriff der «Hirnwichserei», durchaus auch bezogen auf die Psychoanalyse, geäußert wird. Stellen deshalb diese neuen Therapieformen auch eine Quittung dar für bestimmte Mangelerscheinungen bei den älteren Formen von Therapie und hätten sogar ein Stück weit recht mit ihrer Kritik?

W: Ja! – Das ist schon möglich, wobei ich diese Berechtigung allerdings eher im Sinne der Verstehbarkeit auslegen würde, nicht so sehr im Sinne der Richtigkeit. Wenn wir bei der Psychoanalyse bleiben: Da gibt es einiges an Entwicklung inzwischen, zum Beispiel, daß sie zunehmend wieder auch in ihrer Möglichkeit als Kulturkritik verstanden und genutzt wird. Vor zwanzig Jahren schien das innerhalb der Psychoanalyse fast noch unmöglich zu sein. Da gab's den Horst-Eberhard Richter, die Mitscherlichs, und das war's dann fast schon ... Also, ich versuche ohnehin, wenn ich solche Dinge bedenke und mich, so gut man's eben kann, mit jemandem wie jetzt mit Ihnen darüber unterhalte, das in einem Gesamtzusammenhang zu sehen. Und da stehen wir höchst komplexen Entwicklungen gegenüber. Deswegen möchte ich auch sagen: Es gibt nicht *die* Psychoanalyse, und *die* Psychoanalyse ist gut, und andererseits gibt es *die* New-Age-Therapien, und *die* New-Age-Therapien sind schlecht und haben nichts mit Emanzipation zu tun. Sondern ich möchte es eher so formulieren: Es spielen sich unglaublich komplexe und zahlreiche Entwicklungen gleichzeitig ab, gegenläufige auch, und da ist in jedem Einzelfall anzuschauen, was daran gut sein könnte und was vielleicht weniger gut.

P: Einverstanden. Dennoch – denke ich – kann man bestimmte Gemeinsamkeiten bei den meisten «Therapieformen» innerhalb der New-Age-Bewegung ausmachen. Und bei *meiner* vorläufigen Bilanz würde ich vor allem drei Momente für wichtig halten: Es geht um *Intensivierung* des Erlebens – es handelt sich also bei fast allen Behandlungsformen um *kathartische* Therapien, die von der Existenz irgendwelcher Grundtraumen ausgehen, welche durch Wiedererlebnis und «Abschluß» aufgelöst werden sollen; man wendet – Punkt zwei – zur Erreichung dieses *psycho*therapeutischen Zieles *körperbezogene* Techniken an – Atem, Massage, Trance-Induktion; und man zielt, dies als drittes, nicht nur auf Befreiung von individuellem seelischem Leid oder auch Körpersymptomen, sondern auch auf «weltanschauliche Vertiefung» oder «Erkenntnis»: Das kann man «Spiritualität» nennen oder «Transformation», «Gottesbegegnung» oder «Vereinigung mit Kosmos oder Universalem Geist» – was auch immer. Mein Eindruck dazu: Abgesehen von der psychotherapeutischen Fragwürdigkeit mancher Details, abgesehen vom Okkultglauben, der da offenbar miterzeugt wird und teils auch erzeugt werden soll, abgesehen nicht zuletzt auch vom fragwürdigen Ausbildungsstand vieler «Heiler» in diesem Bereich, kommt mir das alles in seiner Psychologie auch ein bißchen zu großartig vor. Es erinnert mich an Ihre These von den Paradies- und Erlösungs- und Größenideen. Wie sehen Sie das?

W: Das sehe ich ähnlich wie Sie. Und wenn Fritz Schumacher einmal gesagt hat, daß es so schwierig sei, das menschliche Maß für uns selber zu finden, liegt auf der Hand, daß es auch nicht einfach sein dürfte, sich immer wieder mit den eigenen Größenfantasien und Kleinheitsängsten auseinanderzusetzen. Ich möchte das einmal an zwei Themen erläutern, die in unserem Leben eine große Rolle spielen – und offenkundig auch in der Bewegung des New Age: an den Themen Geburt und Tod. Es wird ja in dieser Szene viel von Geburt und Tod gesprochen, das sind dort sehr wichtige Begriffe – siehe «Rebirthing», siehe «Reinkarnationstherapie»! –, aber ich meine, man tut dies in einer nicht sehr körperlichen Weise. Es wird, soweit ich es sehe, zwar von existentiellen Erlebnissen gesprochen und von menschlicher Existenz, aber mir kommt das immer wieder so vor, als ob es dabei nicht wirklich um Zeugung, um Schwangerschaft und Geburt geht, als ob es nicht wirklich um unsere animalische Existenz und Begrenztheit geht. Wir sind doch Wirbeltiere, Säugetiere und unterscheiden uns gar nicht so sehr von den Tieren, obwohl wir das immer annehmen möchten. Entsprechende Berechnungen haben ergeben, daß wir Menschen bei neunzig Prozent unseres Genmaterials den Affen gleichen – und das ist natürlich sehr kränkend für uns, ähnlich kränkend wie die Entdeckung Freuds, daß wir ein Unbewußtes haben, über das wir weniger verfügen als dieses über uns, daß wir nicht Herr im eigenen Hause sind. Es stellt eine Kränkung dar zu erkennen, daß wir Tiere sind, daß wir eine

Sexualität haben, daß wir gezeugt werden, daß wir geboren werden, daß wir sterblich sind, daß alles einen körperlichen Ursprung hat, und da habe ich bei dieser New-Age-Bewegung immer wieder das Gefühl, daß sie über Geburt und Tod oft nur in einer Weise redet, als ob man diese Grundtatsachen der menschlichen Existenz aufheben könnte. Nehmen Sie das Beispiel «Wiedergeburt»: Da wird das harte Faktum Tod als reales Ereignis eigentlich wegfantasiert. Man denkt sich irgend etwas aus, um sich zu trösten, weil man Angst vor diesem endgültigen Ende hat. Und bevor wir gezeugt und geboren worden sind, gab es uns nicht. Es gab vielleicht vor unserer Geburt Fantasien über uns in den Köpfen der Eltern, aber *uns* gab es nicht. Und ich meine, die Reinkarnationsideen haben ganz viel zu tun mit der Angst und den Ohnmachtsgefühlen bei der Vorstellung, daß es uns vor unserer Existenz nicht gegeben hat, nach unserer Existenz nicht mehr geben wird, und sie haben zu tun mit der Abhängigkeit unserer Existenz von anderen Menschen und von biologischen Vorgängen. Wir wurden gezeugt, wir waren abhängig davon, daß unsere Eltern miteinander geschlafen haben, wir kamen zur Welt, weil uns unsere Mutter nicht abgetrieben hat, wir konnten am Leben bleiben, weil wir von der Mutter genährt und von den Eltern versorgt worden sind, wir konnten hineinwachsen in dieses Leben, weil unsere Eltern das ermöglicht haben – bis hin zu finanziellen Dingen. Das alles, scheint mir, taucht in den Äußerungen der New-Age-Bewegung über Geburt, Leben und Tod gar nicht auf, da geht's gar nicht um Geburt, Leben und Tod, so wie ich es verstehe, sondern es geht um die Idealisierung dieser Dinge, als ob sie was ganz Besonderes, etwas nur Geistiges und nichts Körperliches wären – etwas Besonderes deshalb, weil man es als etwas Besonderes haben möchte, um sich wertvoller fühlen zu können und nicht so verloren und unwichtig.

P: Das hieße: Die New-Age-Bewegung wehrte die Wirklichkeit unserer Existenz gleich in mehrfacher Weise ab: Sie verleugnete unsere Endlichkeit, unsere Abhängigkeit, teilweise auch unsere Körperlichkeit. Und sie böte statt dessen eine merkwürdige Idealisierung dieser Fakten an – erkennbar zum Beispiel am Begriff der «Spiritualität». Auch dieses Zentralwort des New Age signalisiert ja eigentlich diese – ich sage mal – entkörperlichende Tendenz, ganz so, als ob es unsere hundsnormale Animalität gar nicht gäbe oder diese relativ unwichtig wäre. Und was unsere Sterblichkeit angeht: Da wäre nicht nur der Reinkarnationsglaube zu nennen, wie er für die nach dieser Annahme benannten «Therapie»-Formen grundlegend ist. Da könnte man auch auf Leonard Orr verweisen, den Begründer des Rebirthing, der inzwischen ein Projekt mit Namen «Eternal Flame» ins Leben gerufen hat, mit der zentralen These: Wir Menschen sterben nur, weil wir glauben, sterblich zu sein. Geben wir diesen Irrglauben auf, fällt uns auch unsere physische Unsterblichkeit in den Schoß.

W: Mir ist noch etwas eingefallen zu dem Begriff «Spiritualität»: Mir scheint, daß mit solchen großartigen Begriffen auch die Abhängigkeit unserer Glückserfahrungen von ganz einfachen, ganz materiellen und leiblichen Dingen verleugnet werden soll. Wir meinen, wenn unsere Gefühle – in uns – stark und laut sind, dann müßten die Ursachen dafür – außerhalb von uns – «groß», «ewig» und so weiter sein. Ich merke, daß ich immer dann zufrieden werden kann, wenn ich wieder einmal die einfachen Gründe für Glücksgefühle akzeptieren kann, das heißt, daß dafür nichts «Großes» nötig ist. Da kommt dann zum Beispiel eine Katze zu mir her und möchte mit mir schmusen, nichts Spirituelles, nichts Riesiges, nichts Ozeanisches, aber: wirklich und schön.

P: Und weil es so irdisch ist, eben auch endlich.

W: Richtig! Denn wenn ich sterbe, ist das vorbei, da gibt es mich nicht mehr, und innerhalb von Stunden fange ich zu verfaulen an. Und das ist so schwer auszuhalten: daß man so wichtige Gefühle haben kann, daß unser Leben so schön sein kann und so grausam und daß es irgendwann anfängt und irgendwann aufhört – und ohne mich wird's auch gehen. Nicht wahr? Das ist so schwer auszuhalten.

P: Wenn ich das richtig verstehe, sehen wir uns in diesem Punkt einem paradoxen Phänomen bei der New-Age-Bewegung gegenüber: Zum einen ist das eine Bewegung, die bei ihren Formen von «Therapie» sehr intensiv auf den Körper schaut und den Körper in den Mittelpunkt therapeutischer Techniken rückt – denken wir an die verschiedenen Formen der Atem- und Massagetechniken etwa, an den Tantrismus, an Feuerlaufen und Aromatherapie! Zum anderen aber kommt das alles zugleich in jenen Überhöhungsformen einher, mit jener Abwertung der materiellen Seite unserer Existenz, wie Sie es geschildert haben. Das heißt: Das Kreatürliche ist Gegenstand von Abwehr und Überhöhung zugleich. Wie erklären Sie diesen Widerspruch? Oder: Ist es gar keiner?

W: Nun, gerade der Psychoanalyse wird ja oft vorgeworfen, sie arbeite nur «verbal», sie wolle mit den Gefühlen der Menschen nichts zu tun haben, und erst den neueren Therapietechniken gehe es wirklich um Spontaneität und Emotionalität. Ich halte eine solche Sicht für unzutreffend, für – im Wortsinn – oberflächlich. Als Psychoanalytiker interessieren mich nicht so sehr die oberflächlichen Verhaltensphänomene, entscheidend ist für mich nicht nur, ob nach außen hin etwas Heftiges oder «Spontanes» geäußert wird. Wichtiger ist meiner Ansicht nach die *Bedeutung* des Verhaltens für mich und zwischen mir und den anderen, und über genaue Bedeutung kann man sich jedoch nur mit Hilfe von Worten verständigen. Bewegungen, Gesten, Symptome im weitesten Sinne sind vieldeutig; wenn es einem darum geht, sich über die wirklichen Gefühle zu verständigen, dann kommt man ohne die vielgeschmähte Verbalität nicht aus. Ich glaube, daß die meisten Psychotherapieformen innerhalb der New-Age-Bewegung mit ihrem Bestreben, beim Patienten heftige Reaktionen zu provozieren, einem Anliegen folgen, wie es zum Beispiel auch dem verhaltenstherapeutischen Vorgehen zugrunde liegt. Erwünschtes, angestrebtes Verhalten soll dabei hergestellt werden. Die Bedeutung des Verhaltens, auch zum Beispiel zwischen Therapeut und Patient, wird nicht untersucht. Wenn es gelingt, das zusammen mit dem Therapeuten angestrebte «spontane» Verhalten zu produzieren, ist es sehr riskant, dies wieder in Frage zu stellen, weil man damit das gesamte therapeutische Arrangement in Frage stellen würde. Wenn man einen solchen Konflikt nicht zu riskieren wagt, wird man sein therapeutisch erwünschtes Verhalten für authentisch halten, für emotional und frei, weil laut oder heftig. Doch Heftigkeit *kann* nur, muß aber nicht Ausdruck von wahren Gefühlen sein; sie kann auch auf Automatismen oder Gehorsam beruhen. Man kann auch «spontan» Druck ausüben oder gewalttätig sein. Also, mir genügen solche Begriffe wie «Spontaneität» oder

«Emotionalität» nicht, weil mit ihnen noch nichts über die wirklichen Gefühle ausgesagt ist und auch nichts über ihre individuelle und soziale Bedeutung. Wichtig ist doch zu wissen: In welchen Beziehungen findet das statt, welchen Zwecken dient diese Heftigkeit? Geht es darum zu beweisen, daß ich heute der Emotionalste in der Gruppe war? Oder soll man die Fähigkeit erwerben, sich spontan gegenseitig mundtot zu machen? Noch einmal: Es geht mir darum, das alles auch in seiner Bedeutung und in seinen Beziehungen zu sehen.

P: Mir fällt dazu ein, was der Berliner Sozialphilosoph Wolfgang Fritz Haug in seinem «Hilflosen Antifaschismus» darüber gesagt hat. Er sprach da von der faschistischen Bewegung als einer Ekstase-Bewegung der Verklemmten – woraus hervorgehen dürfte, daß die schlichte Gleichsetzung von Emotionalität und innerer seelischer Freiheit, die ja immer mit dieser «Emotionalität» gedacht und gemeint ist, ein wenig zu schlicht ist. Trotzdem noch einmal zu meiner Ausgangsfrage zurück: zu diesem merkwürdigen Widerspruch zwischen Abwehr und Überhöhung des Kreatürlichen in der New-Age-Bewegung. Welche Erklärung haben Sie für dieses Paradox – wenn es denn eines ist?

W: Ich habe das ja schon angedeutet: Die Tatsache, daß wir abhängig, verletzlich und sterblich sind, ist schwer zu ertragen, besonders schwer, wenn man in Beziehungen aufgewachsen ist, in denen man wenig oder keine Geborgenheit erleben konnte. Wenn einem die Grunderfahrung fehlt, so wie man ist, grundsätzlich in der Welt willkommen zu sein, als Kind, als Mädchen oder als Junge einigermaßen geschützt und geliebt aufwachsen zu können, dann wäre es sehr angstauslösend, sich den Gefühlen von Schwäche und Ungeschütztheit auszusetzen. Dann wird man versuchen, die Abhängigkeits- und Schwächegefühle aus dem bewußten Erleben fernzuhalten. Das kann auf verschiedene Weise geschehen, zum Beispiel durch Verleugnung mittels Größenfantasien oder durch Idealisierung von Sicherheit anbietenden Ideen. Ich halte die Abwehr und die Überhöhung des Kreatürlichen nicht für einen Gegensatz, denn die Überhöhung des Kreatürlichen dient auch seiner Abwehr.

P: Kommen wir damit zu den einzelnen New-Age-Therapien! Indirekt angesprochen hatten wir sie ja schon mehrfach, vor allem das Rebirthing und die «Reinkarnationstherapie». Was halten Sie von der Grundannahme der Reinkarnationstherapie, daß wir alle schon mehrere Leben hinter uns haben, daß von dort unsere heutigen Störungen stammen und daß man durch Hypnose oder Fragetechnik in frühere Existenzen zurückkehren muß, um diese Störungen endlich loszuwerden?

W: Ich glaube nicht, daß man aus dem Umstand, daß sich jemand an Ereignisse aus einem früheren Leben zu erinnern glaubt, den Schluß ziehen kann, daß es sich um Reinkarnation handelt, sondern man muß das als eine Interpretation dessen begreifen, der so interpretiert. Und dann kann man sich überlegen: Warum interpretiert der das so? Ich führe solche «Rückerinnerung» an vermeintlich frühere Existenzen darauf zurück, daß wir *in diesem Leben* bedeutend mehr wahrzunehmen und aufzunehmen pflegen, als uns im allgemeinen bewußt ist. Wir bemerken das, wenn wir unsere Aufmerksamkeit auf etwas Bestimmtes konzentrieren, das uns bisher nicht interessiert hat, aber im Grunde schon immer von uns wahrgenommen worden ist. Ein Beispiel: Ich bin gerade dabei, in einem alten Haus einen früheren Stall umzubauen, und suche für diesen Zweck nach schönen Stallfenstern. Und wenn ich jetzt irgendwo unterwegs bin, sehe ich nur noch Stallfenster – das heißt, genauer gesagt: Sie fallen mir jetzt auf, obwohl ich sie natürlich schon früher gesehen habe. Ich denke, von dieser Art ist auch das Material, das bei den «Reinkarnationserlebnissen» ans Tageslicht kommt: Es handelt sich um «Stallfenster» aus dem jetzigen Leben, die einem vorher nur nicht aufgefallen sind.

P: Noch eine andere Frage zur Reinkarnationstherapie: Die Grundhypothese dieser Behandlungsform – etwa in der Variante von Dethlefsen und Dahlke – ist sehr stark mit dem Karma-Gedanken verknüpft, demzufolge heutiges Leiden auf Schuld in einem früheren Leben zurückzuführen sei. Und dementsprechend fantasiert dann jemand in diesem Setting – sagen wir mal – von seinem Mord an einem König, an einem Krieger oder auch an seinem Vater. Kann es sein, daß solche «Deckfantasien» therapeutisch sinnvoll sind? Weil es nämlich unter dieser schützenden Vorgabe – keine Angst, lieber

Patient, das ist ja nur ein Mordfall aus einem früheren Leben! – dem betreffenden Patienten leichterfällt, sich mit seiner eigenen Aggressivität auseinanderzusetzen, vielleicht sogar mit seinen Todeswünschen gegenüber dem eigenen leiblichen Vater im jetzigen Leben?

W: Zunächst: Das würde ich auch so sehen, daß es sich dabei um so etwas wie Verkleidungen oder Deckfantasien handelt. Auch unsere Träume schaffen – scheinbar «frei» erfundene – Bilder für ganz reale Emotionen und Zusammenhänge. Und ich vermute, Sie haben auch in dem anderen Punkt recht: Das kann natürlich sehr entlastend sein für den einzelnen, das reale Problem aus dem jetzigen Leben zurückzuverlagern in eine angeblich frühere Existenz. Aber wichtig bleibt doch die Frage, ob allein diese Entlastung schon psychotherapeutisch zu helfen vermag! Also, man kann's freundlich formulieren und sagen, dieses Grundarrangement der «Reinkarnationstherapie» habe entlastende Funktion, man kann's aber auch kritischer akzentuieren und feststellen: Es geht vor allem darum, nicht zu bemerken, in welchen Beziehungen man *jetzt* lebt. Und das schlösse zum Beispiel auch alle gegenwärtigen *Abhängigkeiten* mit ein, auch die zum Therapeuten – in diesem Fall: zum Reinkarnationstherapeuten! Noch klarer gesagt: Ich könnte mir vorstellen, daß jemand eine derartige Mordgeschichte, wie sie von Ihnen erwähnt worden ist, in seinen Fantasien aufs Tapet bringt, weil er es nicht wagt, dem Therapeuten zu sagen, daß er ihn nicht so unter Druck setzen soll – und diese Wut auf den Therapeuten, der ihn zwingt, die Welt so zu interpretieren, wie er, der Therapeut, es wünscht, verwandelt sich zu der Fantasiegeschichte über einen Königsmord.

P: Das leuchtet mir sehr ein. Und ich denke, was Sie zu dieser Verschiebungstechnik bei den Reinkarnationstherapien gesagt haben, ist ein hervorragendes Beispiel für die von Ihnen ganz allgemein für die New-Age-Bewegung getroffene Unterscheidung zwischen «Bewußtseinserweiterung» und «Aufhebung von Unbewußtheit». Unbewußtheit über das jetzige Leben wird mit seinen Problemen nicht aufgehoben und aufgearbeitet – in diesem Falle: über die Beziehung zum eigenen Therapeuten oder zu den eigenen leiblichen Eltern.

W: Genau! Das ist für mich ein ganz bedeutsamer Unterschied zwischen Psychoanalyse und den sogenannten New-Age-Therapien. Die Psychoanalyse rückt in das Zentrum ihres psychotherapeutischen Geschehens die sogenannte «Übertragungsanalyse» – die Erhellung und Bearbeitung dessen also, was emotional zwischen dem Patienten und dem Therapeuten geschieht, den Versuch zu verstehen, warum das so ist, woran es erinnert, woher es wohl kommt und wie beschaffen die wirklichen Gefühle sind. Die New-Age-Therapeuten tun von alledem oft aber das genaue Gegenteil. Sie sagen: Das, was zwischen dir und mir passiert, hat keine Bedeutung! *Damals* war's!

P: Noch mal in diesem Zusammenhang zu der Frage des «Erlebnisses» oder auch der «Emotionalität» im psychotherapeutischen Prozeß! Es wurde ja tatsächlich von einem Teil der Analytiker abgelehnt, bei ihrer Therapie von «korrektiver emotionaler Erfahrung» zu sprechen, obwohl ich das, dem guten alten Freudschen Dreisatz folgend – «Erinnern, Wiederholen, Durcharbeiten» –, nie ganz verstanden habe. – Nun, diese neuen Therapien setzen ganz zentral auf äußerste Intensivierung von Erleben und Emotionalität. Das Rebirthing etwa erzeugt tatsächlich Situationen der Todesangst, wenn es, wie seine Vertreter sagen, um das Geburtstrauma geht. Gleiches gilt für die «Holotrope Therapie». Ist in diesem Punkt der «Wiederholung» oder des «Wiedererlebnisses» die Psychoanalyse tatsächlich zu dürr geworden oder zu dürr geblieben? Mit der Folge der Abkehr vieler Menschen von ihr? Oder was hat es zu bedeuten, daß viele Menschen bei diesen neuen Therapien Intensivsterlebnisse suchen, schreckliche Erlebnisse oft beziehungsweise, wie die Vertreter behaupten, Erlebnisse kathartischer Art?

W: Das sind, glaube ich, zwei Fragen. Die erste lautet: Was hat die Psychoanalyse versäumt? Und die zweite geht in die Richtung, warum so viele Zeitgenossen bei den verschiedenen Therapieangeboten besonders intensive Erlebnisse suchen und danach oft quasi süchtig werden. – Zu Ihrer ersten Frage: Nun, ich denke: Genausowenig wie man von *den* New-Age-Therapieformen sprechen kann, kann man von *der* Psychoanalyse sprechen. Psychoanalyse ist immer das, was sich zwischen zwei Menschen ereignet oder – bei Gruppen- und Paartherapie – zwischen Therapeuten und Patienten.

Und das kann von Patient zu Patient, von Psychoanalytiker zu Psychoanalytiker sehr verschieden sein. Ich jedenfalls meine: Es gab immer auch Richtungen innerhalb der Psychoanalyse, die sich sehr um das emotionale Erleben gekümmert haben. Andererseits: Auch aus meiner Sicht läßt sich nicht leugnen, daß es innerhalb der psychoanalytischen Theoriegeschichte Zeiten gab, die dürrer waren als vorher und dürrer als jetzt. Bei der frühen Psychoanalyse war – wie zum Glück auch gegenwärtig wieder verstärkt – die Sexualität in ihrer Triebnatur von zentraler Bedeutung, dazwischen gab's eine Zeit, in den dreißiger, vierziger, fünfziger Jahren etwa, da stand das weniger im Mittelpunkt.

P: Ich vermute, Sie denken da unter anderem an die Ich-Psychologie Hartmanns zum Beispiel? Vielleicht auch an bestimmte neofreudianische Analytiker wie etwa Karen Horney? Kurz: an eine Psychoanalyse, der es eher um «Ich-Funktionen» und «Anpassung» ging?

W: Ja! Der Psychoanalyse kann es da nicht anders gehen als allen anderen Gruppierungen, nämlich daß sie von der Zeit und von deren Problemen abhängig ist. In den dreißiger Jahren, wohl noch bis nach dem Krieg, ging es besonders für die vertriebenen Psychoanalytiker – zumeist Juden – ums Überleben und um ihre Anerkennung in anderen Ländern, vor allem in den USA. Theoretisch befaßte man sich damals mit den sogenannten Ich-Funktionen und mit «Anpassungsmechanismen», also mit der Frage, wie kann man in einer fremden, nur zu oft feindlichen Welt seinen Platz finden, an dem man überleben kann. Auch ging es in dieser Zeit, nicht nur im Hitler-Deutschland, um Führertum und später um den Wiederaufbau und um das Wirtschaftswunder, alles Themen, bei denen die Triebnatur des Menschen und die daraus entstehenden Konflikte auch innerhalb der Psychoanalyse nicht so gefragt waren. Heute ist die Situation vielleicht wieder ein wenig anders geworden. Es können wieder andere Themen bewußter werden: Abhängigkeiten und die Austragung von Konflikten.

Und was Ihre zweite Frage betrifft: zu den Katharsisvorstellungen bei den New-Age-Therapien. Der Weg, den die Psychoanalyse anbietet, ist ein mühsamer Weg, den der Patient Schritt für Schritt selbst gehen muß. Ein Schritt, den er nicht gegangen ist, ist er nicht gegangen, und ein Schritt, den er riskiert hat, den hat er gewagt. Das klingt banal, aber es stimmt. Da erscheinen Angebote sehr verlokkend, die einem intensivste Erlebnisse anbieten, vermittelt von Therapeuten, die vorgeben, das Risiko für die dabei getanen oder unterlassenen Schritte übernehmen zu können. Je mehr man aber einem anderen die Verantwortung dafür überläßt, was mit einem geschieht, desto eher bekommt man ein Bild von sich als einem, der die eigenen wirklichen, kleinen Schritte gar nicht selbst gehen kann, sondern daß man nur «gegangen werden» kann. Das kann fatale Folgen haben: Für diejenigen, die dafür empfänglich sind, können dadurch suchtartige Abhängigkeiten entstehen. Der Therapeut, der einem die scheinbar «wirklichen», die intensiven Gefühle verschaffen kann, muß immer wieder aufgesucht werden, weil nur durch ihn und seine Intensivierungstechniken ein lebenswertes Leben möglich scheint. Politisch gesehen ist eine solche Entwicklung sehr bedenklich: Die vielen einzelnen, die sich nicht mehr zutrauen, in einer Welt voll existentieller Bedrohung die für eine Veränderung notwendigen mühsamen, kleinen Schritte zu gehen, sind die für die großen einfachen Lösungen vorbereiteten Untertanen. Kleine Schritte zu machen ist mühsam, und man fühlt sich dabei nicht großartig, sondern nur so groß und so klein, wie man wirklich ist. Aber das scheint mir letztlich befriedigender, weil ich selbst die kleinen Schritte wirklich getan habe.

«Die Grenze zu ‹Blut und Boden› ist fließend ...»

Der Münchner Psychologe Colin Goldner zu Geschichte und politischen Fragwürdigkeiten der «New-Age-Bewegung» sowie zur Schädlichkeit ihrer «Therapien»

Colin Goldner, Ph. D., Jahrgang 1953, ist wissenschaftlicher Leiter des «Forum Kritische Psychologie e. V.», München (Anlaufstelle für Therapiegeschädigte). Er hat Sozialwesen, Psychologie und Kulturanthropologie in München und Los Angeles studiert und zum Thema dieses Buches wichtige Veröffentlichungen vorgelegt – so unter anderem: «Rebirthing – Gefährlicher Weg zurück zur Geburt», in: Psychologie heute Nr. 7/1990, Weinheim; «Fernöstliche Kampfkunst – Zur Psychologie der Gewalt im Sport» (mit einem Kapitel über Gewalt im New Age), zweite, erweiterte und aktualisierte Auflage München 1991; «Mindmachines – gefährlicher oder fauler High-Tech-Zauber? Beobachtungen zu den neurophysiologischen Manipulationspraktiken der New-Age-Esoterik», in: H.-W. Carlhoff: Neue Wege zum Glück – Psychokulte. Neue Heilslehren. Jugendsekten. Stuttgart 1992. «Reinkarnationstherapie», in: Skeptiker, Nr. 2/1993, München.

PLATTA: Sie sind Leiter des Forums Kritische Psychologie in München, das sich seit vielen Jahren intensiv mit den sogenannten New-Age-Therapien auseinandersetzt. Meine ersten Fragen an Sie: Wie schätzen Sie eigentlich diese Bewegung des «Neuen Zeitalters» ganz generell ein? Worin sehen Sie deren Ursachen, wie beurteilen Sie die Wirkungen dieses zeitgenössischen Trends?

GOLDNER: Die New-Age-Bewegung hat viele Gesichter. Sie umfaßt eine Vielzahl ganz verschiedener Strömungen und Gruppierungen, die man nur schwer auf einen begrifflichen Nenner bringen kann. Wie der Name schon andeutet, geht es wesentlich um die Entwicklung eines neuen Denkens, eines goldenen, spirituellen Zeitalters, astrologisch: um das Wassermannzeitalter, in dem das Dasein der Menschen nach kosmischen Gesetzmäßigkeiten ausgerichtet sein wird. Das Old Age wird überwunden durch eine besondere spirituelle Avantgarde, eben die Verfechter des New Age.

Daß das Denken des Old Age abgewirtschaftet hat – fortschreitende Umweltzerstörung, zu gewärtigender Kollaps sämtlicher Ökosysteme im kollektiven Bereich, fortschreitende Innenweltzerstörung, Zusammenbruch der Immunsysteme im individuellen Bereich – und dringend von einem neuen Denken abgelöst werden muß, steht völlig außer Frage. New Age freilich bietet als «neues Paradigma» lediglich einen Rückfall noch *hinter* das alte an. Als hätte es eine Aufklärung nie gegeben. Einen Rückfall noch hinter die von den New-Agelern vielgescholtenen Philosophen Descartes und Bacon.

Wohlgemerkt spreche ich nicht von Menschen, die sich ernsthaft um eine Veränderung der Bedingungen auf diesem Globus bemühen, um einen Wandel des Bewußtseins. Solche Menschen fänden sich ja auch eher bei Amnesty International, bei Robin Wood, im Engagement für bedrohte Völker als im spirituellen Supermarkt des New Age, auch wenn New Age immer wieder versucht, solche Menschen und ihr Engagement zu vereinnahmen. Ich spreche vielmehr von denen, die ihr zynisches Geschäft betreiben mit den Sorgen und Ängsten der Menschen. Die systematische Verblödung betreiben und von Schutzgeistern aus kosmischen Sphären faseln, anstatt etwas zu einem Wandel beizutragen.

P: Man könnte also sagen: Im New Age träumt man den falschen Gegentraum zu einer falschen Welt – und manche nutzen dies weidlich aus. Dennoch: Ich möchte mal den «Advocatus Diaboli» spielen und die New-Age-Bewegung in Schutz zu nehmen versuchen. Ist es nicht so, daß von dieser Strömung ein zwingend erforderliches Denken im Weltzusammenhang vorangetrieben worden ist – Stichwort «Holismus»? Ist es nicht so, daß in Verbindung damit New Age auch auf seine Weise Schluß gemacht hat mit dem eurozentristischen Denken? Ich habe da beispielsweise die Wiederentdeckung fremder Religionen und Kulturen im Auge. Und ist es nicht so, daß die New-Age-Bewegung zu einer Wiederaufwertung der menschlichen Emotionalität geführt hat – und auch das sollte man doch eigentlich begrüßen?

G: Wenn Ihre Beschreibung der Wirklichkeit entspräche, wäre New Age natürlich sehr begrüßenswert. So aber spiegelt sie eher den abgrundtiefen Zynismus wider, der diese Bewegung durchzieht: Unter dem Deckmantel sehr spiritueller Begriffe – Liebe, Frieden, Gemeinschaft, Naturverbundenheit – werden da ultrareaktionäre, um nicht zu sagen: faschistische Ideologeme neu aufgekocht.

Um deutlich zu machen, was ich damit meine, versuche ich, die Hintergründe dieser Bewegung ein wenig auszuleuchten: Die New-Age-Anhänger wähnen sich ja gerne als die Avantgarde eines völlig neuen, noch nie dagewesenen Denkens. Unabhängig davon freilich, daß sich utopische Entwürfe für ein «Neues Zeitalter» in den Mythen nahezu sämtlicher Kulturen auf diesem Globus finden lassen, sind gerade die von New Age kolportierten Ideen keineswegs originär: Sie entstammen im wesentlichen den Konstrukten der Theosophie, einer Mixtur aus scheinbar rationalem mit mystischem, okkultem «Wissen», zu finden schon bei den Neuplatonikern des zweiten Jahrhunderts unserer Zeitrechnung und insbesondere in der von diesen mitgeprägten Gnosis. Theosophisches Gedankengut zieht sich quer durch das Mittelalter und die Neuzeit und taucht ganz besonders in den ab Ende des achtzehnten Jahrhunderts aufkommenden gegenaufklärerischen Traktaten der sogenannten Spiritisten auf, denen es vorzüglich um die mediale Kontaktaufnahme zu den Seelen Verstorbener geht. Als Gegenbewegung zu den umwälzenden gesellschaftlichen Veränderungen in Europa erreichte der Spiritismus gegen Ende des neunzehnten Jahrhunderts seine Höchstblüte: Allerorten traten selbsternannte Medien auf, die Botschaften aus dem Jenseits übermittelten: Geisterséancen mit Tischchenrücken und Kristallkugelschau: ein Rückfall in den schiersten Aberglauben, wie Friedrich Engels in einem Pamphlet von 1878 mit gebührendem Hohne schreibt.

1888 veröffentlichte die gebürtige Russin Helena Blavatsky ihr theosophisches Grundlagenwerk «Die Geheimlehre», die ihr auf spiritistische Weise von unsichtbaren Himalaya-Geistern übermittelt worden war. Diese «Geheimlehre», ein Konglomerat aus östlichen und westlichen Esoterik-Traditionen, vermischt mit evolutionistischen und aristokratischen Abstammungstheorien, gilt als das Standardwerk des europäischen Okkultismus. Nahezu sämtliche Werke der Theosophie und heutzutage des New Age sind bestenfalls Variationen des in diesem Buch vorgestellten Weltbildes: An einem bestimmten Ort im Himalaya befindet sich die irdische Kontaktstelle der «Großen Weißen Bruderschaft», einer Loge erleuchteter Meister, der neben Krishna, Buddha und Jesus unter anderem der Hl. Franz von Assisi, Leonardo da Vinci oder Johann Wolfgang von Goethe angehören. Diese «Bruderschaft» dient der «Galaktischen Hierarchie», die das Leben der Menschen auf der Erde insgeheim überwacht und die dieser Mitte des letzten Jahrhunderts die Aufgabe zugewiesen hat, die Menschheit in ein «Goldenes Zeitalter» zu führen. Das hierzu nötige esoterische Geheimwissen soll allen Menschen offenbart werden, die bereit sind, als «Lichtarbeiter» die neue spirituelle Weltordnung zu verwirklichen. Auserkorene Menschen müssen als Medien dienen für die Botschaften der ins Nirwana aufgestiegenen Meister. Die Verwirklichung des «Neuen Zeitalters» kommt der in der Evolution am weitesten fortgeschrittenen Rasse zu: den Ariern. Das Aussterben der «niederen Rassen» – Rothäute, Eskimos, Papuas, Australier, Polynesier und so weiter – ist daher eine karmische Notwendigkeit.

Die 1875 schon von Blavatsky in New York gegründete ultrareaktionäre «Theosophische Gesellschaft» lieferte mit derlei rassistischen Ideologien eine willkommene Rechtfertigung für die imperialistischen Völkermorde in der Dritten und Vierten Welt. Um die Jahrhundertwende hatte die Theosophische Gesellschaft, die sich mittlerweile «Adyar TG» nannte, über einhunderttausend Mitglieder mit Logen in fast fünfzig Staaten und weitreichenden politischen Einfluß. 1907 übernahm die Blavatsky-Schülerin Annie Besant den Vorsitz der Organisation, die unter dieser einen weiteren enormen Aufschwung erlebte. Im Auftrag des britischen Commonwealth übernahm Besant 1914 den Vorsitz des indischen Nationalkongresses, in dem sie sich aufgrund ihrer theosophischen Rassenlehre und der daraus abgeleiteten Forderung nach Beibehaltung der hinduistischen Kastenordnung sehr bald mit Gandhi überwarf.

Ein weiterer Wegbereiter des heutigen New Age ist Rudolf Steiner, der seine esoterische Karriere als Generalsekretär der «Adyar TG» in Deutschland begann. 1913 trennte er sich von dieser Organisation, da er den von Besant befohlenen hysterischen Starkult um Jiddu Krishnamurti, den die «Adyar TG» als neuen Christus ausrief, nicht mitzutragen bereit war. Steiner gründete die «Anthroposophische Gesellschaft», die die theosophische Lehre mit einigen humanen und sozialen Untertönen versah. An der Ideologie der Vorrangstellung der germanisch-nordischen Rasse hielt Steiner allerdings unbeirrbar fest. Neben Steiner gilt es insbesondere Anne-Alice Bailey zu erwähnen, die 1915 zu der kalifornischen Loge der «Adyar TG» gestoßen war. Als Medium erhielt sie persönliche Botschaften von der «Großen Weißen Bruderschaft». Sie erweiterte die Mitgliederliste der Bruderschaft um die Namen einiger theosophisch Erleuchteter: Napoleon etwa oder Bismarck, später auch Mussolini, Hitler, Stalin und Franco. Die reaktionäre Auslegung der Karma-Lehre wurde von ihr auf die Spitze getrieben: Soziales Elend sei allemal auf irgendwelche Schuld zurückzuführen, die der Betroffene in einem Vorleben auf sich geladen habe. Der Holocaust des Dritten Reiches wurde von ihr – noch nachträglich – auf solche Weise gerechtfertigt: Die Juden hätten lediglich ihr schlechtes Karma abzutragen gehabt.

P: Das erinnert mich daran, daß Auffassungen dieser Art schon in den Gründerjahren der NSDAP eine große Rolle gespielt haben und daß Autoritarismus und Aberglauben offenbar schon immer miteinander «korrelierten» – siehe die entsprechenden Untersuchungen von Adorno und anderen zur «Autoritären Persönlichkeit»!

G: Völlig richtig. Wobei die New-Age-Anhänger solche Zusammenhänge natürlich vehement bestreiten. Vor allem auch die «braune Aura» ihres eigenen Bewußtseins und Tuns.

Die Nationalsozialisten interessierten sich – naheliegenderweise – sehr für die theosophisch-elitäre Rassenlehre. Reaktionäre Kreise aus Industrie, Adel und Militär hatten sich schon zu Weimarer Zeiten zu eigenen esoterischen Geheimbünden zusammengefunden, in denen es – neben der Zerschlagung der Demokratie – vornehmlich um die Ideen eines neuen, arischen Zeitalters ging. Der bedeutendste dieser Bünde war der 1918 in München gegründete Thule-Orden, dem auch später Nazi-Größen wie Himmler – der sich als Reinkarnation Heinrichs des Löwen vorkam –, Heß und Rosenberg angehörten. Die Thule-Mitglieder träumten von den reinrassigen arischen Übermenschen, die die spirituell-politische Weltherrschaft ausüben sollten. Dem Anbruch des arisch-spirituellen Zeitalters, des Dritten Reiches, standen die «Dunkelrassen» – Juden, Neger, Zigeuner – im Wege, die es zu beseitigen galt. Messias des «Neuen Zeitalters» sollte Adolf Hitler sein. Unbestreitbar wurde der Nationalsozialismus aus solch esoterischen Quellen *mit* gespeist.

Wer glaubte, mit dem Ende der Nazi-Barbarei sei auch der damit einhergehende Theosophen-Spuk ein für allemal beendet, sah sich getäuscht. Seit Mitte der siebziger Jahre erfährt dieser unter dem Namen «New Age» eine ungeahnte Renaissance. Grauenhafter Unfug von Shirley McLaine etwa oder einer gewissen Chris Griscom, von Joseph Murphy, Thorwald Dethlefsen oder von dem ehemaligen Hitparadensternchen Penny McLean über ihre Kontakte zu Geistwesen oder zum Höheren Selbst («Channeling») wird in eigenen Esoterik-Reihen großer Verlage verlegt und erreicht Auflagen in Millionenhöhe.

Kaum ein Lebensbereich, der nicht von New Age durchzogen wäre. Insbesondere die Psychoszene ist weitgehend davon unterwandert, wie die Unzahl an esoterischen Einrichtungen und «Praxen» zeigt. Vielfach werden hochpotente, sprich: keinesfalls ungefährliche Psychotechniken eingesetzt, die in der Hand unqualifizierter Therapeuten fatale Folgen zeitigen können. Die meisten der New-Age-Therapeuten verfügen über keinerlei qualifizierte Ausbildung; sie bedienen sich einer rechtlichen Grauzone, die es jedermann gestattet, sich als Psychotherapeut zu bezeichnen. Auch die ökologische Bewegung ist vielfach esoterisch angehaucht: Gern werden etwa «Orte der Kraft» aufgesucht, an denen dann pseudoschamanistische Rituale zur «Versöhnung mit Mutter Erde» inszeniert werden. Völlig wahllos bedient man sich dabei der Überlieferung jedes nur erdenklichen Kulturkreises: Keltische und germanische Traditionen werden da ebenso trivialisiert und vereinnahmt wie indianische oder tibetanische – Hauptsache, das Ganze hat irgend etwas «Mystisches» an sich, und der einzelne wähnt sich irgendwie als «Teil des Ganzen». Die Grenze zu Blut-und-Boden ist fließend. Selbst die Feministinnen haben ihr Kreuz mit dem New Age: Stichwort «Die neuen Hexen» (Jannberg), deren aggressive «Philosophie» die Frau als das grundsätzlich höherentwickelte Wesen ausgibt.

Zurück zur «Großen Weißen Bruderschaft»: Dieser ist unter anderm auch die Atombombe zu verdanken, die sie der Menschheit als Geschenk zur Bekämpfung des Bösen übergeben hat. Die Bombe sei unerläßlich zum Aufbau der neuen Weltordnung, in der dann die «spirituell am weitest fortgeschrittenen Rassen» das Sagen haben werden. Apropos: Sir Georg Trevelyan, Bailey-Schüler und Gründer des berüchtigten New-Age-Zentrums Findhorn, preist die «Erlösung» eines atomaren Holocaust: «Nach einem Atomkrieg könnte die Erde in neuer Schönheit entstehen.» Trevelyan ist unter anderem «spiritueller Berater» von Prinz Charles. Selbstredend findet sich auch zu Tschernobyl bei den Apologeten des New Age Entsprechendes: Verstrahlung, Leukämie, Tod treffe ohnehin nur Menschen, denen es aufgrund ihrer Handlungen in früheren Leben bestimmt sei, so zu sterben. Alles Karma. New-Age-Guru Erhard Freitag bedauert gar, daß es nicht viel mehr Tote in Tschernobyl gegeben hatte: «Leiden schafft Erleuchtung. Ich hätte gerne gehabt, wenn es eine Million Tote gegeben hätte.» Thorwald Dethlefsens Esoterik-Schule vertritt ähnliches. Dethlefsen-Schüler Josef Neumayer: «Letztlich sind auch AKWs von Gott gesandt. Ein Mensch, der geistige Reife hat, den kann Radioaktivität nicht treffen.» Nicht nur stellt radioaktive Verseuchung also keinerlei Grund zur Sorge dar, sondern – sofern man dafür «offen» ist – ein gar wünschenswertes Agens für die «Entfaltung kosmischen Bewußtseins». Chris Griscom, Superstar der New-Age-Szene: «Je mehr unsere Körper radioaktiv werden, desto mehr wird unsere Fähigkeit erhöht, UFOs wahrzunehmen.»

Nochmals zur «Großen Weißen Bruderschaft». Heutzutage können sogar Indianerhäuptlinge – tote selbstredend – zur Ehre gelangen, aufgenommen zu werden. Aus kosmischen Sphären meldet sich etwa der Irokese White Eagle zu Wort, dessen – ultrareaktionäre – Botschaft an die Menschheit mittlerweile zahllose Bücher füllt («Beklagt euch nicht über euer Los!»). Als Klassiker gelten die literarischen Ergüsse eines Charles W. Leadbeater, der das «Aussterben der Naturvölker» zur «karmischen Notwendigkeit» erklärt.

Die heutigen New-Age-Vertreter führen die reaktionäre Ideologie der Theosophen ungebrochen fort. Selbstredend *propagieren* sie nicht die Ausbeutung der Völker der Dritten und Vierten Welt. Sie sagen es nicht *laut*, daß die Slums und Elendsviertel dieser Welt Tummelplätze für niedere Seelen sind, denen nur Recht widerfährt. All das Rassistische, Antisemitische, Faschistoide bleibt unterschwellig, verborgen. Nur ab und zu – eher versehentlich – erfährt man vom wahren Geist, der sich hinter der bieder-kleinkarierten Fassade des New Age verbirgt.

P. Sie denken da an konkrete Vorfälle? Etwa an die Äußerung des «Rebirthers» Phil Laut, der die Ermordung der Juden durch die Nazis als im Grunde selbstproduziertes Schicksal der Juden bezeichnet hat?

G: An solche und an andere Fälle! – Wenn etwa Star-Esoteriker Erhard Freitag in einer Club-2-Sendung des ORF ganz offen daherschwadroniert, die sechs Millionen Opfer des Holocaust hätten in den Gaskammern des Dritten Reiches lediglich irgendwelche Vergehen aus früheren Leben zu büßen gehabt; die Nazis seien im Grunde nur behilflich gewesen, das schlechte Karma der Juden abzutragen: «Leiden ist ein wunderbares Mittel zum Zweck» (O-Ton Freitag). Oder wenn RTL-Moderator und New-Age-Sprachrohr Rainer Holbe, in ähnlicher Argumentationsrichtung, ein Buch unverhohlen antisemitischen Inhaltes auf den Markt bringt. Es geht in diesem Machwerk unter anderem um den vor einiger Zeit an Krebs verstorbenen Quizmaster Hans Rosenthal («Dalli-Dalli»). Zwei «Geistwesen aus einer höheren Welt» hätten Holbe Kriminelles aus Rosenthals früheren Leben berichtet: In einem seiner Vorleben sei dieser ein Dieb gewesen, in einem anderen habe er zehn Menschen umgebracht, in wieder einem anderen habe er tatenlos zugesehen, wie man seiner Frau die Kehle durchschnitt. Seine Leiden im jetzigen Leben, so ließe sich folgern, waren nur die gerechte Strafe für all seine Vergehen in früheren Leben. Im übrigen habe er ja auch gleich für sein Volk mit Buße getan ...

P: ... faschistische Sippenhaftung im Gewand der Karma-Lehre ...

G: ... richtig, die Juden hätten die Menschheit so sehr geschädigt, daß sie ganz zu Recht zu leiden hätten. Unmittelbar nach Erscheinen seines Buches (Anfang 1990) wurde Holbe von RTL-Plus fristlos rausgeworfen. Auch Freitag mußte seine Münchner Skandalpraxis schließen. Dem Umsatz seiner Bücher und Kassetten tat dies aber kaum Abbruch. Ebenso wie Holbe tingelt auch er nach wie vor erfolgreich durch die Lande, ganz zu schweigen von den zahllosen sonstigen Vertretern und Hausierern des New Age: Das zynische Geschäft mit der Verblödung läuft wie geschmiert – vor allem auch in der ehemaligen DDR, wo die Menschen ja noch keinerlei Immunität dagegen haben entwickeln können.

P: Was wohl einiges über die Gründe verrät, weshalb derartige Bewegungen eine solche Konjunktur für sich verzeichnen können: nicht zuletzt individuelle Sorgen und Angst sowie eine gesamtwirtschaftliche Rezession – diesen Zusammenhang gab es in der Geschichte des Aberglaubens ja öfters schon. Aber ich wollte etwas anderes an dieser Stelle erwähnen – Stichwort «Karma». Dahlke hat mir gegenüber klargestellt, daß er als abendländischer Esoteriker bei seinem Glauben an die Reinkarnation auf die christliche Tradition zurückgehe, nicht auf hinduistisches Gedankengut, und daß er unter «Schuld» im karmischen Sinne eher die Abspaltung des Menschen von sich selber verstehe, eine Art Selbstspaltung, die überwunden werden müsse, wenn der Mensch aus seinem Leid herausfinden wolle.

G: Mag sein, daß er Ihnen das im Gespräch so gesagt hat. In seinem Buch, das er zusammen mit Dethlefsen veröffentlicht hat, «Krankheit als Weg», liest sich das ganz anders. – Im übrigen: Tatsache bleibt so oder so, daß hochkomplexe religionsphilosophische Traditionen wie etwa der Hinduismus oder der Buddhismus im New Age aufs unerträglichste simplifiziert und trivialisiert werden; selbstredend scheut man sich auch nicht, verschiedene christliche Traditionen zu verhackwursten: Es können einem wirklich die Haare zu Berge stehen. Freilich, wenn man sich die einzelnen Propheten des hiesigen New Age ansieht, sollte man sich auch nicht groß drüber wundern: Von wenigen Ausnahmen abgesehen, sind sie philosophisch oder religionsgeschichtlich völlig unqualifiziert. Nicht wenige Größen des Show-Biz, deren Stern den Zenit längst überschritten hat, tauchen plötzlich als Lichtgestalten der Esoterik-Szene wieder auf und verkünden nun der Weisheit höhere Einsicht. Der hierzulande meistgelesene New-Age-Autor, ein ehedem leidlich erfolgloser Bratpfannenverkäufer aus München, wähnt sich plötzlich auf einer Stufe mit Buddha, Lao-Tse und Jesus und macht als «spiritueller Lebenslehrer» Millionenumsätze.

P: Meine abschließende Frage zum generellen Thema New Age: Nehmen wir diese Bewegung nicht zu wichtig? Werten wir sie durch unsere Beschäftigung mit ihr nicht unnötig auf?

G: Der Umstand, daß die New-Age-Esoterik *zuwenig* wichtig genommen wurde und immer noch wird, rächt sich allenthalben. Selbst und gerade pädagogische oder psychologische Fachkräfte vor Ort stehen dieser «spirituellen Gegenkultur», wie sie sich hybride nennt, oftmals völlig unkundig, sprich: völlig hilflos gegenüber – oder fallen ihr eben deshalb gar selbst zum Opfer. Daß New Age sich in einem nahezu unangefochtenen Freiraum entwickeln konnte und sich nach wie vor kaum irgendwelcher Kritik ausgesetzt sieht, hat wohl in erster Linie damit zu tun, daß es vielen Vertretern der Wissenschaftsbereiche, aus denen New-Ageler wahllos einzelne Aspekte zum Zusammenbau ihrer disparaten Konstrukte entnehmen (Medizin, Psychologie, Philosophie und anderes), schlicht zu blöde wäre, sich ernsthaft mit all dem Quatsch zu befassen. Solche Auseinandersetzung würde bloß eine unbillige Aufwertung all des New-Age-Unfugs bedeuten. Es hat New Age inzwischen freilich derart weite Kreise gezogen, daß – auch wenn es schwerfällt – kein Weg mehr an einer fundierten Auseinandersetzung vorbeiführt. Man denke nur an den unglaublichen Ausstoß an Buchneuerscheinungen (auch wenn es sich vielfach nur um Aufgüsse von Aufgüssen handelt), die der New-Age-Esoterik zuzurechnen sind. Kaum ein größeres Verlagshaus, das nicht schon eine eigene Esoterikreihe anbietet. Oder an den Irrwitz, daß rund ein Drittel unserer politischen Entscheidungsträger regelmäßig bei Wahrsagern und Astrologen Rat und Weisung sucht. Ich erinnere da nur an Ronald Reagan. Das Wohl und Wehe der gesamten Menschheit hängt von solch ewiggestrigen Dummköpfen ab.

P: Zu einem anderen Thema: New Age ist offenkundig nicht nur eine quasipolitische, quasireligiöse und quasiwissenschaftliche Bewegung, sondern auch eine Bewegung mit *quasitherapeutischem* Anspruch – das heißt: Zu ihr stoßen auch Hilfsbedürftige, Hilfesuchende, kranke Menschen, die Beistand benötigen und ihn in dieser Bewegung vielleicht auch bekommen. Ihre Einschätzung?

G: Ich kann ja mal aufzuzählen versuchen – ex tempore und ohne Anspruch auf Vollständigkeit –, was einem unter dem Stichwort «New-Age-Therapien» so alles begegnet: Begriffe schwirren da durcheinander wie Reiki, Aura-Reading, Mind-Clearing; Pulsation, Vivation, Rebirthing, Channeling, Polarity; Wing-Song oder

Ch'i-Kung, tantrische Alchemie, Dansergia oder Hemia-Synch; Arbeit an den Chakren, am Höheren Selbst, an der Kraftzentrale Unterbewußtsein; Kontakt mit Verstorbenen, mit Schutzgeistern, mit UFO-Besatzungen und sonstigen außerirdischen Wesen; Entwicklung von Psi- oder transpersonaler KI-Power mit Hilfe von Kristallen, Pendeln, Wünschelruten, Tarot, Kabbala oder Runen. Kurz: ein unsäglicher Begriffs- und Methodenwirrwarr. Kaum jemand kennt sich da noch aus, besonders auch, weil alle Augenblicke irgend jemand noch was dazuerfindet. Viele Klienten mit ernstzunehmender Symptomatik durchlaufen eine dieser «Therapien» nach der andren – natürlich ohne daß irgendwelcher Wandel erzielt wird. Bestenfalls haben diese Therapien eine Art Placeboeffekt: Der Klient fühlt sich vielleicht kurzfristig besser – allein durch den Umstand, *irgend etwas* für sich getan zu haben. Ansonsten verschärfen sich die Probleme, derentwegen er Rat und therapeutische Begleitung suchte, in der frustrierenden Erfahrung, eine Menge Energie umsonst aufgewandt und eine Menge Geld sinnlos zum Fenster hinausgeworfen zu haben. New-Age-Therapien sind freilich so strukturiert, daß die Verantwortung für den Mißerfolg einer Behandlung grundsätzlich dem Klienten zugeschrieben wird. Dem bleibt die Hoffnung, daß es ja vielleicht dann bei der nächsten Therapie klappt, dem nächsten Therapeuten, der nächsten Methode.

Zur Verteidigung der New-Age-Therapien kann vielleicht angeführt werden, daß die meisten davon wohl völlig nutzlos sind, ansonsten aber für den Gesunden weiter nicht gefährlich: Viele sind so abstrus, daß es schwerfällt, Mitgefühl für die Reingelegten zu haben. Allerdings gibt es auch einige Therapieformen, insbesondere die, die über den Körper beziehungsweise den Atem ansetzen, die als hochgefährlich zu werten sind und zu deren Handhabung die in der Regel klinisch völlig unkundigen New-Age-Therapeuten durch nichts qualifiziert sind. Als Beispiel sei eine der «Paradedisziplinen» des New Age genannt, das sogenannte *Rebirthing*. Es handelt sich dabei um eine Form der Atemmanipulation, die im wesentlichen darin besteht, möglichst keine Pause zwischen den jeweiligen Atemzügen eintreten zu lassen, also «verbunden» zu atmen; besonderer Akzent liegt auf dem Einatmen, das vorzüglich in den Brustraum geschehen soll. Wie aus der bioenergetischen oder primärtherapeutischen Arbeit bekannt, lassen sich über solch hyperventilierende Atemtechnik relativ leicht trance- oder rauschähnliche Regressionszustände induzieren: Die Klienten weinen, schreien, kreischen, strampeln – es wird sehr viel aufgerissen, aber nichts bearbeitet oder integriert. Es kann dies zu einem völligen Zusammenbruch des einzelnen Klienten – bis hin zu psychotischer Dekompensation und suizidalen Krisen – führen; ganz abgesehen davon, daß solcher Eingriff in das Atemgeschehen für Menschen mit Herz-Kreislauf-Labilität oder mit psychosomatischen Störungen (Asthma, Colitis und so weiter) ohnehin höchst gefährlich ist; ganz zu schweigen für Menschen mit psychoneurotischen Störungen oder – womöglich latenten – psychiatrischen Erkrankungen. Ein Durcharbeiten des aufgerissenen Materials – oft die Vergegenwärtigung zutiefst traumatischer frühkindlicher Erfahrungen – ist ausdrücklich *nicht* vorgesehen. In der ihnen eigenen Banalrezeption des Reichschen Orgasmusmodells (Ladung-Klimax-Entspannung) gehen die Rebirther davon aus, der Atemprozeß sei «automatisch integrativ», einer kontinuierlichen Nach- oder Weiterarbeit bedürfe es daher nicht. Solche Praxis allerdings reicht nahe an die Grenze des Kriminellen heran. Diese wird vollends überschritten in der «Indikationslehre» des Rebirthing, derzufolge, wie in der einschlägigen Literatur nachzulesen, dieses ganz besonders angezeigt sei bei allen psychosomatischen und neurotischen Störungen, bei Herzrhythmusstörungen, Bluthochdruck, bei Übergewicht, Schlafstörungen, Drogenabhängigkeit; gar bei Krebs und Aids. Ganz besonders sei es auch zu empfehlen für Schwangere, die dadurch ihrem Neugeborenen das Geburtstrauma ersparen können. Teils sind solche Behauptungen einfach Quatsch, teils sind sie aber auch eine Angelegenheit für den Staatsanwalt: Ohne diganostische Kenntnis und differenzierte Indikationsstellung Rebirthing zu betreiben, ist unverantwortliche Scharlatanerie. Den Klienten vor der Sitzung ein Papier unterzeichnen zu lassen, alles geschehe auf eigenes Risiko – wie dies üblich ist –, steigert die Verantwortungslosigkeit in blanken Zynismus.

P: Zur Hyperventilation: Sowohl Rüdiger Stellberg als auch Helga Eichler haben bestritten, daß sie nach dieser Methode ihr Rebirthing betreiben. Sie sprechen statt dessen von einem «sanften, geschlossenen, kreisförmigen Atem». Alle meine Gesprächspartner haben betont, daß nicht einfach nur diese angeblich kathartischen Erlebnisse ausgelöst werden sollen, sondern daß es ganz zentral auch um die «Integration» dieser Erlebnisse geht. Es würde mit dem Material, das da ans Licht kommt, «gearbeitet», es gehe um Erkenntnis von Lebensmustern, um Entspannung und um Abschluß. Und außerdem, so Stellberg und Eichler, gehe es beim Rebirthing längst nicht mehr nur um das angeblich vorrangige Trauma der Geburt. Beide Rebirther sagten mir, es käme mit Hilfe dieser sanfteren Methode auch anderes Emotionale ans Licht. Wie stehen Sie dazu?

G: Letzteres glaube ich unbesehen! «Klassischerweise» umfaßt Rebirthing zehn aufeinanderfolgende Atemsitzungen, dann, so Erfinder Leonard Orr, sei der «neue Mensch» geboren. Aber: Der einzelne Rebirther hat natürlich ein kommerzielles Interesse, seine Klienten länger zu behalten. Also muß das Ganze irgendwie weitergehen. Allerdings kann man dem Klienten nicht weiterhin bloß das Wiedererleben der eigenen Geburt – in der Orr die zentrale Ursache für *jedwede* Störung sieht – anbieten, worum es in den ersten zehn Sitzungen ganz ausdrücklich geht. Besonders deshalb nicht, weil das «Hineinatmen in die eigene Geburt» eben nichts von dem versprochenen Wandel – «Explosion kosmischer Energie» – mit sich gebracht hat. Der Umstand übrigens, daß das im Rebirthing-Prozeß sich vergegenwärtigende «Primärmaterial» häufig «geburtsbezüglich» ist – ob nun «authentisch» oder «katathym», wäre für die klinische Arbeit zunächst völlig unerheblich –, hat wohl weniger mit der Atemtechnik an sich zu tun als vielmehr mit der ergebnisleitenden Absicht, in der diese eingesetzt wird: Wie alleine der Begriff «Re-birthing» schon nahelegt, geht es in erster Linie um das Wiedererleben der eigenen Geburt, das sich folglich auch vollzieht. Das Ganze läßt sich sehr probat also auch mit anderer Zielvorgabe durchführen. In manch fortgeschrittener Sitzung taucht daher durchaus auch Traumatisches aus anderen Lebensphasen und -bereichen auf. Regelmäßig auch «intrauterines» Erinnerungsmaterial. Eine Teilnehmerin auf einem Rebirthing-Kongreß im Herbst '89 berichtete – vielbeklatscht – von ihrer Rebirthing-Erfahrung als

«Ei» im Uterus der Mutter. In einem dramatischen Ausbruch beschrieb sie die Unzahl aufdringlicher Spermien, gegen die sie sich habe zur Wehr setzen müssen. Sie habe diesen Kampf verloren (!), was sich in ihrem späteren Leben in einem steten Unterlegenheitsgefühl Männern gegenüber manifestiert habe. Durch Rebirthing sei ihr dieser Zusammenhang bewußt geworden, und sie habe ihn so lösen können. Selbst *hinter* den Augenblick der Befruchtung kann zurückgeatmet werden: Das Wiedererinnern «früherer Leben» ist wesentlicher Bestandteil der Rebirthing-«Therapie». Die einzelnen «Therapeuten» eröffnen sich dadurch natürlich ein weites Betätigungsfeld: Man kann eine endlose Kette von Rebirthing-Sitzungen verordnen, weil ja auch die Zahl der Inkarnationen endlos ist. So kann man sich als Karl der Große inkarniert wähnen, als Julius Caesar oder als Neandertaler; natürlich gibt's davor verschiedene Leben in Tierform, davor in Pflanzenform und davor letztlich eine Existenz als Felsbrocken oder Kieselstein. Ein fortgeschrittener Rebirthing-Adept berichtete auf besagtem Kongreß von seiner Erinnerung als «Meteorit», als welcher er aus den Tiefen der Galaxis auf die Erde gekommen sei.

Nun zur Frage der Hyperventilation. Auch wenn von Rebirthern stets heftigst in Abrede gestellt, ist der gesamte Prozeß, ähnlich dem forcierten Atmen der Primärtherapie oder dem früher «LSD-Breathing» genannten Atmen nach Stanislav Grof, doch ganz ausschließlich durch Hyperventilation induziert. Lassen Sie mich kurz erklären, was da passiert: Beim Rebirthing-Atmen geht es um die Erhöhung der alveolären Ventilation. Durch die hohe Atemfrequenz mit inspiratorischer Verschiebung der Atemruhephase – nichts anderes bedeutet das «kreisförmige» Atmen – wird mehr CO_2 (Kohlensäure) abgeatmet, als im Stoffwechsel entsteht: Es kommt zu einem Abfall der CO_2-Spannung im Plasma und zur sogenannten respiratorischen Alkalose, einer Störung des Mineralhaushaltes. Einhergehend damit kommt es zu neuromuskulärer Übererregbarkeit mit tetanischen Symptomen – dem typisch verzerrten Mund etwa oder der Pfötchenverkrampfung der Hände – sowie einer Aktivierung des Sympathikus; der Puls steigt, es treten EKG-Veränderungen mit Extrasystolen auf. Ebenso treten Veränderungen in der regionalen Durchblutung auf; insbesondere die Gehirndurchblutung nimmt ab, was klinisch zu einem Präkollaps – Bewußtseinsstörungen, Schwindelgefühle – oder sogar zum totalen «Blackout» führen kann. Ebendiese – gelegentlich als rauschartig beschriebenen Extremerfahrungen, die sich durch das manipulierte Atmen einstellen – als «Meteorit» durchs All sausen –, lassen dieses so attraktiv erscheinen. Keinesfalls allerdings ist derlei Eingriff ins Atemgeschehen ein ungefährlicher Zeitvertreib; es können sich nachgerade fatale Folgen zeigen, wie ja auch eine ganze Reihe bekanntgewordener Fälle – schwere psychische und psychosomatische Störungen – belegen.

Der Umstand, daß neuerdings von den Rebirthern viel von «sanfter» und «integrativer» Arbeit gesprochen wird, in der Hyperventilation gar nicht mehr vorkommt, ist wohl in erster Linie auf eine Studie zurückzuführen, die ich im Auftrag von «Psychologie heute» durchgeführt habe. In dieser Studie habe ich die völlig unverantwortliche Praxis des Rebirthing kritisiert – wie ich sie nicht zuletzt auf dem «1. Deutschen Rebirthing-Kongreß» Ende '89 in Osnabrück – veranstaltet mithin von Stellberg – miterleben mußte: Wie eh und je wurde da «auf Teufel komm raus» drauflosgemacht – gehechelt, geschrien, gestrampelt –, teils in Großgruppen, in denen ein akuter Notfall in all dem Tohuwabohu gar nicht rechtzeitig hätte bemerkt werden können. Seit meiner öffentlichen Kritik, die von einer ganzen Reihe anderer Medien übernommen wurde, ist man da wesentlich vorsichtiger geworden.

P: Nun hat Stellberg bei meinem Interviewbesuch behauptet, Sie seien gar nicht dabeigewesen!

G: Ich war sowohl in Stellbergs Veranstaltungen zugegen als auch in den Gruppen und Vorträgen mehrerer anderer Rebirthing-«Therapeuten». Zusammen mit meiner Kollegin Rosemarie Fuchsbrunner, einer Diplom-Pädagogin, habe ich so ziemlich den ganzen Osnabrücker «Kongreß» abgedeckt. Einen guten Teil der Veranstaltungen habe ich sogar mit Walkman aufgenommen.

Noch ein Wort zu der Behauptung, es werde neuerdings «integrative» Therapie betrieben, sprich: therapeutische Nach- und Weiterarbeit der jeweiligen Atemsession angeboten. Hierzu muß man wissen: Nur die wenigsten Rebirther haben einen medizinischen oder psychosozialen Grundberuf oder irgendwie solide klinische Ausbildung. Die meisten verfügen gerade mal über etwas Selbsterfahrung, haben vielleicht auch irgendeines dieser mehr oder minder obskuren Rebirthing-Trainings absolviert, durch die man – oft in einem einzigen Wochenend-Workshop – selbst zum «Rebirther» wird. Sie sind in der Regel völlig unqualifiziert, mit einer derart tiefgreifenden Technik umzugehen – woran auch die inzwischen mancherorts angebotenen zwei- oder gar dreijährigen «Trainings» nicht viel ändern. Meist wird hierbei die Atemtechnik des Rebirthing lediglich mit ein paar anderen Psychotechniken – vorzüglich NLP oder dergleichen – verquickt, oder aber man variiert einfach ein wenig den Rahmen: Man betreibt Rebirthing etwa im eiskalten Wasser oder, abwechselnd dazu, im türkischen Dampfbad.

Die Rebirthing-Szene hat sich im wesentlichen zur Blütezeit der Rajneesh-Bewegung konstituiert. Als eine der bevorzugten Therapien des Ashram in Poona war Rebirthing von den Sanyasin in deren zahlreichen Zentren weltweit verbreitet worden. Simpel in der Technik und unmittelbar in der Wirkung, bot sie sich für die exaltierten Therapie-Inszenierungen der Rajneesh-Bewegung geradezu an: Insbesondere konnte jeder Sanyasi plötzlich selbst als «Therapeut» tätig werden. Frei von beunruhigenden Fragen nach klinischer Kompetenz, konnte jedermann sich in narzißtischen Allmachtsfantasien gefallen und munter drauflos-«therapieren». Auch die Hauptprotagonisten der heutigen Rebirthing-Szene entstammen zu großen Teilen dem Rajneesh-Umfeld – eine höchst unprofessionelle Szene, auch wenn sie manchen Akademiker in ihren Reihen führt.

Zu «integrativ-therapeutischer» Arbeit, selbst wenn sie nun inzwischen vorgesehen wäre, wie Stellberg behauptet, wäre kaum jemand aus der Rebirthing-Szene ausreichend qualifiziert, am wenigsten Stellberg selbst. Abgesehen davon, machen er und die meisten sonstigen Rebirther sich sogar strafbar, wenn sie ohne rechtliche Befugnis – kaum jemand aus der Szene ist zur Ausübung der Heilkunde beziehungsweise Psychotherapie befugt – Rebirthing betreiben.

P: Ich möchte trotzdem noch mal den «Advocatus Diaboli» spielen. Viele Absolventen dieser Therapien behaupten, daß ihnen diese Behandlungsverfahren gutgetan oder gar geholfen hätten. Alles nur Einbildung? Oder anders gefragt: Halten Sie für denkbar, daß es dort zu *tatsächlich* wirksamen Placeboeffekten kommt, zu suggestiven Wirkungen, die zumindest für einen gewissen Zeitraum vorhalten könnten?

G: Selbstverständlich können diese New-Age-Therapien hie und da einen wirksamen Placeboeffekt haben. Wenn's dem einzelnen guttut – wie auch immer –, bitte sehr, da habe ich auch gar nichts dagegen. Mir geht's um die Menschen, die durch solche Ansätze geschädigt werden, auch wenn die Schädigung – im besten Fall – vielleicht «nur» in einem «Für-dumm-verkauft-worden-Sein» besteht.

Apropos: Mein Rat für Geprellte, Geschädigte, Übers-Ohr-Gehauene, die irgendeiner der zahllosen New-Age-Esoterik-Psycho-Sekten oder einem der selbsternannten Wunder-Guru-Heilpraktiker-Therapeuten aufgesessen sind: Erheben Sie sofort vor Gericht Klage, und machen Sie dem örtlichen Gesundheitsamt Meldung! Es lohnt sich auf jeden Fall, gegen diese Scharlatane und Ausbeuter vorzugehen – allein der eigenen Seelenhygiene wegen. Gelegentlich bekommt man sogar sein Geld zurück. Unlängst erst ging etwa vor dem Landgericht in Kassel ein Prozeß mit weittragender Bedeutung zu Ende: Eine Frau hatte sich an einen «Heiler» gewandt, der «parapsychologische Hilfe bei Problemen jeder Art» angeboten hatte. Zur Lösung der Probleme war ein Vorabhonorar in Höhe von 3000 DM zu bezahlen. Da das Ergebnis der Wunderheilerei aber gleich Null war, verlangte die Frau vor Gericht ihr Geld zurück – und bekam recht. Wie das Gericht ausführte, gelte ein Vertrag, in welchem eine Partei sich zum Einsatz magischer (dito: esoterischer/metaphysischer/transpersonaler/astrologischer etc. Wunderheil-) Kräfte verpflichte, grundsätzlich als nichtig.

P: Und wie würden Sie – abschließend – den wesentlichen Unterschied zwischen New-Age-Therapien wie Rebirthing und seriösen Behandlungsverfahren definieren?

G: Klinische Therapie kann auf die Rekonstruktion pathogener Prozesse nicht verzichten. Es geht in der Therapie um die Neuordnung, Umbewertung, emotionale Differenzierung von biographischen Schockerfahrungen, von Atmosphären der Unterdrückung, Szenen der Verletzung – und dies durch die Verinnerlichung neuer zwischenmenschlicher Erfahrungen in *Kontakt, Begegnung und Beziehung* des therapeutischen Prozesses. Daß hierzu der willkürliche Einsatz irgendwelcher Psycho*technik* – wie etwa Rebirthing oder auch NLP – nicht ausreicht, versteht sich wohl von selbst. Auch daß solcher Prozeß nicht von heute auf morgen vonstatten gehen kann. Freilich können im therapeutischen Prozeß auch gewisse «Techniken» zum Einsatz kommen. So kann ateminduzierte Regression im Einzelfalle durchaus eine wertvolle Bereicherung des therapeutischen Instrumentariums darstellen – allerdings nur im Rahmen eines therapeutischen Gesamtkonzeptes und bei genauer Indikationsstellung; ordentliche klinische Qualifikation des Therapeuten ohnehin vorausgesetzt.

Rebirthing oder die anderen New-Age-Therapien – sofern man sie überhaupt als solche bezeichnen kann – bringen behandlungsmethodisch nichts Neues. Neu ist lediglich die obskurantistische Hintergrundsideologie, in die sie durchgängig eingewoben sind. Rebirthing etwa versteht sich ganz ausdrücklich als «spirituelle Heilslehre», in der es um nichts weniger geht als um das «Geheimnis der physischen Unsterblichkeit». Wie in der einschlägigen Literatur nachzulesen, sei beispielsweise Jesus mittels Rebirthing von den Toten auferstanden. – Ich finde, Psychotherapie ist ein zu kostbares Gut – und zu gefährlich –, als daß die New-Age-Szene Schindluder damit treiben dürfte.

«Ich kann nur warnen, sich solchen Behandlern anzuvertrauen ...»

Der Düsseldorfer Professor für Psychologie Hilarion G. Petzold über die Behandlungsverfahren des «New Age»

Hilarion G. Petzold, Jahrgang 1944, ist seit 1985 ordentlicher Professor für klinische Bewegungstherapie und Psychomotorik an der Freien Universität Amsterdam, Mitbegründer des «Fritz Perls Instituts», Düsseldorf, und wissenschaftlicher Leiter der «Europäischen Akademie für Psychosoziale Gesundheit», Hückeswagen. Außerdem arbeitet Petzold als Lehrtherapeut. Petzold, der nach einer landwirtschaftlichen Lehre 1963 in Paris die externe Hochschulreife erwarb und dort 1968 und 1971 zum Doktor der Theologie und Doktor der Philosophie promovierte, wurde von V. N. Iljine in Psychoanalyse, J. L. Moreno in «Psychodrama», Fritz Perls und D. Price in «Gestalttherapie» sowie O. Raknes und anderen in «Körpertherapien» ausgebildet. 1979 promovierte Petzold an der Universität Frankfurt am Main zum Dr. phil. im Bereich Heil- und Sonderpädagogik. Hilarion G. Petzold ist Begründer der «Integrativen Therapie», Pionier körperorientierter Psychotherapieformen und ganzheitlicher Behandlung und gibt unter anderem die Zeitschrift «Integrative Therapie» sowie die Buchreihe «Innovative Psychotherapie und Humanwissenschaften» heraus. Von seinen über fünfhundert Veröffentlichungen seien hier nur die folgenden Titel erwähnt: «Die neuen Kreativitätstheorien» (mit Emil J. Orth), zwei Bände, Paderborn 1990; «Integrative Therapie – Modelle, Konzepte und Methoden zu einer schulenübergreifenden Psychotherapie», Paderborn 1991.

PLATTA: Sie haben sich 1990 in «Psychologie heute» sehr kritisch über das Rebirthing geäußert – und zwar was seine Wirkungen betrifft. Doch bevor wir darauf kommen, eine Frage zur Theorie dieses Verfahrens: Gibt es Grundannahmen bei dieser «Therapie», die einen Begriff wie «Theorie» rechtfertigen könnten, plausible Grundannahmen sogar?

PETZOLD: Wenn man im wissenschaftlichen Sinn von Theorie sprechen will, gibt es für das Rebirthing sicherlich keine Theorie. Theorien sollen Wirklichkeit erklären, und zwar in einer Art und Weise, daß Vorhersagen über die Wirklichkeit gemacht werden können. Und außerdem sollen Theorien mit Methoden der Wissenschaft überprüfbar sein. Also, in diesem Sinne hat Rebirthing ganz gewiß keine Theorie. In einem etwas breiteren Sinne kann man sagen: Rebirthing bietet wie jedes praktische Verfahren Erklärungsmuster an. Und diese Erklärungsmuster muß man daraufhin überprüfen, ob sie in sich stimmig sind, ob sie mit dem klinischen Wissen, das im Bereich der Psychotherapien in ihrer nun bald hundertjährigen Geschichte gesammelt worden ist, übereinstimmen oder im Widerspruch stehen. Schließlich ist die Frage zu stellen, ob die klinische Praxis des Rebirthing in der Lage ist zu erklären, warum Menschen psychisch erkranken können und woran. Ich denke, in all diesen Punkten sieht es beim Rebirthing doch recht dünn aus.

P: Das Rebirthing bietet also keine praktisch abgesicherte Theorie und keine theoretisch abgesicherte Praxis, könnte man sagen – jedenfalls nicht im strengeren Verständnis von Wissenschaft. Gleichwohl: Gibt es Grundannahmen im Rebirthing – wie vortheoretisch oder mager auch immer? Und in welchem Verhältnis stehen diese Grundannahmen zu dem therapeutischen Konzept – zu der Vorstellung also: So und nur so kann man Menschen wirksam therapieren? Ich nenne einmal das Stichwort «Geburtstrauma».

PE: Grundsätzlich muß man sagen, daß die Geburt nicht ausschließlich unter dem Gesichtspunkt «Trauma» angeschaut werden kann. Die Theorie vom Geburtstrauma hat eine lange Tradition, allerdings keine wissenschaftliche. Natürlich gibt es traumatische Geburten, kein Zweifel daran. Aber im Grund produziert die Natur nichts Sinnloses, und es ist, wenn wir diese Traumahypothese evolutionsbiologisch betrachten, eigentlich sinnlos, daß ein fundamentaler Vorgang wie die Geburt derart widernatürlich beschaffen sein soll, daß alle Menschen, die geboren werden, durch die Geburt einen Schaden mitbekämen.

P: Haben Sie eine Erklärung dafür, daß es diese Annahme trotz dieser Tatsache gibt?

PE: Nun, ich vermute, wir haben es hier mit einer Fortschreibung der jüdisch-christlichen Erbsündenlehre im säkularen Gewande zu tun. Genau wie durch Eva alle Sünde in die Welt kam, wird auch bei dieser Annahme jede Frau schuldig, und zwar allein durch den Umstand, daß sie einem Kind das Leben schenkt. Freilich müssen wir sehen, daß diese Idee eigentlich von der Tiefenpsychologie propagiert wurde.

Freud nahm an, daß die Geburt die Urangst in den Menschen begründe, schon die etymologische Verwandtschaft der Wörter «Enge» und «Angst» weise auf diesen Zusammenhang hin. Das Kind müsse, wenn es geboren wird, durch die Enge des Geburtskanals hindurch und erlebe dabei zum erstenmal eine traumasetzende Angst. Der Freud-Schüler Otto Rank, einer der brillantesten Köpfe der ersten Psychoanalytiker-Generation, baute dann dieses Konzept zum sogenannten Geburtstrauma aus.

P: ... eine Theorie, der Freud dann allerdings entgegengetreten ist, weil er durch sie die Bedeutung seiner eigenen Theorie vom Ödipus-Komplex gefährdet sah ...

PE: Völlig richtig! Nur haben dann trotzdem Leute wie Wilhelm Reich, Arthur Janov, Leonard Orr, Stanislav Grof und andere diese Traumatheorie aufgegriffen. Ich sagte schon: Das widerspricht im Grunde der evolutionären Logik und ist, so meine ich, letztlich als ein krypto-religiöser Gedanke zu werten, als eine Vermutung, in der sich nichtreflektiertes religiöses Traditionsgut weiterschreibt. Da hat die Tiefenpsychologie ihre eigene Tiefe nicht ausgelotet, und das prägt natürlich auch das Denken bei den Rebirthern. Es gibt einen anderen Denker – Moreno, der Begründer des «Psychodramas» –, der hat zum Beispiel etwas ganz anderes gesagt, nämlich: Ehe die Geburt Trauma war, war sie Sieg. Ein viel plausiblerer Satz, wenn man auf die biologischen Fakten schaut, auf den Sachverhalt nämlich, daß der kleine Mensch daraufhin ausgestattet ist, geboren zu werden: Sein Schädel ist entsprechend geformt, seine Gliedmaßen sind noch von entsprechender Elastizität und so weiter. Und wenn man dann ein Neugeborenes sieht – ich arbeite ja an der Freien

Universität Amsterdam an einer Abteilung, die sich mit Frühgeborenen-Forschung intensiv befaßt –, kann man sehen, daß es munter und kommunikationsfähig und in keiner Weise traumatisiert ist. Wenn man statt dessen ein traumatisiertes Baby vor sich hat – nehmen wir an, traumatisiert durch einen Unfall oder durch eine Mißhandlung –, sehen wir kleine Lebewesen, die über Wochen verstört und beeinträchtigt sind. Also: Wir wissen zu genau, wie traumatisierte Babys aussehen, um sagen zu können, daß ein normal geborener Säugling in aller Regel keinerlei Traumazeichen zeigt. Ich halte diese verdeckt-religiösen Erbsünden-Gedanken und diese Schuldzuweisungen an die Adresse der Frauen, um es kritisch zu sagen, für eine typische Männerfantasie, die beim Rebirthing zum Grundstein einer Gesamtideologie gemacht worden ist.

P: Könnte man sagen: zu einer Gesamtideologie, welche darüber hinaus den Blick vor der Tatsache verschließt, daß entscheidende traumatische Ereignisse oft erst in den Monaten *nach* der Geburt zu beobachten sind – Stichwort «frühkindliche Störungen»?

PE: Ich denke schon! Denn das menschliche Wesen stellt ja, um mit dem Biologen Adolf Portmann zu sprechen, eine «biologische Frühgeburt» dar, es kommt anders ausgestattet als kleine Tiere zur Welt, die sofort aufstehen und springen und ihre Nahrung aktiv selber suchen können. Das heißt: Die «psychische Geburt des Menschen», mit einem Wort von Margaret Mahler, erfolgt eigentlich erst in den zwölf Monaten nach der Geburt, obgleich schon vorgeburtlich eine Entwicklungskontinuität beginnt. Der Säugling kommt nicht als *tabula rasa* auf die Welt, aber die Ausbildung komplexer cerebraler Strukturen liegt im ersten Lebensjahr. Deshalb ist es wichtig, auf diese Entwicklungsschritte zu sehen. Ein Beispiel: Nehmen wir einmal an, daß ein Kind in der sprachsensiblen Phase während des zweiten, dritten Lebensjahres zu wenig «Ansprache» gehabt hat und derart vernachlässigt worden ist, daß hier ein Defizit entstand. Da können Sie dann tausend Rebirthing-Stunden in das Geburtserlebnis investieren, und an Heilung tut sich nichts! Man darf doch nicht glauben, daß, wenn man die Leichen im Keller ausgeräumt hat, das gesamte Haus «clean» ist. Es kann durchaus auch im dritten und vierten Stock der Entwicklung, in der Schulzeit oder in der Adoleszenz, etwas Schlimmes passieren. Das heißt: Jede Störung sollte in jenem biographischen Milieu und auf jener Ebene aufgegriffen werden, auf der diese Störung entstand. Das eindimensionale Konzept des Rebirthing führt eigentlich alles auf eine verdeckte religiöse Vorstellung zurück: auf die Vertreibung aus dem Paradies nämlich, auf die große Katastrophe im kosmologischen Drama vor allem des jüdisch-christlichen Weltbildes. Die Geburt wird symbolisch als Vertreibung aus dem Paradies fantasiert, als Austreibung aus dem Urmeer des mütterlichen Schoßes, in dem sich das Grundvertrauen bildet, als Verstoßung aus der selbstverständlichen zwischenleiblichen Geborgenheit und Interaktion. Diese altvertraute mythologische Vorstellung wird von den Rebirthern aufgenommen und deshalb auch von vielen Menschen als stimmig erlebt. Die Wahrheit ist aber: Ein Säugling fällt nicht aus dem Paradies, wenn er geboren wird, er kommt in der Regel auch in ein Paradies – das einer liebenden Familie. Kurz: Eine sogenannte «Theorie», die entwicklungspsychologische Fakten ausblendet, kann – klinisch gesehen – wohl wenig erklären und – praktisch gesehen – wohl nur wenig heilen.

P: Nun könnte ich mir vorstellen, abgesehen von Ihren Beobachtungen in Amsterdam an Neugeborenen, daß Ihnen Rebirther vorhalten werden, ihre Patienten würden unter den Bedingungen des Rebirthing genau jene Erfahrungen machen, die Sie – sozusagen spekulativ nur – bestreiten. Das heißt: Diese Patienten würden tatsächlich ihre Geburt wiedererleben, vorgeburtliche Zustände sogar und zuweilen sogar ihre eigene Konzeption und frühere Inkarnationen!

PE: Natürlich sind solche Erlebnisse möglich! Die Frage ist nur, ob sie auf Ereignissen beruhen und *echte* Erinnerungen sind! Sehen Sie, wenn sich Menschen um eine Therapie bemühen, geben zumeist zwei motivationale Kräfte den Anstoß dazu: Leiden und der Wunsch, etwas über sich selbst zu erfahren, eine Neugierde also auf sich selbst oder die Not bei der Erklärung der eigenen Existenz. Das letztere hat keinen Krankheitswert, aber es ist ein starker Impetus. Ich meine nun: Vor diesem motivationalen Hintergrund kann eine Menge passieren. Und wenn ich bei derart motivierten Klienten psychisch aktivierende Techniken einsetze wie zum Beispiel die Hyperventilation – ein Verfahren, das die psychophysiologischen Vorgänge im Menschen massiv zu beeinflussen vermag –, kann allerhand erlebt werden und allerhand auch «erklärt» werden. Denn Geburtserlebnisse, wie sie von Rebirthern durchfantasiert werden, haben den Charakter von «Begründungslegenden». Der Begriff der «Begründungslegende» (Jolles) stammt, wie Sie wissen, aus einem ganz anderen Bereich, der Forschung über literarische Formen, etwa in den Bibelwissenschaften. Es sind Legenden, die zum Beispiel das Aufkommen der Zehn Gebote erklären sollen (Bernhardt). Doch ganz ähnlich gehen wir oft auch mit Fakten aus unserem Leben um: Wenn uns etwas unverständlich ist in unserer Existenz, schaffen wir Legenden, um es zu begründen, erzählen wir Geschichten, um es zu erklären. Und das hat durchaus eine heilende Wirkung. Ich will überhaupt nicht bestreiten, daß Rebirthing auch zu heilen vermag. Einmal, weil durch seine Technik – etwa die Hyperventilation, durch die Abatmung von CO_2, die Veränderung des Blutgasgemisches – ein psychisch veränderter, leicht euphorischer Zustand erreicht werden kann, mit Gefühlen der Befreiung oder Entrücktheit oder der Stimulierung alter Erinnerungen. Das heißt: Rebirthing setzt einen inneren Kintopp in Gang, setzt auch verschüttete Kreativität wieder frei, was sicher auch heilsam sein kann, und macht den Menschen zum Romanerzähler seiner selbst. Dabei geht es nicht so sehr darum, *reale* traumatische Fakten wiederzuerleben, sondern eine Geschichte zu definieren, die einem die Dinge erklärt.

P: Was Sie da sagen, erinnert mich auch an die sogenannten Reinkarnationstherapien!

PE: Dem kann ich nur zustimmen! Ganz Ähnliches gilt auch für die «Reinkarnationstherapien». Ein Beispiel: Wenn jemand unter einem Schiefhals leidet, einer Erkrankung also, wo Psychisches und Somatisches zu einer Verspannung der Muskulatur geführt hat, und sich in eine Psychoanalyse begibt, wird er vielleicht herausbekommen, daß er immer von etwas wegsehen mußte, das ihm verboten war. Das wird ihm also gedeutet und erklärt, aber: Der Schiefhals bleibt. Dann geht er vielleicht in die Gestalttherapie und spürt das durch und spürt da heran und findet womöglich heraus, daß er immer auf die rechte Wange geschlagen wurde – aber der Schiefhals bleibt. Dann sucht er die Bioenergetik auf, fängt an, Aggressionen auszudrücken, und stellt fest, daß er sich eigentlich immer von Aggressionen abwenden mußte – aber: Der Schiefhals bleibt! Also geht er in die Primärtherapie und fördert zutage, daß er vor der Geburt etwas quer lag und der Hals so ein bißchen abgeknickt war, bevor die Hebamme dem Frischgeborenen ein bißchen geholfen hat – aber: Der Schiefhals bleibt. Also begibt er sich auch noch in die Reinkarnationstherapie. Und da stellt er dann plötzlich fest, daß er in einem früheren Leben ein Pirat bei Störtebeker war, der bekanntermaßen enthauptet wurde, und daß er zu den paar Glücklichen gezählt hat, an denen Störtebeker noch vorbeigehen konnte, bevor er mit seinem abgeschlagenen Kopf hinfiel, und daß er, der Patient mit dem Schiefhals, also zu den Begnadigten gehörte. Nun, dieses traumatische Ereignis, daß sein geliebter Piratenkapitän enthauptet wurde, führte dazu, daß er sich in Identifikation mit ihm einen Schiefhals zugelegt hat. Vielleicht war er ja auch Störtebeker selber gewesen und hat deswegen einen Schiefhals im jetzigen Leben gehabt, ganz egal, Tatsache jedenfalls ist: Nach dieser Reinkarnationssitzung ist – gut vorbereitet durch die vorangehende therapeutische Arbeit mit den anderen Methoden – der Schiefhals weg! Was ich damit sagen möchte: «Heilungen» solcher Art sind durchaus möglich! Aber nicht, weil die Reinkarnationslehre stimmt oder weil der Betreffende tatsächlich einmal Störtebeker gewesen war oder ein Geselle von ihm, sondern weil er sich eine Begründungslegende geschaffen hat, weil er für sein Trauma oder für mehrere traumatische Ereignisse – es ist ja so, daß wir ganz selten nur durch *ein* Trauma erkranken – eine Geschichte bilden konnte, durch die er sich kathartisch zu entlasten vermochte, in der er zerrissene Fäden seiner Vergangenheit wieder zu einem ganzen Netz verknüpfen konnte, oder weil er – noch anders gesagt – eine unvollendete Geschichte aus seiner Vergangenheit in symbolischer Form zu Ende erzählen konnte. Mit einem Wort: Es ist möglich, daß jemand durch alle möglichen Therapieschulen geht, und erst in der Reinkarnationstherapie kommt es unter dem Hypnoid zu einem «Symboldrama», das heilt. Aber: Genausogut kann dabei auch gar nichts herauskommen, und oft genug kommt ja auch gar nichts dabei heraus.

P: Wenn ich das richtig verstehe, geht die Heilung also von suggestionsähnlichen Wirkungen aus. Aber: Passiert nicht auch oft genug das Gegenteil? Nicht Besserung des Leidens tritt ein – oder bestenfalls Nulleffekte sind zu registrieren –, sondern das Leiden wird schlimmer, und andere Symptome treten womöglich noch hinzu?

PE: So ist es! Es kann auch Traumatisches bei dieser angeblichen Befreiung vom Trauma passieren. Es kann sein, daß ein Horrortrip aus dieser Fantasiereise wird oder daß eine Abhängigkeit entsteht, von diesem Therapeuten, von dieser Therapieform, die fast einer Sucht gleichkommt. – Ich bin dafür, diese Phänomene so nüchtern wie nur möglich zu sehen, und das heißt: zu fragen, was da für Wirksamkeiten festzustellen sind, was brauchbar ist, was Scharlatanerie, was Geldschneiderei ist oder spinnig und was man ernst nehmen sollte. – Ernst zu nehmen ist auf jeden Fall das Erleben der Patienten, ernst zu nehmen allerdings auch, daß es sich beim Rebirthing durch die Hyperventilationstechnik, bei der Reinkarnationstherapie durch ihre Hypnosetechniken oder bei der Kombination von beidem um ganz massive Eingriffe in seelisches Geschehen handelt! Und wenn wir da Patienten haben, Borderline-Patienten, Patienten mit schweren Psychosomatosen oder einer sehr brüchigen Persönlichkeit, Patienten also, die psychosegefährdet sind, besteht auch die Möglichkeit der Schädigung, vor allem dann, wenn man feststellen muß, daß die Mehrzahl der Rebirther klinisch nicht ausgebildet sind, über keine klinische Erfahrung verfügen, nicht über genügend diagnostisches Know-how, um derart gefährdete Patienten zu behandeln und gegebenenfalls aufzufangen.

P: Ich denke, das leuchtet in jedem Fall ein – das heißt aber auch: Das gilt für die Anwendung jeder Therapiemethode. Nur scheint ja beim Rebirthing die Methode selber nicht ganz unbedenklich zu sein – zum Beispiel mit ihren physiologischen Folgen. Was halten Sie denn von dieser Seite des Problems? Und welche physiologischen Begründungen gibt es eigentlich für die geschilderten Fantasiereisen zurück in frühere Existenzen oder Begründungslegenden?

PE: Am besten gebe ich gleich ein Beispiel dazu: Ich habe mal in einer primärtherapeutischen Zeitschrift gelesen – also dem Mitteilungsblatt einer Schule, die dem Rebirthing in gewisser Weise verwandt ist –, daß ein Mensch mit einem «Primal» wiederzuerleben vermochte, daß er acht Stunden im Geburtskanal war und bei seiner Geburt eine Schwester mit goldener Nickelbrille sah und einen Arzt, der einen Bart trug. Ich behaupte: die *Geschichte* hat einen Bart! Wenn ein Kind mit verklebten Augen aus dem Geburtskanal herauskommt – und ich habe das ja oft genug erlebt! –, sieht es keinen Bart! Das visuelle Vermögen des neugeborenen Kindes ist noch gar nicht in der Lage, auf größere Distanz wahrzunehmen, und auch die Gedächtnisleistung des Gehirns reicht für die Erinnerung an solche vorgeburtlichen oder nachgeburtlichen Geschehnisse noch nicht aus. Die Gedächtnisleistung zentriert sich auf sogenannte propriozeptiven Wahrnehmungen – auf Wahrnehmungen also, die aus der eigenen Körpersphäre kommen, kurz: Der optische und akustische Sinn ist noch nicht dafür ausgelegt, *komplexe* Dinge wahrzunehmen, das Gehirn ist noch nicht ausgelegt, komplexe Dinge zu speichern. Wenn von solchen «Erinnerungen» und Wahrnehmungen trotzdem in detaillierter Form berichtet wird, liegt dem deshalb auch etwas anderes zugrunde: die Aktivierung nämlich von Gedächtnismaterial aus viel späterer Zeit. Konkret: Im Laufe unseres Lebens lesen wir über die Geburt, hören wir Erzählungen über die Geburt, sehen wir vielleicht im Fernsehen eine Geburt, stoßen wir in einer Illustrierten auf Fotos von einer Geburt. Das alles wird abgespeichert, und wenn man dann mit der Vorgabe: «Wir werden jetzt mal schauen, wie es bei Ihrer Geburt zuging!» auf die Matte gelegt wird und dank einer Hypnose oder Atemtechnik in einen leichten Trancezustand gerät, setzen sich diese Erinnerungsbruchstücke zu einem Gesamtbild zusammen und verdichten sich sogar zu einem Film.

P: Es wäre dem vergleichbar, was zu einem Teil auch in unserem Traumleben geschieht: die Montage von Erinnerungs- und Tagesresten zu einem geschlossenen Handlungsablauf …?

PE: Es ist durchaus vergleichbar damit und zeigt deswegen auch sehr schön das kreative Imaginationsvermögen des Menschen! Hier, in diesem Fall freilich, kommt es zu «hysterioformen Minipsychosen» – so würde ich das mal nennen –, zu einem hysterischen Zustand also mit einer «subjektiven Halluzination». Das hat schon Mesmer gemacht, das hat Charcot bei seinen Hysteriebehandlungen gemacht, das finden wir bereits bei Naturvölkern in der Gestalt der verschiedenen Trancetechniken, das ist also weder ungewöhnlich noch neu. Und neu und ungewöhnlich ist auch die womöglich kathartisch-lösende Wirkung nicht! Es ist durchaus nicht ausgeschlossen, daß in diesem Erleben all der Geburtsumstände ein echter Erinnerungs*kern* steckt, nämlich die Erinnerung an das propriozeptive Geschehen, und daß sich um dieses Kernerlebnis dann alle lebensgeschichtlich hinzugekommenen Informationen über die Geburt gruppieren. Ich arbeite unter anderem ja auch mit körpertherapeutischen Methoden, und da finden sich immer wieder solche Geburts-«erinnerungen».

P: ... mit dem Unterschied, daß Sie nicht an die Tatsächlichkeit dieser Erlebnisbilder glauben ...!

PE: ... Richtig! Denn wenn man genauer hinschaut, stellt man fest, daß sehr vieles nicht stimmt und auch nicht stimmen kann. Zum Beispiel: Ich habe bei Patienten, die in tiefster Regression gleichsam ins erste Lebensjahr oder in die ersten Lebensmonate zurückgekehrt waren, niemals einen «Babinski-Reflex» feststellen können – also einen Reflex des Fußes, den man nur beim Säugling auslösen kann. Das heißt: Diese Patienten waren nicht *wirklich* in die ersten Lebensmonate als Säugling zurückgekehrt, sondern «nur» in einem *emotionalen* oder *psychologischen* Sinn.

P: Kommen wir in diesem Zusammenhang noch auf einen anderen Punkt: Ist es nicht so, daß zum Trauma, wenn es Trauma werden soll – ich formuliere das jetzt etwas paradox –, in aller Regel mehr als nur *ein* Trauma gehört?

PE: Das sehe ich auch so. Und auch hier gleich wieder an einem Beispiel aufgezeigt: Wenn ich einen fünfunddreißigjährigen Borderline-Patienten habe, einen Patienten also mit einem relativ schweren Krankheitsbild, dann habe ich nicht jemanden vor mir, der *ein* Geburtstrauma erlitten hätte oder vorgeburtlich *ein* Trauma oder *eine* sogenannte «frühe Störung» oder frühe Schädigung – das alles hat er allenfalls *auch* –, sondern ich habe es mit jemandem zu tun, der eine fünfunddreißigjährige Lebensgeschichte des Unglücks hinter sich hat. Wir wissen aus der Forschung – insbesondere aus der Längsschnitt-Forschung –, daß Schädigungen im *ersten* Lebensjahr vom Säugling sehr gut kompensiert werden können. Sonst hätte übrigens die menschliche Rasse gar nicht überlebt. Eine besondere Verwundbarkeit hingegen, das zeigen die Forschungen, finden wir im *zweiten* Lebensjahr, in einer Lebensphase also, wo allmählich die Sicherheit der Mutter-Kind-Verbundenheit verlorengeht, wo die Wahrnehmungsbegrenzungen, die uns vor der Umwelt abgeschirmt haben, verschwinden und abgelöst werden von Selbstwahrnehmungen und einer gewissen Abständigkeit zu uns selbst, von der Erkenntnis, daß die Welt groß ist und potentiell wie realiter äußerst gefährlich. Also, *da* finden wir eine viel größere Vulnerabilität als noch im ersten Lebensjahr; und die Längsschnitt-Forschung – etwa bei Risikobabys, bei Frühgeborenen im Vergleich zu normal geborenen und normal aufgewachsenen Babys – zeigt, daß Probleme zumeist gut ausgeglichen und kompensiert werden können. Es spricht nichts für größere Folgeschäden, *außer* es entwickelt sich, wie Sie schon angedeutet haben, eine «chain of adversive events», eine Kette von negativen Ereignissen. Diese erst, das Anhäufen von Defiziten und Traumata, von Konflikten und Störungen bei fehlenden «protektiven Faktoren», kann eine Krankheit bewirken. Und das bedeutet auch, daß man in einer Psychotherapie oder in einer Körperpsychotherapie die *Lebensgeschichte* durchgehen muß und nicht nur nach irgendeinem Einzelereignis zu suchen hat. Um jemanden komplex und differenziert verstehen und seiner Persönlichkeit gerecht werden zu können, muß ich mich mit seiner Gesamtgeschichte befassen, nicht nur monoman und monokausal mit seiner «Vertreibung aus dem Paradies».

P: Ich könnte mir allerdings vorstellen, daß gerade darin die Anziehungskraft mancher neuen Therapien besteht, in dem Versprechen nämlich, alles aus einem Punkt erklären und an einem Punkt lösen zu können. – Trotzdem eine Einschränkung dazu: Manche Rebirther – so der Düsseldorfer Rüdiger Stellberg – behaupten, daß es in ihrer therapeutischen Praxis gar nicht mehr einzig oder in der

Hauptsache um das Geburtstrauma gehe; sie hätten durchaus auch die von Ihnen genannten «Traumareihen» im Blick. Und auch die «Holotropen Therapeuten», wie etwa Ingo Jahrsetz, widersprechen in gewisser Hinsicht Ihrer Behauptung: Sie sehen zwar in den Geschehnissen rund um die Geburt den Schlüssel zu unserem Leiden, betonen aber, zu dessen Verständnis und Bearbeitung gehöre durchaus auch das spätere Leben dazu. Anders: Erst durch die Bearbeitung der späteren Traumen könne man sich allmählich zurückarbeiten zu dem frühesten und grundlegenden Traumabereich, den sogenannten «perinatalen Matrizen». Sind das entscheidende, bedeutsame Einwände für Sie?

PE: Keine Einwände und keine entscheidenden, denn die «Männerfantasie» der pathogenen Geburt wird beibehalten, die linearkausale Ableitung der Erkrankungen von *einem* «grundlegenden Traumabereich» wird weiterhin vertreten. Spätere Traumatisierungen – zum Beispiel eine Vergewaltigung mit siebzehn Jahren – werden damit in ihrer Bedeutung heruntergespielt oder – schlimmer noch – auf frühe Ursachen zurückgeführt («Sie hatte ja eine schon früh erworbene Opferstruktur» – oder gar reinkarnatorisch: «Das muß man als ‹karmisches Geschehen› sehen!»). Der «Schlüssel» zu psychischem oder psychosomatischem Leiden sind weder frühere Existenzen noch Erfahrungen der «perinatalen Matrix» (was dies auch immer sei), sondern das Verständnis komplexer Ereignisketten unter der Perspektive eines «Lifespan developmental approach». Im übrigen betrachte ich das Faktum, daß Rebirther und holotrope Therapeuten vereinzelt erkennen: auch spätere Traumata, Defizite, Störungen und Konflikte können pathogen wirken, als eine positive Entwicklung. Die «Evidenz der klinischen Fakten» beginnt sich gegen obskurantistische Theorien damit durchzusetzen.

P: Zwei Fragen noch einmal zur denkbaren oder tatsächlichen Gefährlichkeit dieser Therapien – die «Borderline-Patienten» sprachen Sie ja schon an –: Worin, genauer gesagt, besteht diese Gefährlichkeit, worauf geht sie zurück? Und die andere Frage: Zahlen womöglich nicht sogar die «geheilten» Patienten einen hohen Preis für ihre Therapie? Ich meine nicht die Honorare, die sie ihren Behandlern zu entrichten haben, sondern das, was ich zugespitzt als Quasi-

Wahn bezeichnen möchte. Ich meine diesen ganzen Katalog abergläubisch-okkulter Vorstellungen, der diesen «Therapien» anhaftet, ein System von Fantasien, das vor dem individuellen Wahn als einem klinischen Krankheitsbild gleichsam abstoppt, dennoch aber, in gesellschaftlich-politischer Hinsicht etwa, bedenklich sein könnte.

PE: Nun ja, da erhebt sich die Frage, welchen Weltmythos man vertritt. Ich habe bislang sehr pointiert einen naturwissenschaftlichen Mythos vertreten – Mythos hier im Sinne von «Weltauslegung» verstanden. Es gibt aber auch andere Möglichkeiten, die Welt zu verstehen, zum Beispiel philosophisch oder religiös in unterschiedlicher Differenziertheit. Ich habe nichts gegen religiöse Weltauslegungen. Die großen «Architekturen» der Religion – das Christentum, der Buddhismus, der Islam – haben Großartiges geschaffen, große kosmologische, anthropologische Dramen, die Menschen auch einen Lebenssinn geben können. Wenn *ich* das Rebirthing und die Reinkarnationstherapien kritisiere, dann in erster Linie nicht wegen ihrer religiösen Weltauslegungsmuster, sondern wegen ihrer unguten Vermischung von Heilkunde und Religion, von quasiwissenschaftlicher Begründung der Heilwirkung und mythologischer Formulierung ihrer Grundpositionen: Das finde ich bedenklich! Und was mich als zweites stört, ist der Umstand, daß gute religiöse Substanz, wie sie in den Großreligionen ausgearbeitet worden ist, hier in der Form des Billigverschnitts an die Leute gebracht wird, in der Gestalt von religiösem Halbwissen bestenfalls, die den Menschen die wirkliche Auseinandersetzung mit Sufi-Mystik, mit Taoismus, mit der Mystik einer Hildegard von Bingen oder eines Johannes vom Kreuz eher verstellt. Ähnliche Sachen hat der Bhagwan ja auch gemacht. Das zieht die Menschen an, das enthebt sie der Mühen der Aneignung eines religiösen Systems und eines Lebensvollzuges. Ein dritter Kritikpunkt, der meines Erachtens sehr ernst zu nehmen ist: Hier werden Menschen abhängig gemacht. Die Übertragung, die unter psychotherapeutischen Verhältnissen sehr oft entsteht, das heißt die Aktualisierung eines alten Beziehungsmusters in der Beziehung zum Therapeuten, wird nicht wirklich aufgearbeitet. Wenn ein Therapeut nicht ausgebildet ist, mit Übertragung umzugehen, kann er sehr schnell zum Guru für die Menschen werden und diese von sich abhängig machen. Ein Durcharbeiten der Übertragung findet nicht statt, weil der betreffende Rebirther ohne vertiefte Ausbildung klinisch unerfahren ist. Er ist in aller Regel auch kein «Meister», der mit Fragen religiösen Erlebens umgehen könnte, sondern meist nur ein dilettierender Sozialpädagoge oder Buchhändler, eine Hausfrau oder ein Handelsvertreter und so weiter. Im übrigen finde ich es äußerst bedenklich, daß und weil in der «Transpersonalen Psychologie» – ein Begriff, der in sich äußerst brüchig ist: Was gibt es an Psychologie jenseits der Person? –, im Rebirthing und in der Reinkarnationstherapie Versatzstücke aus dem Kontext der großen religiösen Gebäude herausgenommen werden. Als Beispiel sei die Karma-Lehre genannt, die sehr schwierige Lehre von Ursache und Wirkung, von Schuld und Erlösung, die zu einer Mechanik von Heil und Unheil verflacht.

P: Und Ihre Antwort auf meine Frage zu der Gefährlichkeit dieser Therapien?

PE: Rebirthing und ähnliche Verfahren arbeiten mit dem Phänomen der Regression, das heißt mit der emotionalen Rückkehr des Menschen in frühere Entwicklungszeiten. Nur: Diese Regression wird nicht im Sinne eigener aktiver Erinnerungsarbeit durch den Patienten selber ausgelöst, sie wächst nicht aus einer verläßlichen therapeutischen Beziehung, sondern wird durch manipulative Einflüsse ausgelöst: entweder durch Beeinflussung hypnotischer Art aus der Beziehungs- und Übertragungsdynamik heraus oder durch Atemtechniken, durch forciertes Atmen, durch Hyperventilation und so weiter. Durch diese Techniken aber werden das System der Persönlichkeit und das Identitätsgefühl labilisiert, das heißt, das Ich wird in seiner Wachheit und seiner Integrationsfähigkeit beeinträchtigt. Nochmals: Solche Regressionen können heilsam sein, man spricht dann von «benignen», von gutartigen Regressionen im Dienste der Persönlichkeit oder im Dienste des Ichs. Sie können aber bei Menschen, die ein schwaches Ich oder eine brüchige Persönlichkeit haben, auch entgleisen. Das sind dann sogenannte «maligne», bösartige Regressionen, die dadurch gekennzeichnet sind, daß man nicht wieder aus der Regression herauszufinden vermag und einen dieses traumatische Material gleichsam zu überschwemmen droht, in einer Art und Weise, daß man diese archaischen Gefühle nicht mehr kontrollieren kann. Da kann es dann zu depressiven Reaktionen kommen, zu Selbstmordgedanken, zu psychotischen Entgleisungen, das heißt, zu sehr schwerwiegenden Eingriffen in den seelischen Haushalt – und wie gesagt: meist ohne sorgfältige Diagnostik vorher, ohne intensive und gründliche Exploration des Patienten. Im übrigen: Wenn aus der gutartigen Regression wieder eine Progression entstehen soll, wäre meist auch ein langsameres Tempo bei dieser Regression angezeigt. – Der andere Gefahrenbereich betrifft den Körper selbst, den Eingriff in die psychophysiologische Regulation des Organismus. Der Organismus reguliert sich in der Regel aus, aber bei Menschen, die zum Beispiel herz-kreislauf-labil oder asthmakrank sind, kann es zu schweren somatischen Zwischenfällen kommen. Und ein letztes: Ich habe mehrfach erlebt, daß bei Menschen, die etwa an einem Rebirthing-Wochenende mitgemacht haben, erst einige Wochen danach schwere psychosomatische Störungen auftraten, die klinisch behandelt werden mußten. Ich habe im Verlauf meiner Praxis mindestens vier, fünf Fälle gehabt, wo Menschen in der Folge von forciertem Atmen und Hyperventilation psychophysiologisch schwer labilisiert worden sind, wo Psychosen und Suizidalität in Erscheinung traten, auch Nachbehandlung notwendig wurde, psychotherapeutische Stützbehandlung, Krisenintervention über lange Zeit hinweg. Ich kann also nur warnen, sich unbedenklich solchen Behandlern anzuvertrauen – und das gilt auch für den «gesunden» Menschen. Sehen Sie, wenn Sie eine psychotherapeutische Ausbildung durchlaufen, dann durchlaufen Sie vier, fünf, sechs, sieben Jahre Ausbildung auf der Grundlage eines medizinischen, psychologischen oder anderweitigen fachlich ausgerichteten Studiums, mit sehr viel Selbsterfahrung, mit einer Lehranalyse, mit sehr viel Supervision. Das finden Sie in der Rebirthing-Szene nicht. Da wird in relativ kurzfristigen Kursen von wenigen Wochenenden jemand zum Rebirther ausgebildet – oder besser gesagt: in eine Technik eingeführt, denn mehr ist das ja nicht. Also, ich denke, auch in dieser Hinsicht sind ganz große Fragezeichen zu setzen. Und das gilt nicht nur für die Rebirthing-Szene und für die Reinkarnationstherapie, das gilt auch für andere Szenen aus dem Bereich der Körperarbeit, für die Biodynamik zum Beispiel.

P: Abschließende Frage: Werden die von Ihnen geschilderten Symptome von diesen Behandlungsverfahren nur «ausgelöst» oder «erzeugt»?

PE: In der Regel werden sie ausgelöst, aber ich möchte hier kein verharmlosendes «nur». Ohne solche Auslöser, die die Qualität von «kritischen Lebensereignissen», zuweilen sogar einer traumatischen Erfahrung haben können, würde für viele dieser Menschen mit einer Vorschädigung (prämorbide Persönlichkeit) keine Dekompensation erfolgen, die zu einem chronifizierenden Krankheitsverlauf führen kann. Weiterhin können bei längerdauernden Abhängigkeiten – ähnlich wie bei Psychosekten – Destabilisierungen der Persönlichkeit eintreten, die einen malignen Prozeß initiieren können, von dem durchaus gesagt werden kann, daß er pathogenen Charakter hat.

Die New-Age-Bewegung hat durchaus konstruktive Impulse. Sie ist Ausdruck einer tiefen Verunsicherung von Menschen in unserer Zeit und einer profunden Sehnsucht nach Orientierung. Um so bedenklicher ist es, daß durch dubiose Psychotechniken in den Händen von Geschäftemachern mit Guru-Gehabe diese Bedürfnisse mißbraucht werden. Dies nur zu beklagen reicht nicht aus. Es wird vielmehr wichtig werden, nach Alternativen zu suchen und sich aktiv darum zu bemühen, zu einer humaneren Welt und einer sinnstiftenden Kultur beizutragen.

«Das hört sich natürlich alles sehr großartig an ...»

Der Frankfurter Psychotherapeut Jörg Bopp zur Bewegung des «Neuen Zeitalters» und deren «Therapiemethoden»

Jörg Bopp, Jahrgang 1938, arbeitet als Psychotherapeut und Publizist in Frankfurt am Main. Er studierte nach seinem Abitur Theologie, Psychologie und Soziologie und promovierte über das Thema «Antipsychiatrie – Theorien, Therapien, Politik» (Frankfurt/Main 1982[2]). Der klinische Psychologe «mit psychoanalytischer Orientierung» (Bopp) ist seit 1973 als Psychotherapeut tätig, zunächst in Heidelberg am Psychotherapiezentrum für Studenten, seit 1982 in Frankfurt am Main mit einer eigenen Praxis. Jörg Bopp, der eine Psychoanalyse gemacht hat, aus «ganz dezidierten Gründen» (Bopp), aber keine Lehranalyse, ist durch zahlreiche Veröffentlichungen hervorgetreten, unter anderem im «Kursbuch». Seine letzte größere Publikation: «Vor uns die Sintflut! Streitschriften für Jugend- und Psycho-Szene» (Reinbek 1985).

PLATTA: Was ist für Sie die New-Age-Bewegung?
BOPP: Die New-Age-Bewegung ist eine zivilisationskritische Bewegung, die sich seit den letzten zwanzig Jahren ausgebildet hat, und ich denke, daß bei ihr vor allem die folgenden Schwerpunkte von Bedeutung sind: die negativen Erfahrungen der Frauenbewegung, die Erfahrungen der ökologischen Verwüstung, die Erfahrung der zunehmenden Technisierung und Rationalisierung der menschlichen Lebensvollzüge und gesellschaftlichen Abläufe, die zunehmende atomare Bedrohung durch die Hochrüstung und die zunehmenden Tendenzen zur sozialen Verelendung in den Industriegesellschaften und die zunehmenden Tendenzen zur Gesamtverelendung in den Gesellschaften der Dritten Welt. Allerdings, wichtig bei dieser Einschätzung ist: Die New-Age-Bewegung bietet keine Theorie an, in der alle einzelnen Aussagen in logischer Verbindung mit

dem Ganzen und seinen Teilen stehen, sondern lediglich ein Sammelsurium sogenannter «Erfahrungen», und zwar sozialkritischer wie persönlicher Art.

P: Man könnte daraus folgern, daß die New-Age-Bewegung nicht nur eine verstehbare, sondern auch bitter notwendige Bewegung wäre. Nun gibt es aber Kritik am «New Age», Kritik an seinem Irrationalismus zum Beispiel, Kritik an seinem astrologischen Fundament. Wie schätzen Sie in dieser Hinsicht diese Strömung ein? Oder anders gefragt: Gibt diese Bewegung die richtigen Antworten auf die von Ihnen zu Recht benannten Probleme?

B: Die Probleme sind sehr komplex, und es ist sehr schwer, einfach zu sagen, die Antworten seien richtig oder falsch. Ich möchte es so formulieren: Teile der Antworten sind überzeugend, Teile der Antworten sind es nicht. Was nun die Irrationalität betrifft, die Sie angesprochen haben, scheint mir vor allem der folgende Aspekt sehr bedeutsam zu sein: Hier breitet sich eine Mentalität aus, derzufolge es die Aufgabe des Menschen sei, seinen kritischen Verstand möglichst fahrenzulassen und sich hineinzubewegen in eine emotional-intuitive Symbiose mit der Gesellschaft und der Natur. Ich halte das für eine ganz gefährliche Entwicklung, weil wir gegenüber den komplizierten Lebensprozessen der modernen Welt und gegenüber den überaus großen Gefährdungen, denen sich die Menschheit im wachsenden Maße ausgesetzt sieht, vor allem einen klaren Verstand benötigen, um die Bedrohung genau erfassen und besonnen nach Wegen suchen zu können, diesen Gefahren entgegenzutreten.

P: Stimmen Sie dem Eindruck zu, daß man diese «Irrationalität» noch genauer fassen könnte, und zwar – ich sage es deutlich – mit einem Begriff wie «Größenwahn»? Die Globalität der Probleme hat offenkundig eine Monumentalität der Lösungsfantasien auf den Plan gerufen. Beispiel: Es gibt Leute, die meinen, man könne die atomare Strahlung, die von Tschernobyl ausgeht, einfach «wegmeditieren» – Originalton eines sogenannten Schamanen aus Hamburg.

B: Ich finde gerade dieses Beispiel sehr treffend, denn es zeigt die unerhörte Widersprüchlichkeit des Denkens im New Age. Auf der einen Seite werden die realen Gefahren sehr grell an die Wand gemalt, auf der anderen Seite werden aber Antworten gefunden, die zum Teil Ausdruck eines infantilen Seelenlebens sind. Wie könnte man reale Gefahren «wegmeditieren»! Ein Mensch kann durch Meditation bestenfalls in die Lage kommen, sich mit realen Erfahrungen nüchterner auseinanderzusetzen. Aber reale Gefahren sind nicht wegzufantasieren, sondern wir müssen sie wahrnehmen, und ich halte es geradezu für lebensgefährlich, wenn wir uns in einen derart kindlichen Allmachtsanspruch hineinkatapultieren und meinen, wir könnten die realen Gefährdungen in unserer Gesellschaft mit Allmachtsfantasien aus der Welt schaffen. Schön wärs, aber es ist nicht so! Im Grunde sind solche Größenfantasien fast ebenso gefährlich wie die realen Probleme selbst, denn sie leisten der Verleugnung dieser Gefahren Vorschub.

P: Was würden Sie dem Argument entgegenhalten, auf das man immer mehr in New-Age-Kreisen stößt, auf die Behauptung nämlich, daß es doch gerade diese Rationalität gewesen sei, die uns diese Probleme eingebrockt habe?

B: Ich halte diese Aussage für falsch. Ich glaube nicht, daß die menschliche Rationalität uns die gegenwärtigen Probleme beschert hat, sondern die menschliche Neigung, zu beherrschen und zu zerstören, welche die Rationalität in ihren Dienst genommen hat. Ich denke, wir müssen diesen menschlichen Triebkräften der Zerstörung ins Auge sehen, der Gewalt, die wir uns und anderen immer wieder zuzufügen gewillt und in der Lage sind. Das einzugestehen ist aber im Grunde sehr viel bedrohlicher, als einfach von menschlicher Rationalität zu reden oder über den Widerspruch von Verstand und Gefühl. Natürlich existiert dieser Gegensatz, aber daß wir Menschen gefährdet-gefährliche Wesen sind, geht auf unsere Bereitschaft und Fähigkeit zur Zerstörung zurück.

P: Man könnte also sagen: Wir benötigen nicht die Ablösung der Aufklärung durch Antiaufklärung, sondern wir benötigen in diesem Punkt noch immer eine bessere Aufklärung – eine Aufklärung nämlich auch über unsere emotionale Natur.

B: Wir brauchen erstens eine entschiedenere Aufklärung, das heißt eine Stärkung unserer verstandesmäßigen Wahrnehmung; und wir brauchen gleichzeitig eine Vitalisierung unserer Vernunft. Damit will ich nicht sagen, daß wir auf unsere emotionale Beziehung zur Welt verzichten sollten – mir geht es mehr darum, ein Konzept zu entwerfen für den Umgang des Menschen mit sich und der Welt, in dem ein reger Austausch stattfindet zwischen den gefühlsmäßigen Wahrnehmungen und den gedanklichen Schlußfolgerungen daraus. Ein Problem übrigens auch mancher Formen von Therapie: Man betrachtet den Menschen als ein Lebewesen, durch dessen Kopf eine Mauer geht. Auf der einen Seite die Gefühle, auf der anderen Seite der Verstand, und die einen Therapeuten wollen nun stärker den Verstand aktivieren und die anderen mehr die Emotionalität. Mir scheint eine Hauptaufgabe zu sein, diese Grenze durchlässig zu machen, so daß sich der Mensch mit seinen Gefühlen besser versteht und ein verständigeres Gefühlsleben entwickelt, ohne undurchschaut gebliebene Zerstörungslust und so weiter.

P: Mir scheint, man könnte dies verdeutlichen am Begriff der «Bewußtseinserweiterung», den die New-Ageler so gerne verwenden. Das meint ja in aller Regel nicht «Aufhebung von Unbewußtheit», wie der Münchner Psychoanalytiker Wölpert festgestellt hat, sondern lediglich Erschließung neuer, angeblich existierender Territorien des Wissens oder Eingeweihtseins, mit den abergläubischsten Inhalten oft. Wie sehen Sie das?

B: Also, «Bewußtseinserweiterung» ist ein Begriff, den ich durchaus verwenden kann – freilich in präziser Definition! Wenn «Bewußtseinserweiterung» heißen soll: Vertiefung meines Wissens über mich selbst, über meine Umwelt, über die Geschichte und die Prozesse der Natur – einverstanden damit! Wenn darunter aber verstanden wird, mich in eine Art Trance zu begeben, um mich von meinen persönlich-seelischen, von meinen sozialen und naturhaften Eingebundenheiten zu lösen und davonzufliegen, wird es äußerst bedenklich. Das wäre infantil, meine ich, und käme einer Realitätsflucht gleich aus unserem Seelenleben und der gesellschaftlichen Problemwelt, ganz nach dem Muster des bereits erwähnten Größenwahns.

P: Meine abschließende Frage zur New-Age-Bewegung generell: Man spricht in diesen Kreisen immer wieder von neuen «Erfahrungen», denen sich die Menschen öffnen sollten – übrigens: nicht zuletzt mit Hilfe ihrer «Therapien». Das bedeutet: Auch diese Bewegung rekurriert scheinbar auf Empirie, aber, wenn man sich anschaut, was sie darunter versteht, dann stoßen wir unverhofft auf einen Katalog von Vorstellungen, die einem Psi-Buch entnommen sein könnten. Wie stehen Sie zu diesem Begriff der «Erfahrung»? Und wie stehen Sie zu den Inhalten dieser angeblichen Erfahrung? – Illusion, Täuschung, Autosuggestion, Hypnose?

B: Jede Therapie ist darauf angelegt, dem Patienten neue Erfahrungen zu ermöglichen. Jetzt fragt sich aber, welche Erfahrungen? Wenn wir direkt auf Ihre Beispiele eingehen: Ich halte zum Beispiel die Erfahrung der Reinkarnation für eine Einbildung. Ich glaube, daß Menschen, die viel Fantasie haben, anfangen können, sich auszumalen, daß sie mal früher ein Elefant gewesen sind und daß sie vielleicht im nächsten Leben eine Heuschrecke sein können. Das spricht aber eher für eine rege menschliche Fantasietätigkeit. Ich glaube, daß die Psychotherapie die ihr gesetzten Grenzen mit dieser Reinkarnationsannahme überschreitet. Ich kann keinem Menschen übelnehmen, wenn er an Reinkarnation glaubt – das ist seine eigene Sache –, aber ich als Therapeut, der ich methodisch-diszipliniert und selbstkritisch vorgehen muß, stehe hier an einer Grenze, die ich nicht übertreten darf. Dasselbe gilt für Rebirthing. Es ist vielleicht sehr bitter, daß es für uns Menschen keine Wiedergeburt gibt. Wir werden geboren, und wir sterben, und das ist im Grunde eine sehr kränkende Erfahrung. Der Prediger Salomo sagt im Alten Testament, «Es geht dem Menschen wie dem Vieh, wie das Vieh stirbt, so stirbt er auch» – wie gesagt, eine Tatsache, die kränkend für den Menschen ist und darüber hinaus auch sehr ängstigend. Da glaube ich nun, daß mit der Vorstellung von Wiedergeburt versucht wird, diese kränkende Erfahrung unschädlich zu machen und die Begrenztheit unserer menschlichen Existenz in Abrede zu stellen. Der Umstand, daß wir als jämmerliche Würmchen zur Welt kommen und eines Tages alt und gebrechlich verenden werden, dieses bittere Wissen erfordert meiner Ansicht nach ein hohes Maß an menschlicher Reife, um mit dieser Tatsache fertig zu werden und sie annehmen zu können. Und das ist nun ein ganz entscheidender Punkt. Denn wenn New-Age-Therapie heißen soll, die Illusion zu erzeugen, daß wir in Wahrheit nicht sterblich seien, dann gehen wir mit diesen Grundbedingungen des menschlichen Daseins ausgesprochen fahrlässig um. Das vermag den Menschen zu trösten, aber ich kann mir nicht vorstellen, daß eine solche Illusion zu einer tragfähigen Selbständigkeit verhilft beim Umgang mit den Begrenzungen dieser Welt und meiner eigenen Begrenztheit. Und da wird für mich die Erfahrung des New Age auch völlig paradox, weil ja New Age auf der einen Seite dauernd versucht, den Menschen beizubringen, «Erkennt eure Begrenztheit!», «Wendet euch gegen den technologischen Allmachtswahn!», auf der anderen Seite aber Lösungen anpreist, die im Grunde den Allmachtswahn wieder zum Leben erwecken. Zugespitzt: Es wird der Teufel mit dem Beelzebub ausgetrieben, und die New-Age-Bewegung stachelt genau an dieser Stelle, wo sie den Allmachtswahn fördert, auch die menschliche Destruktivität wieder an.

P: Wir sind damit fast schon beim Thema New-Age-Therapien selber gelandet und bei deren Versprechungen, wie mir scheint. Zunächst einmal eine ganz banale, gleichwohl recht wichtige Frage: Welche «Therapien» würden Sie zu dieser Strömung rechnen?

B: Also, offen gesagt, kann ich dem gar keine Therapie zuordnen. Es gibt eine ganze Reihe von Therapien, die sich sozusagen das New-Age-Ticket angeschafft haben: Rebirthing gehört dazu, Reinkarnationstherapie, Transpersonale Therapie. Es sind im Grunde, wenn man diese Verfahrensweisen einmal realistisch anschaut, bereits bekannte Methoden, die in anderen Therapieformen teilweise schon seit Jahrzehnten praktiziert werden und denen jetzt sozusagen ein neuer theoretischer Überbau verschafft wird. Wenn man diese theoretischen Überhöhungen wegläßt, ist methodisch-therapietechnisch wenig Neues zu finden.

P: Das ist mir neu! – Gab es die Hyperventilationstechnik, wie sie etwa im Rebirthing und beim Holotropen Atmen angewendet wird, vorher schon? Und gilt das gleiche für die sogenannten «Reinkarnationstherapien»?

B: Entscheidend ist nicht, ob schon früher der Begriff «Hyperventilation» verwandt wurde, sondern, ob es schon vorher ähnliche Verfahren gab. Grundsätzlich: Atemtechniken zur Intensivierung der

Selbsterfahrung gibt es seit der Entwicklung der Hpynose; ebenso werden Atemtechniken seit Jahrzehnten in der Atemtherapie angewandt. Methoden des sehr intensiven Atmens wurden bereits in den siebziger Jahren im Ashram von Poona verwandt – dort als Teil der Erlösungspraxis des Bhagwan –, als von New Age noch nicht die Rede war. Also: alter Wein in neuen Schläuchen.

P: Gut, damit zu Ihrer Einschätzung dieser neuen – oder auch nicht so neuen – Formen von «Therapie». Welche Beobachtungen haben Sie da machen können? Wie schätzen Sie diese Erfahrungen ein?

B: Was mir aufgefallen ist – ich habe eine ganze Reihe von Jahren mit Studenten zusammengearbeitet, und die haben natürlich die Erfahrungen dieser neuen «Therapieformen» immer wieder mitgebracht –, das war, ganz generell formuliert, bei den meisten Absolventen dieser Behandlungsverfahren eine seelische Vergröberung. Eine Vergröberung, die sich sowohl auf die eigene Wahrnehmung bezieht als auch auf die eigenen Gefühlsreaktionen. Ich möchte das mal am Beispiel der «Reinkarnationstherapie» illustrieren: Wenn einem Patienten der Eindruck vermittelt wird, daß ihm seine neurotischen Störungen in einem früheren Leben zugefügt worden seien, wird er stumpf gegenüber der Vielfalt und Kompliziertheit seiner eigentlichen, seiner wirklichen, seiner heutigen Lebensgeschichte. Das liegt an der Möglichkeit, wichtige Erfahrungen, die er in seinem jetzigen Leben gemacht hat, in ein früheres Leben zu verpflanzen. Das kann fatale Konsequenzen haben. Nehmen Sie zum Beispiel einen Patienten – wie ich's erlebt habe – mit sehr strengen Eltern, der diese in seinem Unbewußten trotzdem immer stark idealisiert hat …

P: … ein Ambivalenzkonflikt, wenn man so will …

B: … Richtig! – Dieser Patient verleugnete nun die wahren Ursachen für seine neurotischen Störungen und schob sie auf angebliche frühere Inkarnationen – mit der Folge seelischer Stagnation und einer eigentümlichen Starrheit. Oder ein zweites Moment: Wenn man bei der «Reinkarnationstherapie» davon spricht, die neurotische Störung beruhe auf Schuld, so halte ich das für schlicht falsch. Ich glaube, die neurotische Störung beruht in aller Regel darauf, daß Menschen in ihrer Kindheit von den Eltern zuviel Schuld*gefühle* gemacht worden sind, und zwar Schuldgefühle gegenüber ihrer kindlichen Lebendigkeit. Damit will ich nicht sagen, daß es keine Schuld gibt – Schuld gehört zu den Grundbedingungen unserer menschlichen Existenz, und diesen Umstand können wir nicht wegtherapieren. Aber die Psychotherapie muß sich damit befassen, *neurotische* Schuldgefühle aufzuarbeiten, das heißt Schuldgefühle, die infolge der Erziehung bei Kindern entstanden sind, ohne daß sich diese Menschen dafür schuldig fühlen müßten, da es sich um Schuldgefühle gegenüber Strebungen handelt, gegen die eigentlich überhaupt nichts zu sagen ist – ob das nun Aggression ist oder Sexualität, Neugierde oder Widersetzlichkeit, was auch immer.

P: Kommen wir zu einem zweiten Merkmal dieser neuen «Therapien»: Nach meinem Eindruck setzen deren Verfahrensweisen sehr deutlich auf die Intensivierung des affektiven Erlebens in einer Therapie und erhoffen sich dadurch kathartische Wirkungen für den Patienten. Wie sehen Sie das?

B: Sie haben recht: Gerade bei den New-Age-Therapien gibt's einen durchgehenden Zug, eine Vorgehensweise, die ich therapeutisch für sehr gefährlich halte. Ich meine den immer wiederkehrenden Versuch, Menschen in extreme Erregungszustände zu treiben, da man hofft, mit deren Hilfe neue Erkenntnisse und neue emotionale Erfahrungen heraufbefördern zu können. Nun vermögen extreme Erregungszustände durchaus neue Erfahrungen zu vermitteln, es fragt sich nur, welche? Und: Mit welcher Wirkung geschieht das? Um es deutlich zu sagen: Ich halte gerade bei seelisch gestörten Menschen diesen Ansatz für außerordentlich gefährlich, weil das die Abwehr, die ein Patient sich aufgebaut hat und mit der er sich einigermaßen stabil zu halten vermag, gleichsam überspült. Die Patienten werden von ihren inneren Affekten, von ihren inneren Ängsten und Wutgefühlen überschwemmt, und es setzt dadurch ein seelischer Abbau ein. Der Mythos, der hinter diesen New-Age-Therapien steht, es müsse alles ganz großartig und wild und leidenschaftlich zugehen, um den Prozeß der psychischen Wiedergeburt einleiten zu können, stimmt nicht. Ganz im Gegenteil: Oft setzt diese Verfahrensweise einen Prozeß des seelischen Abbaus in Gang, und ganz besonders bei den kranken Menschen.

P: Kommen wir damit zu einem dritten Merkmal dieser neuen «Therapien» – zum Okkultismus nämlich oder Irrationalismus, von dem wir bereits anfangs sprachen, als es um die *allgemeine* Einschätzung der New-Age-Bewegung ging. Ich möchte zu diesem Zweck aus Stanislav Grofs Buch «Auf der Schwelle zum Leben» zitieren, aus einer Publikation, in der die «Transpersonale Psychologie» und insbesondere ihr «Therapieverfahren», das «Holotrope Atmen», vorgestellt wird. Da werden die Ziele und Wirkungen dieser neuen Verfahrensweise folgendermaßen skizziert: Es gehe bei der «Holotropen Therapie» darum, *erstens*, die *räumlichen* Grenzen für den Menschen zu transzendieren und ihn aufzuschließen für die Erfahrung, daß die menschliche Identität die Objektwelt mit einschließt; es gehe, *zweitens*, darum, die *zeitlichen* Grenzen für den Menschen zu transzendieren, das heißt, ihn zu befähigen, seine früheren Inkarnationen wiedererleben zu können, seine kollektive Ahnenerfahrung, Embryonalentwicklung und Zukunft erfassen zu können; es gehe, *drittens*, darum, den Menschen wieder zu öffnen für sogenannte archetypische Erfahrungen – nach C. G. Jung –, für die Begegnung also mit Gottheiten, Dämonen, Mythen, dem «Universalen Geist»; und *viertens* gehe es darum, dem Menschen wieder Zugang zu verschaffen zu – wie eben derselbe Autor Jung sie genannt hat – «psychoiden» Erfahrungen – und darunter versteht Grof vor allem das Erleben von «Synchronizität» und «Netzwerk». Damit ist vor allem der Umstand gemeint, daß sich Inneres im Menschen und Äußeres in der Objektwelt gleichsinnig und gleichzeitig ereignen können, a-kausal aufeinander bezogen, trotzdem aber miteinander verknüpft. Was halten Sie von diesen Zielangaben für eine Therapie?

B: Wenn man zu diesen Einzelheiten von Grof geht, hört sich das alles natürlich ungeheuer großartig an: das räumliche Transzendieren also, die Einheit mit den Steinen, mit den Tieren, mit den Pflanzen wiederherstellen zu können zum Beispiel – ich halte das für einen Kinderglauben. Ich denke, wir Menschen sollten uns als Teil der Natur begreifen und erleben, das schon. Aber: Ein Stein ist nicht einig mit einem Elefanten, und ein Elefant ist nicht einig mit einem Fluß, ganz im Gegenteil: In dem Fluß kann der Elefant sogar ertrinken. Das bedeutet: Wir sollten uns zwar als Teil der Natur verstehen – ich würde sogar noch weitergehen: als einen Teil der Evolution insgesamt –, aber zugleich haben wir anzuerkennen, daß die Evolution der Gattungen gerade darin besteht, daß in ihr die vielen Lebewesen und Elemente nicht nur *miteinander* existieren, sondern oft auch *gegeneinander* wirken. Das kann man nicht durch Harmonisierungsfantasien vom Tisch wischen. Noch mal: Ich halte das für Wunschvorstellungen. Und das gilt auch für die angebliche Transzendierung unserer zeitlichen Grenzen: Rückerinnerung an unsere Zeugung, an unseren Embryonalzustand, an unsere Geburt, Rückerinnerungen sogar an früheres Leben oder Vorausblick in unsere eigene Zukunft. – Auch das sind für mich Einbildungen, nichts sonst. Ich habe das ein paarmal bei Patienten erlebt, die mit glänzenden Augen von solchen Erfahrungen erzählt haben, aber wissen Sie: Da braucht man ja nur einen Roman zu lesen und ein bißchen in die Biologiebücher zu schauen, dazu ein, zwei Fernsehsendungen über Geburt anzusehen, dann hat man in der Fantasie genug Material, aus dem man die eigene Transzendierungskarriere basteln kann. Also, ich halte das für Einbildung und interpretiere auch das, wie das meiste bei diesen Formen, als Ausdruck einer Neigung zum Größenwahn: Man möchte die Begrenztheit der eigenen Wahrnehmung überwinden und die Eingeschränktheit der menschlichen Geschichte auflösen.

Damit zum dritten Punkt, zu den sogenannten archetypischen Erfahrungen, zu der Behauptung also, man könne mit Hilfe der «Holotropen Therapie» wieder den Gottheiten begegnen, dem «Universalen Geist» usw. Also, ich finde, das sind Fragen des Glaubens. Wenn einer meint, er spüre in sich die Götter – oder: er begegne ihnen sogar ganz real –, dann ist ihm das selbst überlassen, aber er möge das bitte als Religion ausgeben, nicht als Psychotherapie. In der Psychotherapie geht es nicht darum, Götter aufzuspüren und Götter dingfest zu machen, sondern es geht um ganz handfeste, mühsame therapeutische Kleinarbeit an den individuellen Störungen. Ich bin hier an einem wichtigen Punkt: Ich habe den Argwohn, daß viele aus der Therapieszene des New Age diese sorgfältige, langwierige, arbeitsreiche therapeutische Kärrnerarbeit scheuen. Ich habe den Eindruck, daß es diesen «Therapeuten» zu beschwerlich ist, nur Schrittchen für Schrittchen vorwärtszukommen, daß sie Angst davor haben, Rückschläge hinnehmen zu müssen, oft auch ratlos zu sein, was noch jedem Therapeuten passiert, daß sie Stillstandsphasen nicht ertragen können. Kurz: Die begrenzte Fähigkeit des Therapeuten, etwas zu erkennen, seine Angst vor Ohnmacht und Fehlern soll hier mit großen und größten Worten vom Tisch gewischt werden. Ja, ich gehe soweit zu sagen: Wenn ein Therapeut die Neigung entwickelt, sich in Unfehlbarkeitsfantasien zu verstrikken, und ein entsprechendes Rollenverhalten zu inszenieren beginnt, wird er für den Patienten zum Gefährdungsfaktor.

P: Können Sie diese Gefährdung spezifizieren?

B: Die Gefährdung besteht für mich in zweierlei: Erstens in den großen und größten Versprechungen, die nicht einzulösen sind. Das erzeugt bei den Patienten Selbstzweifel und Gefühle von Wertlosigkeit, Ängste und Enttäuschung, weil sich diese großartigen Erfahrungen nicht einstellen. Und die zweite Gefährdung liegt meiner Meinung nach in der bereits erwähnten Scheu vor der mühsamen Kleinarbeit. Ich will es mal pointiert formulieren: New Age verheißt den Patienten, sie könnten aus ihren Störungen herausfliegen, aber: Bei einer solchen Verheißung ist die «Bauchlandung» gleichsam vorprogrammiert – zum Schaden des Patienten.

P: Sie würden aber nicht so weit wie andere Kritiker gehen und behaupten wollen, daß solche Formen von sogenannter Therapie die Menschen *noch* kränker machen könnten, als sie es ohnehin schon sind – bis hin zu psychotischen oder zumindest psychoseähnlichen Zusammenbrüchen?

B: Doch, teilweise würde ich das schon sagen wollen! Verstehen Sie, diese New-Age-Therapien sind ja bestenfalls für Gesunde gut, für Menschen, die seelisch stabil genug sind, um diese Belastungen ertragen zu können. Bei Menschen jedoch, die seelische Probleme haben, hat dieses Hineinputschen in eine aufgewühlte, unstrukturierte Emotionalität oft krankheitsverschärfende Wirkung und löst durchaus hie und da die von Ihnen angesprochenen psychotischen Krisen oder gar Zusammenbrüche aus. Das heißt: Seelisch schwer gestörte Menschen sollten von diesen «Therapieformen» die Hände

lassen. Für gesunde Menschen mag das Aspekte einer bereichernden Selbsterfahrung besitzen, ab und an jedenfalls, mit seelisch erkrankten Menschen muß man aber sehr, sehr viel behutsamer umgehen, als es in diesen Verfahrensweisen angelegt ist.
P: Gilt das speziell für die Technik der Hyperventilation? Sie wissen, jenes Verfahren, das bei Rebirthing sowie bei der «Holotropen Therapie» angewandt wird und von dem der Düsseldorfer Gestalttherapeut Hilarion Petzold zum Beispiel mitgeteilt hat, daß es schwerste Folgeschäden nach sich ziehen kann, und zwar Schädigungen sowohl somatischer wie psychischer Art.
B: Na ja, ich denke, man sollte diese Hyperventilationstechnik nicht unnötig dämonisieren. Schlicht gesagt handelt es sich ja um eine Atemtechnik, die den Körper lockern, die körperliche Selbsterfahrung intensivieren und die eigene Wahrnehmung sensibilisieren soll. Solche Atemtechnik wird schon seit langem mit Erfolg angewandt – Stichwort «Atemtherapie».
P: Sie denken an das Verfahren der Ilse Middendorf?
B: Zum Beispiel!
P: Aber deren Atemtherapie sieht doch ungleich sanfter aus?
B: Völlig richtig! – Der Unterschied zu solchen Formen, die schon längst eingeführt sind und überall angewandt werden, ist bei der Hyperventilationstechnik die Heftigkeit und der Druck, mit dem ein Patient in diese Zustände hineingetrieben wird oder sich selbst hineintreiben läßt. Und hier melde ich jene Bedenken an, die ich vorhin schon geltend gemacht habe. Sehen Sie: Jeder seelisch Gestörte hat im Laufe der Jahre auch ein Abwehrsystem aufgebaut, mit dem er sich einigermaßen stabil hält, damit er nicht in der seelischen Katastrophe endet. Und die Aufgabe der Psychotherapie ist es dann, dieses starre Abwehrsystem allmählich zu lockern, damit der Patient lebendiger und selbständiger wird. Wie gesagt: Das muß behutsam geschehen, Stück für Stück, ohne Hetze und Zwang. Und das ist nun der entscheidende Punkt: Bei zwei, drei Patienten von mir, die sich vorher solchen Hyperventilationstechniken ausgesetzt hatten, wurde dieses Abwehrsystem plötzlich zertrümmert. Folge: Der eine ist in eine psychotische Krise geraten, der andere erkrankte körperlich schwer. Er konnte sich dann zwar wieder aufrappeln,

aber die alte Störung, derentwegen er überhaupt diese Behandlung aufgesucht hatte, war dann wieder wie früher präsent.

P: Und wie erging es dem dritten Patienten?

B: Nun, dem dritten Absolventen dieser Interventionsstrategie hat es eigentlich nicht geschadet, und zwar aus dem Grunde, weil er ziemlich früh aus diesem Spiel wieder ausgestiegen war. Kurz: Hyperventilationstechnik mag für Gesunde eine Bereicherung sein, für echte Patienten hingegen ist sie eine Gefahr. Und es gilt, was man generell über Hauruckverfahren sagen kann: Man muß bei den wirklich Kranken sehr behutsam und vorsichtig sein. – In diesem Zusammenhang: An den Publikationen der New-Age-Therapeuten fällt doch immer wieder das Folgende auf – die Tatsache nämlich, daß sie zwar unerhört mitteilsam sind, wenn es darum geht, die größten Versprechungen zu machen und die letzten Wahrheiten aufzudecken, aber daß sie teilweise erschreckend schlampig sind, wenn es darum geht mitzuteilen, bei welchen seelischen Störungen ihre Verfahrensweisen womöglich hilfreich sein können und bei welchen nicht. Es fehlen die Spezifizierungen, es fehlen die Warnungen. Es wird allen alles versprochen, und das halte ich therapeutisch für eine Schlamperei. Mir fiele nicht im Traume ein zu behaupten, daß eine bestimmte Therapieform für alle Patienten geeignet sei – das schließt auch meine eigene Arbeit mit ein! Also: Eine solche klinische Sorgfalt wird von den meisten New-Age-Therapeuten offenkundig nicht aufgebracht, und sie wird statt dessen kompensiert durch großartige weltanschauliche Versprechungen. Was aber ein seelisch gestörter Mensch braucht, ist klinische Sorgfalt. Große Worte benötigt er nicht, die kann er sich überall holen.

P: Könnten Sie noch etwas genauer schildern, wie bei den Patienten die Symptome aussahen, die sie aus ihren «New-Age-Therapien» mitbrachten?

B: Die psychotische Krise des einen Patienten entwickelte sich so, daß er paranoide Fantasien bekam, das heißt, er entwickelte einen Verfolgungswahn, sah hinter der geschlossenen Tür Agenten vom CIA, sah plötzlich am Fensterbrett Tiere herumkrabbeln und so weiter. Der zweite Patient brachte starke Kreislaufprobleme aus seiner New-Age-Therapie mit. Nun mag es zwar sein, daß sein Kreislauf schon vorher etwas geschwächt gewesen ist, aber dann hätte der betreffende «Therapeut» um so behutsamer mit diesem Patienten umgehen müssen.

P: Noch einmal zur Technik der Hyperventilation. Wir wissen aus der Forschung, daß diese Hechelatmung zum Beispiel bei sogenannten «Panikattacken» auftritt – als angstverschärfendes Begleitsymptom. Liegt hierin nicht ein Widerspruch, daß ein Krankheitsmerkmal plötzlich zum therapeutischen Mittel bei der Heilung seelisch Kranker avanciert?

B: In der Tat, ein sehr starkes Paradox, daß in der einen Therapieform als Krankheitsmerkmal bezeichnet wird, was in der anderen Therapieform als ideales Mittel zur Therapie angepriesen wird. Aber gerade Zustände gesteigerter Ängste, gesteigerter Erregung trägt ja jeder Patient in sich, und es ist natürlich sinnvoll, daß im Laufe der Therapie allmählich ans Tageslicht kommt und vom Patienten nacherlebt werden kann, was ihn quält, verwirrt oder ängstigt. Nur so kann das im geschützten Rahmen einer Behandlung allmählich durchgearbeitet werden. Aber: Wenn ich das zu erreichen versuche, indem ich den Patienten heftig und unerbittlich in seine Angst hineinzupuschen versuche, gefährde ich den Patienten eher. Und noch etwas anderes ist in diesem Zusammenhang von erheblicher Bedeutung. Sehen Sie: Zwischen dem Therapeuten und dem Patienten findet ja eine sehr sensible Kommunikation statt, da spielen unter anderem Anpassungswünsche des Patienten eine Rolle, Abhängigkeitswünsche sogar, das heißt, daß ein Patient sehr empfänglich ist für suggestive Einflüsse vom Therapeuten. Und wenn jetzt ein Therapeut diese Situation ausnutzt und anfängt, den Patienten entsprechend zu steuern, also, dahin zu lenken versucht, die eigene Geburt erneut zu erleben, den Embryonalzustand wiederaufsteigen zu lassen, angebliche Inkarnationen aus früherer Zeit wieder ins Bewußtsein zu holen, dann wird ein Patient, einfach weil er eine gute Beziehung zum Therapeuten haben will, bemüht sein, es dem Therapeuten recht zu machen. Das heißt, der Therapeut kann dann hinterher sagen: Gott, was habe ich hier Wunderbares vollbracht! In Wahrheit handelt es sich um ein Kunstprodukt dieses therapeutischen Arrangements, um eine Fantasie, die entstanden ist aufgrund der Suggestion des Therapeuten und der Anpassungsbereitschaft des Patienten. Und das ist im höchsten Maße bedenklich. Denn diese große Anpassungsbereitschaft des Patienten zählt ja entscheidend mit zu seinen Problemen. Neurose stellt immer das Resultat einer Überanpassung dar, an die Eltern zumeist, ohne sie wäre die Selbstentfremdung, die in jeder Neurose steckt, nicht zu erklären. Und nun wird diese neurotische Überanpassung und Anpassungsbereitschaft – in diesem speziellen therapeutischen Setting – auch noch prämiert bzw. verlangt und ist Voraussetzung dieser Therapie. Das bedeutet: Hier wird nicht Neurose bearbeitet, sondern ihre Ursache verstärkt.

P: Einleuchtend auch, wenn man das guruistische Klima anschaut, das für weite Teile dieser Szene typisch ist. Aber: Wie antworten Sie auf das Argument, daß die Vertreter der «klassischen Verfahrensweisen» im Bereich der Psychotherapie deswegen so kritisch auf die neuen Therapieschulen reagieren, weil sie selber sowenig Erfolge haben mit ihren Therapien?

B: Ich denke, daß ich nicht neidisch bin auf die New-Age-Therapeuten. Ich meine, daß ich mit meiner psychoanalytischen Methode, die verbunden ist mit einer bestimmten Einstellung der Bescheidenheit und des ruhigen, langsamen Vorgehens, verbunden auch mit der Bereitschaft, dem Patienten Zeit zu geben, eine ganze Menge erreiche. Anders: Ich würde niemals auf die Idee kommen, derart kurze Therapie-Zeiträume zu nennen, wie es die New-Age-Therapeuten oft ihren Patienten gegenüber tun, und ich meine, daß dies auch für die Patienten im Grunde unerhört entlastend ist. Das ist ja die Gefahr bei all diesen New-Age-Therapien, daß sie die Patienten in unverantwortlicher Weise unter Zeit- und Leistungsdruck setzen. An soundso viel Wochenenden im Jahr soll das ganz Großartige geschehen.

P: Wenn ich so die Überversprechungen mancher New-Age-Therapeuten Revue passieren lasse – auch das von Ihnen angesprochene Schnelligkeitsversprechen: Bestätigen Sie den Eindruck, daß zu diesen neuen Behandlungstechniken ganz bestimmte Patienten drängen?

B: Wenn wir über die Interessenten an New-Age-Therapien sprechen, sollten wir die Kirche im Dorf lassen. Zum einen: Es sind hauptsächlich Angehörige aus den liberalen Mittelschichten und Jugendliche, die ansprechen auf diese neuen Angebote. Die New-Age-Therapien fallen nicht unter die psychotherapeutischen Leistungen der Krankenkassen, sie sind also nur von denen zu machen, die sie auch finanzieren können. Und wenn mich mein Eindruck nicht täuscht, gibt es auch in *regionaler* Hinsicht Schwerpunktzonen. Mir scheint, vor allem in München, Stuttgart und Freiburg, im Frankfurter Raum sowie in Berlin werden diese Angebote von einem relativ erlesenen Publikum in Anspruch genommen. Den Arbeiter am Fließband, den Angestellten am Bildschirm finden Sie in dieser Szene kaum. Und zum anderen: Man muß wohl konstatieren, daß diese «New-Age-Therapien» häufig von Leuten ausprobiert werden, die vorher schon andere Therapieformen durchlaufen haben – das gilt auch für Angehörige des Mittelstands. Das heißt, es ist für viele eine zusätzliche Therapieform, eine Zusatzerfahrung, welche die anderen Therapien so nicht bieten können – und auch nicht bieten wollen.

P: Gibt es neben dieser eher soziologischen Einschätzung auch ein typisches *Psycho*-Profil der Interessenten?

B: Nach meiner Erfahrung drängen gerade solche Menschen in die New-Age-Therapien, die sich in spezifischer Weise mit Versagensängsten und Größenfantasien herumschlagen müssen. Also, zum einen diese riesigen Erwartungen hegen auf Wiedergeburt, auf Einheit mit dem Kosmos, auf Entgrenzungen der verschiedensten Art, und auf der anderen Seite eine große Versagensangst spüren. Und ich sehe in dieser Mischung aus Angst und Erwartung ein großes Problem, wenn ich auf diese New-Age-Versprechungen blicke. Denn man muß doch mal ganz pragmatisch fragen: Was passiert mit den Menschen in diesen Therapien, die solche grandiosen Erfahrungen *nicht* machen? Oft läuft dann das folgende ab: Die therapeutischen Trainer oder die Gurus sagen den enttäuschten «Therapieversagern»: Es liegt an dir! Du warst nicht offen genug, du warst nicht bereit genug, du warst zu böswillig, du hast dich mir als Guru nicht genug anvertraut und so weiter. Man kann es eigentlich verallgemeinern: Je grandioser die Ansprüche einer Therapieform sind, mit desto größeren Versagensängsten kommt der einzelne zu ihr. Das halte ich für außerordentlich schädlich. Jeder seelisch Gestörte hat ohnehin die Angst, ein Versager zu sein. Da ist es meiner Meinung nach unverantwortlich, mit Versprechungen und Methoden ein therapeutisches Klima herzustellen, in dem die Versagensangst des Hilfsbedürftigen noch erheblich gesteigert wird.

Statt eines Nachworts

Zehn Empfehlungen zum Umgang mit den neuen Psychotechniken der «New-Age-Bewegung»

Es dürfte deutlich geworden sein: Ich halte die hier vorgestellten Behandlungsverfahren *nicht* für Psychotherapien. Und insofern könnte ich – statt der folgenden Empfehlungen – auch nur einen Ratschlag geben: Meiden Sie, wenn Sie um psychotherapeutische Hilfe nachsuchen, diese sogenannten Psychotherapien. Aber:

Im Rahmen wirklich hilfreicher Konzepte könnten womöglich auch die hier präsentierten *Psychotechniken* hie und da sinnvoll sein. Und: Durch kritische Bücher allein werden sich Hilfesuchende mit Sicherheit nicht aufhalten lassen, auch im Umkreis dieser Interventionstechniken nach Beistand zu suchen – vor allem dann, wenn sie schon langjährig erfolglos gebliebene «Therapiekarrieren» bei sogenannten seriösen Verfahrensweisen hinter sich haben. Denn natürlich gibt es diese Negativerfahrungen auch bei den unumstritteneren Schulen der Therapie. Oder anders gesagt: Keine Psychotherapie kann besser sein als der Therapeut, der sie zu vermitteln sucht. Auch die «gute» Schule bedarf der «guten» Therapeuten-Persönlichkeit für den Therapie-Erfolg. Freilich – diese These gilt mit Sicherheit auch umgekehrt: Ein fehlerhaftes oder grundlegendes irriges Therapiekonzept kann nicht zur Gänze kompensiert werden durch die Güte seines Betreibers. Deshalb abschließend einige Empfehlungen für die «Gesunden», denen es vielleicht nur um «Selbsterfahrungen» in diesem Bereich geht, und für die Patienten, die trotz aller Warnungen von dieser Szene (noch?) nicht lassen mögen; Empfehlungen, die den Schaden nicht verhindern können, aber womöglich in Grenzen halten, Empfehlungen, die zumindest nicht schaden dürften und den einzelnen darin bestärken sollen, gegebenenfalls früher Schluß zu machen mit seinen Irrwegen in diesen Gefilden sogenannter Therapien.

Erstens: Stellen Sie sich die Frage: «Was möchte ich von dieser Therapie?» Die große «Erlösung» von allen Ängsten, Beschwerden oder Übeln dieser Welt? Oder «nur» Beratung in konkreten Lebensfragen? Geht es schlicht um okkulte Abenteuerlust, oder benötigen Sie Hilfe bei einer seelischen Störung, mit der Sie selber nicht mehr allein fertig zu werden vermögen (bei einer Platzangst zum Beispiel, bei einem Waschzwang, bei einem Suchtproblem oder bei stets sich erneuernden Krisen in der Partnerschaft), bei Problemen, die auch Ihre Freunde oder Lebenspartner nicht mehr auffangen können? Es ist gut, wenn Ihr potentieller Psychotherapeut weiß, ob er mit Ihnen ein neues Haus bauen soll oder «lediglich» eine Tür zu reparieren hat, die klemmt. Und: Ob er sich selber in diesen Fragen für kompetent hält. Apropos: Es gibt keine «guten» und «schlechten» Probleme, es gibt nur – für *Ihre* Probleme – «schlechte» oder «gute» Therapeuten!

Zweitens: Haben Sie bei dem Erstgespräch mit Ihrem Psychotherapeuten den Eindruck, daß er auf Ihre Probleme und Wünsche einzugehen vermag – und das heißt zunächst einmal: daß er Ihnen mit einigem Verständnis und mit glaubwürdiger Geduld zuhören kann? Erklärt er sich für Ihre Störung als kompetent – und haben Sie, bei allem Anfangszweifel vielleicht, der verständlich ist und den Sie weder sich noch Ihrem Therapeuten verschweigen sollten, ein erstes Vertrauensgefühl zu Ihrem potentiellen Psychotherapeuten?

Drittens: Ist Ihnen Ihr potentieller Psychotherapeut also sympathisch? Spüren Sie Verständnis? Teilt sich Ihnen, wie diffus auch immer, ein Qualifikationsgefühl mit? Dieser persönliche Eindruck ist wichtig, er ist von Ihnen ernst zu nehmen und, wenn er fehlt, nicht wettzumachen durch irgendwelche Zertifikate, die Ihr potentieller Helfer vielleicht in seinem Behandlungszimmer aufgehängt hat. Bedenken Sie: Sie möchten ein Arbeitsbündnis mit Ihrem Psychotherapeuten eingehen, um mit ihm gemeinsam Ihre Probleme angehen zu können, nicht ein Bündnis mit Ihren störrischen Problemen gegen einen Psychotherapeuten, den Sie von vornherein nicht mögen oder emotional in seiner Kompetenz in Zweifel ziehen.

Viertens: Sehr wichtig ist, gerade in Ihrer ersten Phase der Unsicherheit, die Beachtung dieser höchstpersönlichen Eindrücke von Ihrem potentiellen Psychotherapeuten. Zwingen Sie sich also nicht gegen eigenen «Instinkt» oder eigene Überzeugung in eine Therapie (der Psychotherapeut, den *Sie* womöglich nicht mögen, ist für den *anderen* Patienten vielleicht der Idealfall). Aber: Fragen Sie auch nach seiner Ausbildung, Erfahrung und fachlichen Qualifikation! Lassen Sie sich erklären, nach welcher Konzeption Ihr potentieller Psychotherapeut arbeiten will. Achtsames Vertrauen ist immer besser als selbstverblendende Vertrauensseligkeit.

Fünftens: Unternimmt Ihr potentieller Psychotherapeut mit Ihnen das, was man in der Fachterminologie eine gründliche «Anamnese» nennt: Fragt er Sie also, so behutsam wie genau, nach Ihrer Vorgeschichte? Tut er dies mit Interesse, läßt er sich Zeit dafür? (Die Anamnese kann oft mehrere Stunden in Anspruch nehmen und – sie darf das. Wer es am Anfang – als Patient oder Psychotherapeut – zu eilig hat, steht in der Gefahr, für die eigentlich kritischen Phasen keine Puste mehr zu haben.) Und: Klärt ein Psychotherapeut der hier vorgestellten Behandlungsverfahren auch Ihren *körperlichen* Allgemeinzustand ab, oder veranlaßt er Sie dazu? Es ist seine Pflicht bei derart körperwirksamen Interventionsmethoden!

Sechstens: Konfrontiert Ihr potentieller Psychotherapeut Sie in dieser Anfangsphase bereits (oder auch später!) mit allzu paradiesischen Überversprechungen, was Wirksamkeit, Tempo, Intensität «seiner» Psychotherapie-Schule betrifft und angeblich leichte Behebbarkeit Ihrer Probleme? Oder hält er sich, was einzig angemessen ist, mit vorschnellen Deutungen und derartigen Überversprechungen zurück? Besser, Ihr Psychotherapeut vereinbart mit Ihnen einen – für beide Seiten wichtigen – Probezeitraum der gemeinsam zu beginnenden Therapie und betont, wenn auch mit einem gewissen Grundoptimismus, die Offenheit dieses Prozesses, als daß er Ihnen mit irgendwelchen Durchbruchsverheißungen kommt oder Erlösungsfantasien. Kein Mensch verfügt über göttliche Fähigkeiten – und es gibt keine psychotherapeutische Methode, die einem Menschen Gottähnlichkeit verleiht: selbst wenn das ganz Ihrem Wunsch nach Hilfe entspricht – und womöglich auch dem Selbstbild des Therapeuten.

Siebtens: Vorsicht auch bei sogenannten Psychotherapeuten, die Ihnen gleich mit «Weltanschauung» kommen, mit irgendwelchen Psi-, Religions- oder Weltdeutungsvorstellungen, welche diesem «Therapeuten» bei all seiner begeisternden Begeisterung womöglich mehr am Herzen liegen, als Sie es tun mit Ihren vergleichsweise «kleinen», «unbedeutenden» Problemen! Sie sollen bei einer Psychotherapie nicht Gegenstand quasitheologischer Erweckungsbedürfnisse sein und willkommener Neuzugang in einer Weltanschauungssekte (letztlich also: ein Mittel zum Zweck der Wertsteigerung Ihres «Therapeuten»), sondern es geht bei einer Psychotherapie einzig und allein um Sie, um Ihre Probleme, um Ihre Befreiung vom Leid. Sie haben im Mittelpunkt zu stehen, nicht die narzißtische Feier einer Therapie oder des Therapeuten!

Achtens: Vorsicht deshalb bei Psychotherapeuten, die Ihnen womöglich schon vor Behandlungstermin irgendwelche Verzichtserklärungen aufnötigen wollen (= «Bei Versagen der Therapie oder Zusammenbrüchen verzichte ich, der Patient, auf jegliche Regreßansprüche und so weiter ...»); kein seriöser Psychotherapeut fordert dergleichen. Und: Vorsicht bei Psychotherapeuten, die schon in den ersten Stunden (oder auch später) zu verstehen geben, daß *Sie* der Schuldige sind, wenn Ihre Therapie stagniert oder scheitert, und daß es in diesem Arrangement Patient – Therapeut – Therapie grundsätzlich nur einen Versager geben kann: nämlich Sie! Nur ein höchst unvollkommener Psychotherapeut hat es nötig, derart auf seine Vollkommenheit zu pochen oder auf die Vollkommenheit seiner von ihm narzißtisch hochbesetzten Behandlungsmethode.

Neuntens: Vorsicht bei allen Psychotherapeuten, die Ihnen neben den Heilungsversprechen mit drohendem Unterton alle möglichen «Wahrheiten» einreden wollen: den Glauben an Reinkarnation etwa, Götterbegegnung, Wiedererlebnis Ihrer Zeugung oder Geburt. Mag Ihr potentieller Psychotherapeut davon höchstpersönlich überzeugt sein: Ihnen hat er die Freiheit zu lassen, daran zu glauben oder nicht. Und tun Sie es nicht, behandeln Sie deswegen solche Erlebnisse nur als Fantasien, so darf ein guter Therapeut darauf nicht mit Ablehnung reagieren. Tut er es trotzdem, kommt er Ihnen sogar mit Aggressionen, oder stößt er Drohungen aus («Dann scheitert eben Ihre Therapie ...!», «Dann ist eben Ihre Therapie hiermit beendet!»), dann ist Ihre Therapie, so traurig das sein mag, *tatsächlich* in dieser Minute zu Ende – gescheitert nämlich an Ihrem «Psychotherapeuten». *Er* hat die Therapie beendet, nicht Sie, er hat seine Weltanschauung mit Ihrem Leid verwechselt und seine eigenen Überzeugungen höher gestellt als Sie! Solchen Eiferern sollten Sie schleunigst den Rücken kehren.

Zehntens: Generell betrachten Sie die in diesem Buch vorgestellten «Therapieverfahren» bestenfalls als *Techniken* im Rahmen einer *übergreifenden* Therapie. Nicht das «Reinkarnationserlebnis» ist die Therapie (oder die Hyperventilationserfahrung), sondern der geschulte, sensible, unideologische Umgang damit, anders: die Bearbeitung solcher Geschehnisse im ergebnisoffenen Gespräch (nebenbei: Nichts, was wirklich wirkt, kann einfach «weggeredet» werden, sehr wohl aber vertieft oder im Gespräch erst ganz verstanden!). Anders gesagt: Lassen Sie sich auf Ihr Erleben ein, auf Ihre Gefühle und Fantasien, aber verweigern Sie sich einer neuen Selbstspaltung Ihrer Persönlichkeit (nach der alten Vernachlässigung Ihrer Psyche durch Ihren Verstand zum Beispiel nun die neue Verachtung Ihrer Vernunft durch Ihre aufgeputschten Gefühle). Um die Aufhebung solcher Selbstspaltungen geht es, wenn es um Heilung gehen soll, nicht um deren Vertiefung nun von der anderen Seite her. Und auch, was im engen Zusammenhang damit steht, um die Beseitigung von Hörigkeit drüben wie hier. Deshalb auch meine letzte Empfehlung:

Vertrauen Sie auch diesen Empfehlungen nicht blindlings!

LITERATUR

Adorno, Theodor W., u. a.: Der autoritäre Charakter. Studien über Autorität und Vorurteil. 2 Bände. Amsterdam 1968.
Adorno, Theodor W.: Thesen gegen den Okkultismus, S. 321–329, in ders.: Minima Moralia. Reflexionen aus dem beschädigten Leben. Frankfurt/Main 1969.
Albery, Nicholas: Wie neugeboren. Das Rebirthing Buch. Löhrbach o. J.

Blavatsky, Helena Petrovna: Die Geheimlehre. Graz 1984.
Bohnke, Ben: Die schöne Illusion der Wassermänner. New Age, die Zukunft der sanften Verschwörung. Düsseldorf 1989.
Bopp, Jörg: Vor uns die Sintflut! Streitschriften zur Jugend- und Psycho-Szene. Reinbek 1985.
Boysen, Gilda u. a.: Im Sog der Psychoszene. Stuttgart 1988.

Capra, Fritjof: Das Tao der Physik. Die Konvergenz von westlicher Wissenschaft und östlicher Philosophie. Vom Autor revidierte und erweiterte Neuausgabe, Bern [10] 1988.
Ders.: Wendezeit. Bausteine für ein neues Weltbild. München 1988.
Carmin, E. R.: «Guru» Hitler. Die Geburt des Nationalsozialismus aus dem Geiste der Mystik und Magie. Zürich 1985.
Corsini, Raymond J. (Hg.): Handbuch der Psychotherapie. Herausgeber und Bearbeiter der deutschen Ausgabe Gerd Wenninger. 2 Bände. München 1987.

Daim, Wilfried: Der Mann, der Hitler die Ideen gab. Die sektiererischen Grundlagen des Nationalsozialismus. 2., erweiterte und verbesserte Auflage. Wien 1985.
Dethlefsen, Thorwald: Das Leben nach dem Leben. Gespräche mit Wiedergeborenen. München 1974.
Ders.: Das Erlebnis der Wiedergeburt. Heilung durch Reinkarnation. München [4] 1984.

Ders.: Schicksal als Chance. Das Urwissen zur Vollkommenheit des Menschen. München [8] 1984.

Dethlefsen, Thorwald/Dahlke, Rüdiger: Krankheit als Weg. Deutung und Be-Deutung der Krankheitsbilder. München [3] 1990.

Dienes, Zoltan: Cosmic carrots, rabbit habits, and between-subjects repetition priming: Testing the hypothesis of formative causation. Unveröffentlichtes Manuskript (1990). University of Oxford.

Engels, Friedrich: Die Naturforschung und die Geisterwelt (1878, posth.). MEGA-Band 35. Berlin 1972.

Ertel, Suitbert: Recognition of foreign letters: A test of Rupert Sheldrake's claim of ‹Morphic Fields›. Charlottesville, VA, 22–25 May 1991.

Ferrucci, Piero: Werde was du bist. Selbstverwirklichung durch Psychosynthese. Reinbek 1986.

Freud, Sigmund: Zur Psychopathologie des Alltagslebens. Band 4 in ders.: Gesammelte Werke in 18 Bänden. Frankfurt/Main 1968.

Ders.: Traum und Okkultismus, S. 451–471, in: Sigmund-Freud-Studienausgabe, Band I, Frankfurt/Main 1969.

Giese, Eckhard/Kleiber, Dieter (Hg.): Das Risiko Therapie. Thema: Psychotherapie. Weinheim 1989.

Ders. (Hg.): Im Labyrinth der Therapie. Erfahrungs-Berichte. Thema: Psychotherapie. Weinheim 1990.

Goldner, Colin: Rebirthing. Gefährlicher Weg zurück zur Geburt. S. 30–34, in: Psychologie heute 7/1990.

Grof, Stanislav: Auf der Schwelle zum Leben. Die Geburt: Tor der Transpersonalität und Spiritualität. München 1989.

Grof, Stanislav/Grof, Christina: Spirituelle Krisen. Chancen der Selbstfindung. München 1990.

Gruber, Elmar/Fassberg, Susan: New-Age-Wörterbuch. 300 Schlüsselbegriffe von A–Z. Freiburg im Breisgau [2] 1988.

Grün, Joachim Friedrich: Die Fische und der Wassermann. Hoffnung zwischen Kirche und New Age. München 1988.

Hartmann, Heinz: Ichpsychologie. Stuttgart 1972.

Harvey, David (Hg.): Handbuch Esoterik. A–Z der alternativen Ideen, Lebensweisen und Heilkünste. München 1987.

Haug, Wolfgang Fritz: Der hilflose Antifaschismus. Zur Kritik der Vor-

lesungsreihen über Wissenschaft und NS an deutschen Universitäten. Frankfurt/Main 2., überarbeitete und ergänzte Auflage 1968.
Hemminger, Hansjörg (Hg.): Die Rückkehr der Zauberer. New Age. Eine Kritik. Reinbek 1987.
Horney, Karen: Neurosis and human growth. New York 1950.
Hunfeld, Frauke/Dreger, Thomas: Magische Zeiten. Jugendliche und Okkultismus. Weinheim 1990.

Janov, Arthur: Der Urschrei. Ein neuer Weg der Psychotherapie. Frankfurt/Main 1975.
Jones, Eve: Rebirthing, S. 1127–1147, in: Corsini, Raymond J.: Handbuch der Psychotherapie. Band 2. München 1987.

Köberle, Adolf: Das geheimnisvolle Reich der Seele. Erfahrungen der Psyche in den Grenzbereichen des Lebens. Freiburg im Breisgau 1984.
Kovel, Joel: Kritischer Leitfaden der Psychotherapie. Frankfurt/Main ^{4}1988.
Kraiker, Christoph/Peter, Burkhard (Hg.): Psychotherapieführer. Wege zur seelischen Gesundheit. München 2., erweiterte und aktualisierte Auflage 1988.
Kriz, Jürgen: Grundkonzepte der Psychotherapie. München ^{2}1989.
Küenzlen, Gottfried: Das Unbehagen an der Moderne: Der kulturelle und gesellschaftliche Hintergrund der New-Age-Bewegung, S. 187–222, in: Hemminger, Hansjörg (Hg.): Die Rückkehr der Zauberer. New Age. Eine Kritik. Reinbek 1987.

Leonard, Jim/Laut, Phil: Neu geboren werden. Rebirthing der Weg zu Selbstentfaltung und Lebensfreude. München 1988.
Leuner, Hanscarl: Katathymes Bilderleben, S. 451–470 in: Corsini, Raymond J.: Handbuch der Psychotherapie. Band 1. München 1987.

Middendorf, Ilse: Der erfahrbare Atem. Eine Atemlehre. Paderborn 1984.
Møller-Kristensen, Frede: Indische Religionen, S. 373–513, in: Asmussen, Jes Peter/Laessøe (Hg.) in Verbindung mit Colpe, Carsten: Handbuch der Religionsgeschichte. Band 2. Göttingen 1972.

Netherton, Morris/Shiffrin, Nancy: Bericht vom Leben vor dem Leben. Reinkarnations-Therapie. Ein neuer Weg in die Tiefe der Seele. Frankfurt/Main 1987.

Neumann, Erich: Ursprungsgeschichte des Bewußtseins. Frankfurt/Main 1984.

Oepen, Irmgard (Hg.): An den Grenzen der Schulmedizin. Eine Analyse umstrittener Methoden. Köln 1985.
Orr, Leonard/Ray, Sandra: Rebirthing in the New Age. Millbrae/California 1977.

Petzold, Hilarion (Hg.): Die neuen Körpertherapien. Paderborn [5] 1987.
Platta, Holdger: Man muß nur dran glauben. Zur Okkultismus-Welle in der Bundesrepublik. Feature für den Westdeutschen Rundfunk am 29.1.1986.
Ders.: Obskurantismus und Quantenphysik. Zu einer neuen Welterklärungstheorie: Transpersonale Psychologie, in: Deutsche Volkszeitung/Die Tat Nr. 40/1986.
Ders.: Vom Ungeist befreit? Zu Psychotherapien im Dunstkreis von New Age: Rebirthing, Reinkarnation und Transpersonale Psychologie. Feature für den Westdeutschen Rundfunk am 1. September 1991.
Ders.: Man muß nur dran glauben. Versuch einer sozialpsychologischen Deutung des zeitgenössischen Aberglaubens, S. 113–128, in: psychosozial Nr. 52 Weinheim 1992.
Ders.: Identitäts-Ideen. Zur gesellschaftlichen Vernichtung unseres Selbstbewußtseins. Gießen 1997.
Portmann, Adolf: Biologie und Geist. Frankfurt/Main 1973.
Psychologie-heute-Redaktion (Hg.): Welche Therapie? Thema: Psychotherapie heute. Weinheim [3] 1991.
Ders. (Hg.): Scheinheil und Sinnsuche. Thema: Transzendenz. Weinheim 1988.

Raab, Karl: Die Bedeutung des Hyperventilations-Syndroms im Rebirthing-Atemprozeß, S. 87–100, in: Schusser, Gerhard (Hg.): Rebirthing. Aspekte einer Metatherapie. Osnabrück 1990.
Rank, Otto: Das Trauma der Geburt. Wien 1924.
Reich, Wilhelm: Die Entdeckung des Orgons I und II. 2 Bände. Frankfurt/Main 1972 und 1975.
Richter, Horst-Eberhard: Der Gotteskomplex. Die Geburt und die Krise des Glaubens an die Allmacht des Menschen. Reinbek 1979.

Schischkoff, Georgi (Hg.): Philosophisches Wörterbuch. Stuttgart [17] 1965.
Schorsch, Christoph: Die New-Age-Bewegung. Utopie und Mythos der Neuen Zeit. Eine kritische Auseinandersetzung. Gütersloh 1988.
Schusser, Gerhard, u. a. (Hg.): Rebirthing. Aspekte einer Metatherapie. Osnabrück 1990.
Sheldrake, Rupert: Das schöpferische Universum. Die Theorie des morphogenetischen Feldes. München 1987.
Stellberg, Rüdiger: Rebirthing als Transzendierung des Ego – ein Weg zu göttlicher Demut. S. 143–161, in: Schusser, Gerhard, u. a. (Hg.): Rebirthing. Aspekte einer Metatherapie. Osnabrück 1990.
Stevenson, Ian: Reinkarnation. Der Mensch im Wandel von Tod und Wiedergeburt. 20 überzeugende und wissenschaftlich bewiesene Fälle. Mit einem Vorwort von C. J. Ducasse. Freiburg im Breisgau [5] 1986.

Tart, Charles T.: Transpersonale Psychologie. Olten/Freiburg im Breisgau 1978.

Walsh, Roger N./Vaughan, Frances (Hg.): Psychologie in der Wende. Grundlagen, Methoden und Ziele der Transpersonalen Psychologie – Eine Einführung in die Psychologie des Neuen Bewußtseins. Bern 1985.
Wiesendanger, Harald: Die Jagd nach Psi. Über neue Phänomene an den Grenzen unseres Wissens. Freiburg im Breisgau 1989.
Ders. (Hg.): Zeitsprünge in die eigene Zukunft? S. 50–55, in: Psychologie heute Nr. 5/1991.
Ders. (Hg.): Wiedergeburt. Herausforderung für das westliche Denken. Frankfurt/Main 1991.
Wilber, Ken: *Psychologia perennis* und das Spektrum des Bewußtseins, S. 83–99, in: Walsh, Roger N./Vaughan, Frances (Hg.): Psychologie in der Wende. Bern 1985.
Ders.: Ein Entwicklungsmodell des Bewußtseins, S. 117–135, in: Walsh, Roger N./Vaughan, Frances (Hg.): Psychologie in der Wende. Bern 1985.
Ders.: Auge in Auge: Wissenschaft und Transpersonale Psychologie. S. 247–253, in: Walsh, Roger N./Vaughan, Frances (Hg.): Psychologie in der Wende. Bern 1985.
Ders.: Zwei Weisen des Erkennens, S. 267–275, in: Walsh, Roger N./Vaughan, Frances (Hg.): Psychologie in der Wende. Bern 1985.
Ders.: Die drei Augen der Erkenntnis. Auf dem Weg zu einem neuen Weltbild. München 1988.

Wölpert, Frieder: Die Machbarkeit des Glücks – Psychoanalyse der «Wendezeit», S. 83–104, in: Anmerkungen Nr. 8/1988.

Zundel, Edith/Zundel, Rolf: Leitfiguren der Psychotherapie. München 1991.

Zundel, Edith/Fittkau, Bernd (Hg.): Spirituelle Wege und Transpersonale Psychotherapie. Paderborn 1989.

Das große Handbuch der Seelischen Gesundheit

Bei diesem Buch handelt es sich um das erste psychiatrische Nachschlagewerk, das sämtliche psychische Störungen berücksichtigt. Es zeigt auf, wie und warum den meisten Menschen geholfen werden kann, die unter einer psychischen Störung leiden, ob es sich nun um Kinder mit Verhaltensproblemen handelt, Erwachsene mit Sexualstörungen oder Menschen in jedem Lebensalter, die unter Ängsten leiden, die ihr alltägliches Dasein belasten. Ein Handbuch für zu Hause und für alle, die mit Menschen zu tun haben und Rat bei psychischen Problemen suchen.

F. I. Kass, J. M. Oldham, H. Pardes (Hrsg.), L.B. Morris (Redaktion), Bearbeiter und Herausgeber der deutschen Ausgabe: Prof. H.-U. Wittchen, Max-Planck-Institut München

Das große Handbuch der Seelischen Gesundheit

Früherkennung und Hilfe bei sämtlichen psychischen Störungen

Aus dem Amerikanischen von Brigitte Stein

432 Seiten, zweifarb., geb.,

ISBN 3-88679-235-8

BELTZQUADRIGA